民國文化與文學_{研究}

民國文化與文學 研究文叢

六　編

李　怡　主編

第 **7** 冊

現代新詩的域外因素檢視

蔣登科 著

國家圖書館出版品預行編目資料

現代新詩的域外因素檢視／蔣登科 著 -- 初版 -- 新北市：花
木蘭文化出版社，2016〔民 105〕
目 2+218 面；19×26 公分
（民國文化與文學研究文叢 六編；第 7 冊）
ISBN 978-986-404-683-6（精裝）
1. 新詩 2. 詩評
541.26208   105012788

特邀編委（以姓氏筆畫為序）：

丁　帆	王德威	宋如珊
岩佐昌暲	奚　密	張中良
張堂錡	張福貴	須文蔚
馮　鐵	劉秀美	

民國文化與文學研究文叢
六　編　第 七 冊　　　　　ISBN：978-986-404-683-6

現代新詩的域外因素檢視

作　　者	蔣登科
主　　編	李　怡
企　　劃	四川大學現代中國文化與文學研究中心
	北京師範大學民國歷史文化與文學研究中心
總 編 輯	杜潔祥
副總編輯	楊嘉樂
編　　輯	許郁翎、王　筑　美術編輯　陳逸婷
出　　版	花木蘭文化出版社
社　　長	高小娟
聯絡地址	235 新北市中和區中安街七二號十三樓
	電話：02-2923-1455／傳眞：02-2923-1452
網　　址	http://www.huamulan.tw 信箱 hml 810518@gmail.com
印　　刷	普羅文化出版廣告事業
初　　版	2016 年 9 月
全書字數	200191 字
定　　價	六編 24 冊（精裝）新台幣 44,000 元

現代新詩的域外因素檢視

蔣登科　著

作者簡介

蔣登科，四川巴中人，1965 年生。文學博士，中國作家協會會員，美國富布萊特學者，西南大學中國新詩研究所教授，博士生導師，西南師範大學出版社副社長。曾任西南大學中國新詩研究所所長、期刊社副社長、《西南大學學報》（社科版）、《教師教育學報》副主編。在《文藝研究》、《文學評論》、《人民日報》、《中國現代文學研究叢刊》等海內外報刊發表各類作品 300 餘萬字，出版新詩理論、評論著作《尋找輝煌》、《新詩審美人格論》、《詩美的創造》、《散文詩文體論》、《九葉詩派的合璧藝術》、《九葉詩人論稿》、《中國新詩的精神歷程》、《重慶詩歌訪談》等 10 餘部，主編《中國跨世紀詩叢》（40 種）、《李尚朝詩歌品鑒》，並與呂進教授合作主編詩學文集四部。科研成果多次被《新華文摘》、人大複印報刊資料等轉載。主持國家社科基金項目、教育部社科基金項目、重慶市社科規劃項目、重慶市重點文科研究基地項目等 10 餘項。科研成果多次獲得重慶市政府社科研究優秀成果獎、重慶市「五個一」工程獎和一些報刊的獎項。

提　　要

　　中國新詩在很大程度上是在外國詩歌藝術經驗的影響、激發之下誕生、發展的。如何判定外國詩歌在新詩誕生、發展中的地位和作用，一直是詩歌界、詩學界非常關注的話題，也是存在諸多爭議的話題，有人主張橫的移植，有人主張縱的繼承，有人主張繼承與借鑒都不可忽略，而且應該以繼承和弘揚為本。本書對現代時段新詩與外國詩歌的關係進行了較為全面的考察，討論了多種外國詩歌思潮對新詩觀念、形式、技巧等產生的影響。通過考察，我們認為，外國詩歌在啟動中國詩歌傳統、提供新的詩歌觀念、更新詩歌藝術手段等方面發揮了重要作用，但新詩在借鑒過程中一定不能放棄了具有深厚積澱的傳統，對外國藝術經驗的借鑒是為了實現這種傳統積澱的現代化，而不是使中國新詩成為中國的「外國詩」，並由此總結了新詩藝術借鑒的一些規律，包括目的、方式、效用等等。

作爲方法的「民國」
——第六輯引言

李　怡

　　「作爲方法」的命題首先來自日本著名漢學家竹內好，從竹內好 1961 年「作爲方法的亞洲」到溝口雄三 1989 年「作爲方法的中國」，其中展示的當然不僅僅是有關學術「方法」的技術性問題，重要的是學術思想的主體性追求。日本學人通過中國這樣一個「他者」的參照進行自我的反省和批判，實現從「西方」話語突圍，重新確立自己的主體性，這對同樣深陷「西方」話語圍困的中國學界而言也無疑具有特殊的刺激和啓發。1990 年代中期以後，中國（華人）學人如孫歌、李冬木、汪暉、陳光興、葛兆光等陸續介紹和評述了他們的學說，〔註1〕特別是最近 10 年的中國思想文化與文學批評界，可以說出現了一股竹內——溝口的「作爲方法」熱，「作爲方法的日本」、「作爲方法的竹內好」、「亞洲」作爲方法，〔註2〕以及「作爲方法的 80 年代」等等

〔註 1〕 如 Kuang-ming Wu and Chun-chieh Huang　（吳光明、黃俊傑）:〈關於《方法としての中國》的英文書評〉(《清華學報》新 20 卷第 2 期，1990 年)，溝口雄三、汪暉:〈沒有中國的中國學〉(《讀書》第 4 期，1994 年)，孫歌:〈作爲方法的日本〉(《讀書》第 3 期，1995 年)，李長莉:〈溝口雄三的中國思想史研究〉(《國外社會科學》第 1 期，1998 年)，葛兆光:〈重評九十年代日本中國學的新觀念——讀溝口雄三《方法としての中國》〉(《二十一世紀》12 月號，2002 年)，吳震:〈十六世紀中國儒學思想的近代意涵——以日本學者島田虔次、溝口雄三的相關討論爲中心〉(《東亞文明研究學刊》第 1 卷第 2 期，2004 年)等。

〔註 2〕 刊發於《臺灣社會研究季刊》12 月號，總第 56 期，2004 年。2005 年 6 月，陳光興參加了在華東師範大學舉行的「全球化與東亞現代性——中國現代文學的視角」暑期高級研討班，將論文〈「亞洲」作爲方法〉提交會議，引起了與會者的濃厚興趣。

在我們學術話語中流行開來，體現了一種難能可貴的自我反思、重建學術主體性的努力。竹內好借鏡中國的重要對象是文學家魯迅，近年來，對這一反思投入最多的也是從事中國現當代文學研究的學者，因此，對這一反思本身做出反思，進而探索真正作為中國現代文學的「方法」的可能，便顯得必不可少。

在「亞洲」、「中國」先後成為確立中國學術主體性的話語選擇之後，我覺得，更能夠反映中國現代文學立場和問題意識的話語是「民國」。作為方法的民國，具體貼切地揭示了中國現代文學的生存發展語境，較之於抽象的「亞洲」或者籠統的「中國」，更能體現我們返回中國文學歷史情境，探尋學術主體性的努力。

一

日本戰敗，促成了一批日本知識分子的自我反省，竹內好（1908～1977）就是其中之一。在他看來，「脫亞入歐」的日本「什麼也不是」，反倒是曾經不斷失敗的中國在抵抗中產生了非西方的、超越近代的「東洋」。通常我們是說魯迅等現代中國知識分子從「東洋」日本發現了現代文明的啟示，竹內好卻反過來從中國這個「東洋」發現了一條區別於西歐現代化的獨特之路：借助日本所沒有的社會革命完成了自我更新，如果說日本文化是「轉向型」的，那麼中國文化則可以被稱作「迴心型」，而魯迅的姿態和精神氣質就是這一「迴心型」的極具創造價值的體現。「他不退讓，也不追從。首先讓自己和新時代對陣，以『掙扎』來滌蕩自己，滌蕩之後，再把自己從裏邊拉將出來。這種態度，給人留下一個強韌的生活者的印象。像魯迅那樣強韌的生活者，在日本恐怕是找不到的。」「在他身上沒有思想進步這種東西。他當初是作為進化論宇宙觀的信奉者登場的，後來卻告白頓悟到了進化論的謬誤；他晚年反悔早期作品中的虛無傾向。這些都被人解釋為魯迅的思想進步。但相對於他頑強地恪守自我來說，思想進步實在僅僅是第二義的。」〔註3〕就此，他認為自己發現了與西方視角相區別的「作為方法的亞洲」，這裡的「亞洲」主要指中國。溝口雄三（1932～2010）是當代中國思想史學家，他並不同意竹內好將日本的近代描述為「什麼也不是」，試圖在一種更加平等而平和的文化觀

〔註3〕　（日）竹內好：《近代的超克》，11、12頁，李冬木、趙京華、孫歌譯，三聯書店，2005年。

念中讀解中國近代的獨特性:「事實上,中國的近代既沒有超越歐洲,也沒有落後於歐洲,中國的近代從一開始走的就是一條和歐洲、日本不同的獨自的歷史道路,一直到今天。」〔註4〕作爲方法的中國,意味著對「中國學」現狀的深入的反省,這就是要根本改變那種「沒有中國的中國學」,「把世界作爲方法來研究中國,這是試圖向世界主張中國的地位所帶來的必然結果……這樣的『世界』歸根結底就是歐洲」。「以中國爲方法的世界,就是把中國作爲構成要素之一,把歐洲也作爲構成要素之一的多元的世界」。〔註5〕

海外漢學(中國學)長期生存於強勢的歐美文明的邊緣地帶,因而難以改變作爲歐美文化思想附庸的地位,這一局面在海外華人的中國研究中更加明顯。而日本知識分子的反省卻將近現代中國作爲了反觀自身的「他者」,第一次將中國問題與自我的重建、主體性的尋找緊密聯繫,強調一種與歐美文明相平等的文化意識,這無疑是「中國學」研究的重要破局,具有重要的學術啓示意義,同時,對中國自己的學術研究也產生了極大的衝擊效應。

在逐步走出傳統的感悟式文學批評,建立現代知識的理性框架的過程中,中國的學術研究顯然從西方獲益甚多,當然也受制甚多,甚至被後者裏挾了我們的基本思維與立場,於是質疑之聲繼之而起,對所謂「中國化」和保留「傳統」的訴求一直連綿不絕,至最近20餘年,更在國內清算「西化」的主流意識形態及西方後現代主義、西方馬克思主義的自我批判的雙重鼓勵下,進一步明確提出了諸如中國立場、中國問題、中國話語等系統性的要求。來自日本學者的這一類概括——在中國發現「亞洲」近代化的獨特性,回歸中國自己的方法——顯然對我們當下的學術訴求有明晰準確的描繪,予我們的「中國道路」莫大的鼓勵,我們難以確定這樣的判斷究竟會對海外的「中國學」研究產生多大的改變,但是它對中國學術界本身的啓示和作用卻早已經一目了然。

我高度評價中國學界「回歸中國」的努力與亞洲——中國「作爲方法」的啓示意義。但是,與此同時,我也想提醒大家注意一個重要的現實,所謂的「作爲方法」如果不經過嚴格的勘定和區分,其實並不容易明瞭其中的含義,而無論是「亞洲」還是「中國」,作爲一個區域的指稱原本也有不少的遊

〔註4〕 (日)溝口雄三:《作爲方法的中國》,12頁,孫軍悅譯,三聯書店,2011年。
〔註5〕 (日)溝口雄三:《作爲方法的中國》,130、131頁,孫軍悅譯,三聯書店,2011年。

移性與隨意性。比如竹內好將「亞洲」簡化爲「中國」，將「東洋」轉稱爲「中國」，臺灣學人陳光興也在這樣的「亞洲」論述中加入了印度與臺灣地區，這都與論述人自己的關注、興趣和理解相互聯繫，換句話說，僅僅有「作爲方法」的「亞洲」概念與「中國」概念遠遠不夠，甚至，有了竹內與溝口的充滿智慧的「以中國爲方法」的種種判斷也還不夠，因爲這究竟還是「中國之外」的「他者」從他們自己的需要出發提出的觀察，這裡的「中國」不過是「日本內部的中國」，而非「中國人的中國」，正如溝口雄三對竹內好評述的那樣：「這種憧憬的對象並不是客觀的中國，而是在自身內部主觀成像的『我們內部的中國』。」〔註6〕那麼，溝口雄三本人的「中國方法」又如何呢？另一位深受竹內好影響的日本學者子安宣邦認爲，溝口雄三「以中國爲方法，以世界爲目的」的「超越中國的中國學」與日本戰前「沒有中國的中國學」依然具有親近性，難以眞正展示自己的「作爲方法」的中國視點。〔註7〕所以葛兆光就提醒我們，對於這樣「超越中國的中國學」，我們也不能直接平移到中國自己的中國學之中，一切都應當三思而行。〔註8〕

　　問題是，中國學界在尋找「中國獨特性」的時候格外需要那麼一些支撐性的論述與證據，而來自域外的論述與證據就更顯珍貴了。在這個時候，域外學說的「方法」本身也就無暇追問和反思了。例如竹內好與溝口雄三都將近現代中國的獨特性描述爲社會革命：「中國的近代化走的是自下而上的反帝反封建社會革命、即人民共和主義的道路。」〔註9〕在他們看來，太平天國至社會主義中國的「革命史」呈現的就是中國自力更生的道路。這的確道出了現代中國的重要事實，因而得到許多中國現代文學研究者的認同，當然，一些中國學者對現代中國革命的重新認同還深刻地聯繫著西方後現代主義對西方文化的自我批判，聯繫著西方馬克思主義及其它左派對資本主義的嚴厲批判，在這裡，「西洋」的自我批判和「東洋」的自我尋找共同加強了中國學者對「中國現代史＝革命史」的認識，如下話語所表述的學術理念以及這一理念的形成過程無疑具有某種典型意義：

〔註6〕（日）溝口雄三：《作爲方法的中國》，6頁，孫軍悅譯，三聯書店，2011年。

〔註7〕參看張崑將：〈關於東亞的思考「方法」：以竹內好、溝口雄三、子安宣邦爲中心〉，《臺灣東亞文明研究學刊》第1卷第2期，2004年。

〔註8〕葛兆光：〈重評九十年代日本中國學的新觀念——讀溝口雄三《方法としての中國》〉，《二十一世紀》12月號，2002年。

〔註9〕（日）溝口雄三：《作爲方法的中國》，11頁，孫軍悅譯，三聯書店，2011年。

從 1993 年起，我逐步地對以往的研究做了兩點調整：第一是將
自己的歷史研究放置在「反思現代性」的理論框架中進行綜合的分
析和思考；第二是力圖將社會史的視野與思想史研究結合起來。在
中國 1980 年代的文化運動和 1990 年代的思想潮流之中，對於近代
革命和社會主義歷史的批判和拒絕經常被放置在對資本主義的全面
的肯定之上；我試圖將近代革命和社會主義歷史的悲劇放置在對現
代性的批判性反思的視野中，動機之一是爲了將這一過程與當代的
現實進程一道納入批判性反思的範圍。……而溝口雄三教授對日本
中國研究的批判性的看法和對明清思想的解釋都給我以啓發。也是
在上述閱讀、交往和研究的過程中，我逐漸地形成了自己的一個研
究視野，即將思想的內在視野與歷史社會學的方法有機地結合起
來。〔註10〕

東洋與西洋的有機結合，鼓勵我們對現代性的西方傳統展開質疑和批判，同
時對我們自身的現代價值加以發掘和肯定，在中國現代文學研究領域中，這
些「我們的現代價值」常常也指向革命文學、左翼文學、延安文學與新中國
建立至新時期以前的文學，有學者將之概括爲新左派的現代文學史觀。姑且
不論「新左派」之說是否準確，但是其描述出來的學術事實卻是有目共睹的：
「以現代性反思的名義將左翼文學納入現代性範疇，並稱之爲『反現代的現
代主義文學』、『反現代的現代先鋒派文學』，高度肯定其歷史合理性，並認爲
改革前的毛澤東時代可以定位爲『反現代的現代性』，其合法性來自於對西方
資本主義現代性的批判。」〔註11〕爲了肯定這些中國現代文化追求的合理性，
人們有意忽略其中的種種失誤，包括眾所周知的極左政治對現代文學發展的
傷害和扭曲，甚至「文革」的思維也一再被美化。

　　理性而論，前述的「反思現代性」論述顯然問題重重：「那種忽略了具體
歷史語境中強大的以封建專制主義文化意識爲主體的特殊性，忽略了那時文
學作品巨大的政治社會屬性與人文精神被顛覆、現代化追求被阻斷的歷史內
涵，而只把文本當作一個脫離了社會時空的、僅僅只有自然意義的單細胞來

〔註10〕汪暉、張曦：〈在歷史中思考──汪暉教授訪談〉，《學術月刊》第 7 期，2005
　　　　年。
〔註11〕鄭潤良：〈「反現代的現代性」：新左派文學史觀萌發的語境及其問題〉，《福建
　　　　論壇》第 4 期，2010 年。

進行所謂審美解剖。這顯然不是歷史主義的客觀審美態度。」〔註12〕

值得注意的現實是，爲了急於標示中國也可以有自己的「現代性」，我們學界急切尋找著能夠支持自己的他人的結論和觀點，至於對方究竟把什麼「作爲方法」倒不是特別重要了。

「悖論」是中國學者對竹內好等學者處境與思維的理解，有意思的是，當我們不再追問「作爲方法」的緣由和形式之時，自己也可能最終陷入某種「悖論」。比如，在肯定我們自己的現代價值之際，誕生了一個影響甚大的觀點：反現代的現代性。中國革命史被稱作是「反現代的現代性」，中國的左翼文學史也被描述爲「反現代性的現代性」，姑且不問這種表述來源於西方現代性話語的繁複關係，使用者至少沒有推敲：「反」的思維其實還是以西方現代性爲「正方」的，也就是說，是以它的「現代」爲基本內容來決定我們「反」的目標和形式，這是真正的多元世界觀呢？還是繼續延續了我們所熟悉的「二元對立」的格局呢？這樣一種正／反模式與他們所要克服的思維中國／西方的二元模式如出一轍：把世界認定爲某兩種力量對立鬥爭的結果，肯定不是對真正的多元文化的認可，依舊屬於對歷史事實的簡化式的理解。

二

「中國作爲方法」不是學術研究大功告成之際的自得的總結，甚至也還不是理所當然的研究的開始，更準確地說，它可能還是學術思想調整的準備活動。在這個意義上，真正的「中國」問題在哪裏，「中國」視角是什麼，「中國」的方法有哪些，都亟待中國自己的學人在自己的歷史文化語境中開展新的探討。對於中國現代文學研究而言，我覺得，與其追隨「他者」的眼界，取法籠統的「中國」，還不如真正返回歷史的現場加以勘察，進入「民國」的視野。「作爲方法的中國」是來自他者的啓示，它提醒我們尋找學術主體性的必要，「作爲方法的民國」，則是我們重拾自我體驗的開始，是我們自我認識、自我表達的真正的需要。

海外中國學研究，在進入「作爲方法的中國」之後，無疑產生了不少啓發性的成果，即便如此，其結論也有別於自「民國」歷史走來的中國人，只有我們自己的「民國」感受能夠校正他者的異見，完成自我的表述。包括竹

〔註12〕董健、丁帆、王彬彬：〈我們應該怎樣重寫當代文學史〉，《江蘇行政學院學報》第1期，2003年。

內好與溝口雄三這樣的智慧之論也是如此。對此，溝口雄三自己就有過眞誠的反思，他說包括竹內好在內他們對中國的觀察都充滿了憧憬式的誤讀，包括對「文革」的禮贊等等。〔註 13〕因爲研究「所使用的基本範疇完全來自中國思想內部」，而且「對思想的研究不是純粹的觀念史的研究，而是考慮整個中國社會歷史」，溝口雄三的中國研究曾經爲中國學者所認同，〔註 14〕例如他借助中國思想傳統的內部資源解釋孫中山開始的現代革命，的確就令人耳目一新，跳出了西方現代性東移的固有解說：

> 實際上大同思想不僅影響了孫文，而且還構成了中國共和思想的核心。

> 就民權來看，中國的這種大同式近代的特徵也體現在民權所主張的與其說是個人權利，不如說國民、人民的全體權利這一點上。

> 大同式的近代不是通過「個」而是通過「共」把民生和民權聯結在一起，構成一個同心圓，所以從一開始便是中國獨特的、帶有社會主義性質的近代。〔註 15〕

雖然這道出了中國現代歷史的重要事實，但卻只是一部分事實，很明顯，「民國」的共和與憲政理想本身是一個豐富而複雜的思想系統，而且還可以說是一個動態的有許多政治家、思想家和知識分子共同參與共同推進的系統。例如在五四新文化運動前夕，出於對民初政治的失望，《甲寅》的知識分子群體就展開了「國權」與「民權」的討論辨析，並且關注「民權」也從「公權」轉向「私權」，至《新青年》更是大張個人自由，個人情感與欲望，這才有了五四新文學運動，有了郁達夫的切身感受：「五四運動的最大成功，第一要算『個人』的發現。從前的人是爲君而存在，爲道而存在，爲父母而存在的，現在的人才曉得爲自我而存在了。」〔註 16〕不僅是五四新文學思潮，後來的自由主義者也一直以「個人權利」、「個人自由」與左右兩種政治主張相抗衡，雖然這些「個人」與「自由」的內涵嚴格說來與西方文化有所區別，但也不

〔註 13〕 （日）溝口雄三：《作爲方法的中國》，12 頁，孫軍悦譯，三聯書店，2011 年。
〔註 14〕 （日）溝口雄三、汪暉：〈沒有中國的中國學〉，《讀書》第 4 期，1994 年。
〔註 15〕 （日）溝口雄三：《作爲方法的中國》，12、16、18 頁，孫軍悦譯，三聯書店，2011 年。
〔註 16〕 郁達夫：《〈中國新文學大系·散文二集〉導言》，上海良友圖書印刷公司，1935年。

是「大同」理想與「社會主義性質」能夠涵蓋的，它們的發展在不同的歷史時期各有限制，但依然一路坎坷向前，並在 20 世紀 80 年代的海峽兩岸各有成效，成爲現代中國文化建設所不能忽略的一種重要元素，不回到民國重新梳理、重新談論，我們歷史的獨特性如何能夠呈現呢？

　　治中國社會歷史研究多年的秦暉曾經提出了一個耐人尋味的觀點：當前中國學術一方面在反對西方的所謂「文化殖民」，另外一方面卻又常常陷入到外來的「問題」圈套之中，形成有趣的「問題殖民」現象。〔註 17〕我理解，這裡的「問題殖民」就是脫離開我們自己的歷史文化環境，將他者研討中國提出來的問題（包括某些讚賞中國「特殊價值」的問題）當作我們自己的問題，從而在竭力掙脫西方話語的過程中再一次落入到他者思維的窠臼。如何才能打破這種反反覆復、層層疊疊的他者的圈套呢？我以爲唯一的出路便是敢於拋開一些令人眼花繚亂的解釋框架，面對我們自己的歷史處境，感受我們自己的問題，對中國現代文學的研究而言，就是要在「民國」的社會歷史框架中醞釀和提煉我們的學術感覺，這當然不是說從此固步自封，拒絕外來的思想和方法，而是說所有的思想和方法都必須在民國歷史的事實中接受檢驗，只有最豐富地對應於民國歷史事實的理論和方法才足以成爲我們研究的路徑，才能最後爲我所用。在中國現代文學研究領域，並沒有異域學者所總結完成的「中國方法」，而只有在民國「作爲方法」取得成傚之後的具體的認知，也就是說，是「作爲方法的民國」眞正保證了「作爲方法的中國」。下述幾個中國現代文學研究中影響較大、也爭論較大的理論框架，莫不如此。

　　例如，在描述中國歷史從封建帝國轉入現代國家的時候，人們常常使用「民族國家」這一概念，中國現代文學也因此被視作「現代民族國家文學」，不斷放大「民族國家」主題之於中國現代文學的意義：「在抗戰文學中，由於抗日民族統一戰線的建立，民族國家成爲了一個集中表達的核心的、甚至唯一的主題。」〔註 18〕甚至稱：「『五四』以來被稱之爲『現代文學』的東西其實是一種民族國家文學。」〔註 19〕這顯然都不符合中國現代文學在「民國」

〔註 17〕http：//www.360doc.com/content/10/0626/01/875791_35273755.shtml

〔註 18〕曠新年：〈民族國家想像與中國現代文學〉，《文學評論》第 1 期，2003 年。

〔註 19〕劉禾：《文本、批評與民族國家文學——〈生死場〉的啓示》，1 頁，北京大學出版社，2007 年。對中國現代文學研究中民族國家理論的檢討，已有學者提出過重要的論述，如張中良《中國現代文學的「民族國家」問題》，臺灣花木蘭文化出版社，2012 年。

的歷史事實，不必說五四新文學運動恰恰質疑了無條件的「國家認同」，民國時期文學前十年「國家主題」並不占主導地位，出現了所謂「民族國家意識的延宕與缺席」現象，〔註20〕第二個十年間的「民族主義」觀念也一再受到左翼文學陣營的抨擊，就是抗日戰爭時期的文學，也不像過去文學史所描繪的那麼主題單一，相反，多主題的出現，文學在豐富中走向成熟才是基本的事實。不充分重視「民國」的豐富意義就會用外來概念直接「認定」歷史的性質，從而形成對我們自身歷史的誤讀。

文學的「民國」不僅含義豐富，也不適合於被稱作是「想像的共同體」。近年來，美國著名學者本尼狄克特・安德森關於民族國家的概括──「想像的共同體」廣獲運用，借助於這一思路，我們描繪出了這樣一個國家認同的圖景：中國知識分子從晚清開始，利用報紙、雜誌、小說等媒體空間展開政治的文化的批判，通過這一空間，中國人展開了對「民族國家」的建構，使國民獲得了最初的民族國家認同。誠然，這道出了「帝國」式微，「民國」塑形過程之中，民眾與國家觀念形成的某些狀況，但卻既不是中華民族歷史演變的真相，〔註21〕也不是現實意義的民國的主要的實情，當然更不是「文學民國」的重要事實。現實意義的民國，在一個相當長的時間裏，依然處於殘留的「帝國」意識與新生的「民國」意識的矛盾鬥爭之中，專制集權與民主自由此漲彼消，黨國觀念與公民社會相互博弈，也就是說，「國家與民族」經常成為統治者鞏固自身權利的重要的意識形態選擇，與知識分子所要展開的公眾想像既相關又矛盾。在現實世界上，我們的國家民族觀念常常來自於政治強權的強勢推行，這也造成了

〔註20〕李道新在剖析民國電影文化時指出：「南京國民政府成立以前，亦即從電影傳入中國至 1927 年之間，中國電影傳播主要訴諸道德與風化，基本無關民族與國家。民族國家意識的延宕與缺席，與落後保守的價值導向及混亂無序的官方介入結合在一起，使這一時期的中國電影幾乎處在一種特殊的無政府狀態，並導致中國電影從一開始就陷入目標／效果的錯位與傳者／受眾的分裂之境。」（李道新：〈民族國家意識的延宕與缺席：南京國民政府成立前中國電影的傳播制度及其空間拓展〉，《上海大學學報》第 3 期，2011 年。）這樣的觀察其實同樣可以啟發我們的文學研究。

〔註21〕關於中華民族及統一國家的形成如何超越「想像」，進入「實踐」等情形，近來已有多位學者加以論證，如楊義、邵寧寧：〈描繪中國文學地圖──楊義訪談錄〉（《甘肅社會科學》第 5 期，2004 年）、郝慶軍：〈反思兩個熱門話題：「公共領域」與「想像的共同體」〉（《中國現代文學研究叢刊》第 5 期，2005 年）、吳曉東：〈「想像的共同體」理論與中國理論創新問題〉（《學術月刊》第 2 期，2007 年）等。

知識分子國家民族認同的諸多矛盾與尷尬，他們不時陷落於個人理想與政治強權的對立之中，既不能接受強權的思想干預，又無法完全另立門戶，總之，「想像」並不足以獨立自主，「共同體」的形成步履艱難，「文學的民國」對此表述生動。這裡既有胡適「只指望快快亡國」的情緒性決絕，〔註22〕有魯迅對於民族國家自我壓迫的理性認識：「用筆和舌，將淪為異族的奴隸之苦告訴大家，自然是不錯的，但要十分小心，不可使大家得著這樣的結論：『那麼，到底還不如我們似的做自己人的奴隸好。』」〔註23〕也有聞一多輾轉反側，難以抉擇的苦痛：「我來了，我喊一聲，迸著血淚，／『這不是我的中華，不對，不對！』」「我來了，不知道是一場空喜。／我會見的是噩夢，那裡是你？／那是恐怖，是噩夢掛著懸崖，／那不是你，那不是我的心愛！」〔註24〕

　　總之，進入文學的民國，概念的迷信就土崩瓦解了。

　　也有學者試圖對外來概念進行改造式的使用，這顯然有別於那種不加選擇的盲目，不過，作為「民國」實際的深入的檢驗工作也並沒有完成，例如近年來同樣在現代文學研究界流行的「公共空間」（「公共領域」）理論。在西歐歷史的近現代發展中，先後出現了貴族文藝沙龍、咖啡館、俱樂部一類公共聚落，然後推延至整個社會，最終形成了不隸屬於國家官僚機構的民間的新型公共社區，這對理解西方近代社會歷史與精神生產環境都是重要的視角。不過，真正「公共空間」的形成必須有賴於比較堅實的市民社會的基礎，尚未形成真正的市民社會的民國，當然也就沒有真正的公共空間。〔註25〕可能正是考慮到了民國歷史的特殊性，李歐梵先生試圖對這一概念加以改造，他以「批判空間」替換之，試圖說明中國近現代知識分子也正在形成自己的「公共性」的輿論環境，他以《申報‧自由談》為例，說明：「這個半公開的園地更屬開創的新空間，它

〔註22〕胡適〈你莫忘記〉有云：「你莫忘記：／你老子臨死時只指望快快亡國：／亡給『哥薩克』，／亡給『普魯士』／都可以」。

〔註23〕魯迅：《且介亭雜文末編‧半夏小集》，《魯迅全集》6卷，617頁，人民文學出版社，2005年。

〔註24〕聞一多詩歌：〈發現〉。

〔註25〕對此，哈貝馬斯具有清醒的認識，他認為，不能把「公共領域」這個概念與歐洲中世紀市民社會的特殊性隔離開，也不能隨意將其運用到其它具有相似形態的歷史語境中。（參見哈貝馬斯：《公共領域的結構轉型》初版序言，曹衛東譯，學林出版社，1999年。）中國學者關於「公共領域」理論在中國運用的反思可以參見張鴻聲：〈中國的「公共領域」及其它──兼論現代城市文學研究的本土化〉，《首都師範大學學報》第6期，2006年。

至少爲社會提供了一塊可以用滑稽的形式發表言論的地方。」魯迅爲《自由談》欄目所撰文稿也成爲李歐梵先生考辨的對象，並有精彩的分析，然而，論者突然話鋒一轉：「因爲當年的上海文壇上個人恩怨太多，而魯迅花在這方面的筆墨也太重，罵人有時也太過刻薄。問題是：罵完國民黨文人之後，是否能在其壓制下爭取到多一點言論的空間？就《僞自由書》中的文章而言，我覺得魯迅在這方面反而沒有太大的貢獻。如果從負面的角度而論，這些雜文顯得有些『小氣』。我從文中所見到的魯迅形象是一個心眼狹窄的老文人，他拿了一把剪刀，在報紙上找尋『作論』的材料，然後『以小窺大』，把拼湊以後的材料作爲他立論的根據。事實上他並不珍惜——也不注意——報紙本身的社會文化功用和價值，而且對於言論自由這個問題，他認爲根本不存在。」「《僞自由書》中沒有仔細論到自由的問題，對於國民黨政府的對日本妥協政策雖諸多非議，但又和新聞報導的失實連在一起。也許，他覺得眞實也是道德上的眞理，但是他從報屁股看到的眞實，是否能夠足以負荷道德眞理的眞相？」〔註 26〕其實，魯迅對「自由」的一些理論和他是否參與了現代中國「批判空間」的言論自由的開拓完全是兩碼事。實際的情況是，在民國時代的專制統治下，任何自由空間的開拓都不可能完全是「輿論」本身的功效，輿論的背後，是民國政治的高壓力量，魯迅的敏感，魯迅的多疑，魯迅雜文的曲筆和隱晦，乃至與現實人事的種種糾纏，莫不與對這高壓環境的見縫插針般的戳擊有關。當生存的不自由已經轉化成爲「日常生活」的一部分（所謂「報屁股看到的眞實」），成爲各色人等的「無意識」，點滴行爲的反抗可能比長篇大論的自由討論更具有「自由」的意味。這就是現代中國的基本現實，這就是民國輿論環境與文學空間所具有的歷史特徵。對比晚清和北洋軍閥時代，李歐梵先生認爲，1930 年代雖然「在物質上較晚清民初發達，都市中的中產階級讀者可能也更多，咖啡館、戲院等公共場所也都具備」，但公共空間的言論自由卻反而更小了。原因何在呢？他認爲在於像魯迅這樣的左翼「把語言不作爲『中介』性的媒體而作爲政治宣傳或個人攻擊的武器和工具，逐漸導致政治上的偏激文化（radicalization），而偏激之後也只有革命一途」。〔註 27〕這裡涉及對左翼文化的反思，自有其準確深刻之處，但是，

〔註 26〕李歐梵：〈「批評空間」的開創——從《申報》「自由談」談起〉，見《現代性的追求》，19、20 頁，三聯書店，2000 年。

〔註 27〕李歐梵：〈「批評空間」的開創——從《申報》「自由談」談起〉，見《現代性的追求》，21 頁，三聯書店，2000 年。

就像現代中國社會的諸多「公共」從來都不是完全的民間力量所打造一樣，言論空間的存廢也與政府的強力介入直接關聯，左翼文化的鋒芒所指首先是專制政府，而對政府專制的攻擊，本身不也是一種擴大言論自由的有效方式？

作爲方法的民國，意味著持續不斷地返回中國歷史的過程，意味著對我們自身問題和思維方式的永遠的反省和批判，只有這樣，我們的中國現代文學研究才是眞正屬於自己的。

三

「民國作爲方法」既然是在自覺尋找中國現代文學研究「自己的方法」的意義上提出來的，那麼，它究竟如何才能成爲一種與眾不同的「方法」呢？或者說，它對中國現代文學研究具體有哪些著力點與可能開拓之處呢？我認爲至少有這樣幾個方面的工作可以開展：

首先是爲「中國」的學術研究設立具體的「時間軸」。也就是說，所謂學術研究的「中國問題」不應該是籠統的，它必須置放在具體的時間維度中加以追問，是「民國」時期的中國問題還是「人民共和國」時期的中國問題？當然，我們曾經試圖以「現代化」、「現代性」這樣的概念來統一描述，但事實是，兩個不同的歷史階段有著相當多的差異性，特別是作爲精神現象的文學，在生產方式、傳播接受方式及作家的生存環境、寫作環境、文學制度等等方面都更適合分段討論。新時期文學曾經被類比爲五四新文學，這雖然一度喚起了人們的「新啓蒙」的熱情，但是新時期究竟不是「五四」，新時期的中國知識分子也不是「五四」一代的陳獨秀、胡適與周氏兄弟，到後來，人們質疑 1980 年代，質疑「新啓蒙」，連帶五四新文化運動一起質疑，問題是經過一系列風起雲湧的體制變革和社會演變，「五四」怎麼能夠爲新時期背書？就像民國不可能與人民共和國相提並論一樣；也有將「文革」追溯到「五四」的，這同樣是完全混淆了兩個根本不同的歷史文化情境。在我看來，今天的中國現當代文學研究，尙需要在已有的「新文學一體化」格局中（包括影響巨大的「20 世紀中國文學」）重新區隔，讓所謂的「現代」和「當代」各自歸位，回到自己的歷史情境中去，這不是要否認它們的歷史聯繫，而是要重新釐清究竟什麼才是它們眞正的歷史聯繫。研究中國現代文學，就必須首先回到民國歷史，將中國現代文學作爲民國時期的精神現象。晚清盡頭是民國，民國盡頭是人民共和國，各自的歷史場景講述著不同的文學故事。

　　其次是「中國」的學術研究也必須落實到具體的「空間場景」。「空間和時間是一切實在與之相關聯的架構。我們只有在空間和時間的條件下才能設想任何眞實的事物。」〔註28〕民國及其複雜的空間分佈恰恰爲我們重新認識中國問題的複雜性提供了基礎。在過去一個相當長的時期內，我們習慣將中國的問題置放在種種巨大的背景之上，諸如「文藝復興」、「啓蒙與救亡」、「中外文化衝撞與融合」、「中國傳統文化」、「現代化」、「走向世界文學」、「全球化」、「現代民族國家進程」等等，這固然確有其事，但來自同樣背景的衝擊，卻在不同的區域產生了並不相同的效果，甚至有些區域性的文學現象未必就與這些宏大主題相關。詩人何其芳在四川萬縣的偏遠山區成長，直到1930年代「還不知道五四運動，還不知道新文化，新文學，連白話文也還被視爲異端」。〔註29〕這對我們文學史上的五四敘述無疑是一大挑戰：中國的現代文化進程是不是同一個知識系統的不斷演繹？另外一個例證也可謂典型：我們一般都把白話新文學的產生歸結到外來文化深深的衝擊，歸結到一批留美留日學生的新式教育與人生體驗，所以「走異路，逃異地」的魯迅於1918年完成了〈狂人日記〉，留下了中國現代文學史上第一篇白話小說，但跳出這樣的中／西大敘事，我們卻可以發現，遠在內部腹地的成都作家李劼人早在尙未跨出國門的1915年就完成了多篇新式白話小說，這裡的文化資源又是什麼？

　　中國的學術問題並不產生自抽象籠統的大中國，它本身就來自各個具體的生活場景，具體的生存地域。有學者對民國文學研究不無疑慮，因爲民國不同於「一體化」的人民共和國，各個不同的政治派別、各個不同的區域差異比較明顯，更不要說如抗戰時期的巨大的政權分割（國統區、解放區及淪陷區）了，這樣一個「破碎的國家」能否方便於我們的研究呢？在我看來，破碎正是民國的特點，是這一歷史時期生存其間的中國人（包括中國知識分子）的體驗空間，只要我們不預設一些先驗的結論，那麼針對不同地域、不同生存環境的文學敘述加以考察，恰恰可以豐富我們的歷史認識。一個生存共同體，它的魅力並不是它對外來衝擊的傳播速度，而是內部範式的多樣性和豐富性，這就是我們所謂的「地方性知識」。民國時期的「山河破碎」，正好爲各種地方性知識的生長創造了條件，如果能夠充分尊重和發掘這些地方性知識視野中的精神活動與文學創造，那麼中國的現代文學研究也將再添不少新的話題、新的意趣。

〔註28〕　（德）恩斯特・卡西爾：《人論》，73頁，甘陽譯，西苑出版社，2003年。
〔註29〕方敬、何頻伽：《何其芳散記》，22頁，四川教育出版社，1990年。

　　「破碎」的民國給我們的進一步的啓發可能還在於：區域的破碎同時也表現爲個人體驗的分離與精神趣味的多樣化。當代中國的大眾文化曾經出現了所謂的「民國熱」，在我看來，這種以時尚爲誘導、以大眾消費爲旨歸，充滿誇張和想像的「熱」需要我們深加警惕，絕不能與嚴肅的歷史探詢相混淆。其中唯一值得肯定的便是某種不滿於頹靡現狀，試圖在過去發掘精神資源的願望。今天的人們也或多或少地感佩於民國時代知識分子精神狀態的多樣性，如魯迅、陳獨秀、胡適一代新文化創造者般的不完全受縛於某種體制的壓力或公眾的流俗的精神風貌。〔註30〕的確，中國現代作家精神風貌的多姿多彩與文學作品意義的多樣化迄今堪稱典範，還包括新／舊、雅／俗文學的多元並存。對應於這樣的文學形態，我們也需要調整我們固有的思維模式，未來，如果可能完成一部新的文學發展史的話，其內容、關注點和敘述方式都可能與當今的文學史大爲不同。

　　第三，「作爲方法的民國」的研究並不同於過去一般的歷史文化與文學關係的研究，有著自己獨立的歷史觀與文學觀。中國現代文學研究不乏從歷史背景入手的學術傳統，包括傳統文學批評中所謂的「知人論世」，包括中國式馬克思主義的社會歷史批評，也包括新時期以後的文化視角的文學研究。應該說，這三種批評都是有前提的，也就是說，都有比較明確、清晰的對歷史性質的認定，而文學現象在某種意義上都必須經過這一歷史認識的篩選。「知人論世」往往轉化爲某種形式的道德批評，倫理道德觀是它篩選歷史現象的工具；中國式馬克思主義的社會歷史批評在新中國建立後相當長的時間中表現爲馬克思主義普遍原理的運用，有時難免以論帶史的弊端；文化視角的文學研究曾經爲我們的研究打開了許多扇門與窗，但是這樣的文化研究常常是用文學現象來證明「文化」的特點，有時候是「犧牲」了文學的獨特性來遷就文化的整體屬性，有時候是忽略了作家的主觀複雜性來遷就社會文化的歷史客觀性——總之，在這個時候，作爲歷史現象的文學本身往往並不是我們呈現的對象，我們的工作不過是借助文學說明其它「文化」理念，如通過不同地域的文學創作證明中國區域文化的特點，從現代作家的宗教情趣中展示各大宗教文化在中國的傳播，利用文學作品的政治傾向挖掘現代政治文化在文學中的深刻印記等等。

〔註30〕丁帆先生另有「民國文學風範」一說可以參考，他說：「我所指的『民國文學風範』就是五四新文學傳統，特指五四前後包括俗文學在內的『人的文學』內涵。」見丁帆：〈「民國文學風範」的再思考〉，《文藝爭鳴》第 7 期，2011 年。

　　「作為方法的民國」就是要尊重民國歷史現象自身的完整性、豐富性、複雜性，提倡文學研究的歷史化態度。既往的中國現代文學研究充斥了一系列的預設性判斷，從最早的「中國新文學是反帝反封建的文學」、「五四新文學運動實施了對舊文學摧枯拉朽般的打擊」、「中國現代文學的發展與歷史的進步方向相一致」，到新時期以後「中國現代文學是走向世界的文學」、「中國現代文學是現代性的文學」、「20 世紀中國文學的總主題是改造民族靈魂，審美風格的核心是悲涼」等等。在特定的時代，這些判斷都實現過它們的學術價值，但是，對歷史細節的進一步追問卻讓我們的研究不能再停留於此，比如回到民國語境，我們就會發現，所謂「封建」一說根本就存在「名實不符」的巨大尷尬，文學批評界對「封建」的界定與歷史學界的「封建」含義大相徑庭，「反封建」在不同階段的真實意義可能各各不同；已經習用多年的「進步作家」、「進步文學」究竟指的是什麼，越來越不清楚，在包括抗戰這樣的時期，左右作家是否涇渭分明？所謂「右翼文學」包括接近國民黨的知識分子的寫作是不是一切都以左翼為敵，它有沒有自己獨立的文學理想？國民黨專制文化是否鐵板一塊，其內部（例如對文學的控制與管理）有無矛盾與裂痕？共產黨的革命文學是否就是為反對國民黨和「舊社會」而存在，它和國民黨的文學觀念有無某些聯通之處？被新文學「橫掃」之後的舊派文學是不是一蹶不振，漸趨消歇？因為，事實恰恰相反，它們在民國時代獲得了長足的發展，並演化出更為豐富的形態，這是不是都告訴我們，我們先前設定的文學格局與文學道路都充滿了太多的主觀性，不回到民國歷史的語境，心平氣和地重新觀察，文學中國（文學民國）的實際狀況依然混沌。

　　這就是我們主張文學研究「歷史化」，反對觀念「預設」的意義。當然，反對「預設」理念並不等於我們自己不需要任何理論視角，而是強調新的研究應該比以往任何時候都尊重民國社會歷史本身的實際情形，研究必須以充分的歷史材料為基礎，而不應當讓後來的歷史判斷（特別是極左年代的民國批判概念）先入為主，同時，時刻保持一種自我反思、自我警醒的姿態。回到民國，我們的研究將繼續在歷史中關注文學，政治、經濟、法律、教育等等議題都應當再次提出，但是與既往的研究相比，新的研究不是對過去的拾遺補缺，不是如先前那樣將文學當作種種社會文化現象的例證，相反，是為了呈現文學與文化的複雜糾葛，不再執著於概念轉而注重細節的挖掘與展示。例如「經濟」不是一般的政治經濟學原理，而是具體的經濟政策、經濟

模式與影響文學文化活動的經濟行為，如出版業的運作、經濟結算方式；「政治」也不僅僅是整體的政治氛圍概括，而是民國時期具體的政治形態與政治行為，憲政、政黨組織形式，官方的社會控制政策等等；在文學一方面，也不是抽取其中的例證附著於相應的文化現象，而是新的創作細節、文本細節的全新發現。回到文學民國的現場，不僅是重新理解了民國的文化現象，也是深入把握了文學的細節，這是一種「雙向互犁」的研究，而非比附性的論證說明。例如茅盾創作《子夜》，就絕非一個簡單的「中國道路」的文學說明，它是 1930 年代中國經濟危機、社會思想衝突與茅盾個人的複雜情懷的綜合結果。解析《子夜》決不能單憑小說中的理性表述與茅盾後來的自我說明，也不能套用新民主主義論的現成歷史判斷，而必須回到「民國歷史情境」。在這裡，國家的基本經濟狀況究竟如何，世界經濟危機與民國政府的應對措施，各種經濟形態（外資經濟、民營經濟、買辦經濟等）的真實運行情況是什麼，社會階層的生存狀況與關係究竟怎樣，中國現實與知識界思想討論的關係是什麼，文學家茅盾與思想界、政治界的交往，茅盾的深層心理有哪些，他的創作經歷了怎樣的複雜過程，接受了什麼外來信息和干預，而這些干預又在多大程度上改變了茅盾，茅盾是否完全接受這些干預，或者說在哪一個層次上接受了、又在哪一個層次上抵制了轉化了，作家的意識與無意識在文本中構成怎樣的關係等等，這樣的「矛盾綜合體」才是《子夜》，「回到民國歷史」才能完整呈現《子夜》的複雜意義。

民國作為方法，當然不會拒絕外來的其它文學理論與批評視角，但是，正如前文所說，這些新的理論與批評不能理所當然就進入中國現代文學研究之中，它必須能夠與文學中國——民國時期的文學狀況相適應，並不斷接受研究者的質疑和調整。例如，就我們闡述的歷史與文學互通、互證的方法而言，似乎與歐美的近半個世紀以來的「文化研究」頗多相近，因此不妨從中有所借鑒，但是，在另外一方面，我們必須認識到，歐美的「文化研究」的具體問題——如階級研究、亞文化研究、種族研究、性別研究、大眾傳媒研究等——都來自與中國不同的環境，自然不能簡單移用。對於我們而言，更重要的可能就是一種態度的啟示：打破了文學與各種社會文化之間的間隔，在社會文化關係版圖中把握文學的意義，文學的審美個性與其中的「文化意義」交相輝映。

作為方法的民國，昭示的是中國現代文學研究「學術自主」的新可能，

它不是漂亮的口號，而是迫切的學術願望，不是招搖的旗幟，而是治學的態度，不是排斥性的宣示，而是自我反思的眞誠邀請，一句話，還期待更多的研究者投入其中，以自己尊重歷史的精神。

目次

第一章　詩歌借鑒的理論檢視

第一節　詩歌借鑒及其主要方式

　　人類歷史進入 20 世紀之後，經濟、文化大開放成爲不可阻滯的潮流，任何形式的封閉都逐漸被證實爲阻礙人類文明發展的樊籬。各個國家、民族的詩歌也正是在這樣一個大的文化背景下進行著廣泛交流，在文化觀念、藝術觀念、表現手法等諸多方面相互借鑒，從而促進了現代詩歌藝術的發展。

　　就世界範圍而言，詩歌藝術的借鑒是一種互動關係，正如魯迅所概括的「拿來」與「拿出」。由於各個國家、民族的文化歷史和詩歌現狀各不相同，這就導致了「拿來」與「拿出」的情形也各相殊異。中國具有豐富而悠久的文明史，它在歷史上有著對文化、藝術乃至科學技術的大量的「拿出」，特別是對東亞和東南亞文化產生過重要影響。到了近現代，中國的文化特別是古代詩歌也影響了不少西方藝術思潮的誕生和發展。在世界現代詩歌領域產生過重要影響的意象派詩歌，就在一定程度上受到過漢文化、漢文字和中國詩歌的啓示。在與西方文化、哲學觀念和現代藝術觀念融合之後，來自中國的藝術營養便呈現出新的內涵與形態，而這種新的東西又成爲中國新詩的借鑒對象。與此同時，西方哲學、文化和詩歌發展中所形成的某些特別具有生命力的因素，也是中國詩歌學習和借鑒的對象。現代世界的文化、藝術正是在這種相互碰撞、相互借鑒中尋找著各自的出路。

　　在這裡，我們所要討論的是新詩在其發生、發展歷程上所受到的外國藝術影響，或者說是外國詩歌藝術經驗在新詩發展中所扮演的角色，主要涉及

中外詩歌互動關係中的一面，即「拿來」的問題。「拿出」不是我們討論的重心。

綜觀中國新詩與外國詩歌的關係，新詩的借鑒在總體上是成功的，促進了自身藝術的發展。但是，新詩借鑒中同樣存在著不少弊端，有的甚至在一定程度上阻滯了新詩藝術的發展。為了更好地總結新詩借鑒中的經驗與教訓，我們首先就要對新詩借鑒以及與之相關的問題進行一番理論上的檢視。

與詩歌借鑒聯繫最為緊密的話題當推詩歌繼承，二者都涉及到詩歌的某些藝術要素的來源問題。可以說，在中國新詩發展中，它們相剋又相生，不可或缺。

詩歌繼承是一種縱向延續的關係，主要是就同源文化中的詩歌而言的。同種文化中的詩歌在其後來的發展中對以前所形成、積澱的藝術因素有所弘揚，從而使這種詩歌在不同發展時期都呈現出某些共同的特點，並且形成縱向延續的漸進軌跡。一個民族的優秀詩歌，無論有多大的變革，有一些標誌該民族詩歌「身份」的因素始終都是一貫的，這決定於該民族長期以來形成的文化心理、道德觀念、審美理想等諸多因素。

詩歌借鑒是一種橫向交往關係，主要是指跨越民族、國界的聯繫，是不同文化形態下發展的詩歌之間的相互交流和對某些藝術經驗的相互學習、吸收。由於世界上各民族的歷史文化淵源、地域環境、道德理想等的差異，它們的詩歌也由此而形成區別。然而，各民族、地區之間的詩歌在藝術上並非絕對對立，它們在相互碰撞的同時，可以在有些方面形成新的融合，從而推動詩歌藝術的發展與進步。在另一個層面上，詩歌借鑒可以不以跨越民族、國界為前提，而是指不同藝術門類之間的相互影響和相互吸取。比如，中國詩歌在很大程度上就對傳統的繪畫藝術有所借鑒，「詩出側面」之說就與繪畫中的「畫柳實畫風」的手法有密切聯繫。聞一多提出的「詩的建築美」主張，實際上是同建築藝術注重整體與協調的特點相一致的。詩歌與音樂的密切關聯就更說明這一點。

詩歌繼承與詩歌借鑒都包含著一個共同的內涵：選擇。繼承與借鑒不是「搬用」、「移植」的同義語。就不同民族、國家的詩歌而言，有些藝術要素是可容的，而有些則是不可容的。如果毫無選擇地把外國詩歌中的藝術觀念、表現手法都搬進新詩，其結果只能使中國新詩變得不倫不類，走向與推動新詩發展這一目標相對立的另一面：50、60年代臺灣詩壇上所謂的「橫的移植」

便存在這樣的弊端，而在 80 年代中期以後的大陸詩界，這種現象也十分普遍。

詩歌借鑒的基本前提是理解。這裡所說的理解不只是對某種或某些詩歌文本的解讀，還包括對生成詩歌文本的文化傳統、藝術傳統、人文心理、生存環境等諸多因素及其與詩歌發展的關係的把握。缺乏理解，就不能眞正地悉知詩歌文本誕生的過程及詩歌藝術的本質，也就無法確定不同文化背景下的詩歌獲得相互促進的可能性。這樣，詩歌的借鑒就難以獲得成功，至少是難以獲得對詩歌藝術發展的眞正推進。艾青說：「我們並不反對向外國學習。……我們反對的是抄襲外國。反對的是：只要外國的詩都是好詩。我們要引進的是外國的先進技術，不要引進那些在外國都已經拋棄了的破爛。不要拿外國的東西來嚇唬人。」〔註1〕他所謂的「抄襲」即是在不瞭解、理解的前提下的盲目接受。舉例來說，西方的現代主義詩歌是在工業文明高度發達並造成人的固有地位與處境岌岌可危的情形下逐漸產生的，單從這種獨特的生存環境來看，全盤地搬用它的觀念、手法等等都是不適合中國的社會發展現狀的，自然也會與新詩的發展路向相衝突。如果不理解這些因素，借鑒就難以實現，即使跨越重重障礙去搬來了，結果不但不能促進新詩的發展，反而可能造成極大的混亂。施蟄存在回憶 30 年代的文學創作受外國文學影響的情況時說：「我們這一批人是比較開放的，希望把中國文學和外國文學打成一塊。但是這需要一點能力。這能力就是說，你對外國情況知道不知道，你對外國文學瞭解不瞭解，你能不能吸收，你是抱吸收的態度還是拒絕的態度。」〔註2〕這是經驗之談。

詩歌借鑒的方式多種多樣，大致可以概括爲三種情形：直接借鑒、中介借鑒、間接借鑒。

直接借鑒是直接通過原文理解外國詩歌並借鑒其中的某些藝術要素或經驗。直接借鑒對借鑒者的外語水平和對該語種的文化、文學修養有較高的要求。直接借鑒的長處是可以在較好地領會借鑒對象的藝術精髓的前提下進行藝術選擇。不同語言、不同文化背景下的詩歌，其哲學基礎、感情方式和話語方式都呈現出巨大差異，而這些存在差異的特點只有在那種語言、文化之

〔註 1〕 艾青：《從「朦朧詩」談起》，《艾青論創作》，上海文藝出版社 1985 年 10 月出版，第 582 頁。

〔註 2〕 施蟄存答新加坡作家劉慧娟問《爲中國文壇擦亮「現代」的火花》，《沙上的腳跡》，遼寧教育出版社 1995 年 3 月出版，第 178 頁。

中才能形成完美的藝術文本，也只有通過那種語言、文化，接受者才能對其進行真正的理解。以英語詩歌和漢語詩歌為例，單就詩歌的韻式而言，英語詩中就存在頭韻、尾韻、句中韻等情形，而正是這些韻式共同構成了詩的情緒氛圍與音樂性；在漢語詩歌中，除了尾韻之外，似乎很少見到頭韻、句中韻等類型，至少人們對此不看重，我們所談的押韻，基本上都是指尾韻的和諧。穆木天曾試圖將英語詩歌中的這種情形在漢語詩歌中進行新的探索：「關於詩的韻，我主張越複雜越好。我試過在句子中押韻，我以為很有趣。總之韻在句尾以外得找多少地方去押。」〔註3〕這種試驗不適合漢語的特徵，因而很難產生藝術上的效應。對不同民族詩歌的特點，特別是各自的與眾不同之處，只有通過對原文的解讀才能真正理解與把握，也才能為借鑒提供最為可信的基礎。在新詩史上，通過借鑒而在詩歌藝術的創造上有所突破的詩人，大多都有直接借鑒的經歷。李金髮、戴望舒、梁宗岱等對象徵主義詩歌的借鑒，馮至等對德國（德語）詩歌的借鑒，胡適、徐志摩、聞一多、陳夢家等對英美傳統詩歌的借鑒，卞之琳以及九葉派詩人對英美現代主義詩歌的借鑒，等等，幾乎都屬於直接借鑒的範疇。

中介借鑒是通過翻譯、轉譯或其它中介手段而進行的借鑒。這種情形在新詩的借鑒中最為普遍。由於不少新詩創作者不具備直接通過原文精讀外國詩歌的外語水平，至少不可能懂得所有的外語，他們在借鑒的時候就只有通過別人的漢語翻譯或其它語種的轉譯來瞭解和理解某些外國詩歌作品，這種借鑒的效果在很大程度上與翻譯者的外語水平和詩美傳達能力有密切關聯。如果翻譯者對詩歌原文和所翻譯過去的語言均有深入瞭解與全面把握，並且能找到兩種語言的詩歌的獨特轉換方式，從而使譯品能最好地傳達原作的特點與旨趣，那麼，從這種譯品中對外國詩歌作品的理解就可能與該語言的詩歌的總體藝術特徵和原創者的初衷比較接近，由此而進行的借鑒也就有可能抓住了實質與要領。而事實上，在詩歌翻譯和轉譯過程中，由於詩歌語言特色而形成的獨特的審美特徵、傳達方式及某些藝術妙趣在很多時候是要受到損失的。有人說「詩歌是在翻譯過程中失去的東西。」這話不免絕對，但也不無道理。龐德的說法也許更符合實際：「你的詩作中訴諸讀者的想像力的眼睛的那部分，在翻譯成外國語言時不會有任

〔註3〕穆木天：《談詩——寄沫若的一封信》，《創造月刊》第1卷第1期，1926年3月16日。

何損失，而詩中訴諸聽覺的部分，則只有讀原作的人才能領略到。」〔註4〕
毛澤東有詩句：「我失驕楊君失柳，楊柳輕　直上重霄九。」(《蝶戀花‧答李淑一》)借楊、柳這兩種姓氏與兩種植物的特徵的對應，形成語言上的彈性，恐怕是任何其它語言的翻譯也難以保留其母語特性的。外國詩歌亦然。英語詩歌的頭韻、句中韻就極難在漢語中表現出來，由音節構成的音步也難以在漢語中找到相應的對應，輕重音的起伏變化更無法在漢語中找到相同的傳達方式。日語俳句由 5－7－5 共 17 音構成，又稱為十七音詩，但這並不是說該種詩歌是由十七個字組成的，因為日語中的一個音並不都對應著一個有意義的字，而漢語則是一字一音，因此，俳句很難在漢語中找到完全的對應，只能勉強以十七字代替十七音，變成十七字詩。轉譯則是通過第三國語言作為中介而進行的翻譯，比如魯迅、郭沫若等在 20 世紀初期所接觸並受到影響的西方文化、文藝思潮和文學作品大多是來自日語的譯介。如果說具有抽象性、概括性特徵的觀念、思潮等還可以通過轉譯而較好地表達出來，那麼，文學作品特別是詩歌，在轉譯中則可能會與原作有很大出入，因為這個過程中增加了一次或多次他種語言的轉換，每次轉換都可能丟失一些什麼也可能增加一些什麼。施蟄存曾對照法文閱讀英譯的法語詩歌，發現「英譯本往往改變原意或增加詞語，如果我從英譯本轉譯，和原詩的差距必然更大。」〔註5〕這便是一個具體的例證。

這些都說明，在詩歌借鑒中，通過翻譯、轉譯而形成的中介借鑒很容易「走樣」，很容易讓借鑒者在沒有全面理解借鑒對象的前提之下作出並不完全符合事實的評判或選擇。在這裡，我們還沒有涉及到詩歌翻譯的質量問題。事實上，由於譯者水平和理解上的差異，詩歌翻譯中的誤譯、漏譯乃至整體水平都不很高的情形在詩歌翻譯史上並不鮮見。

關於詩歌翻譯，翻譯界存在著多種不同主張，有主張直譯的，有主張意譯的，也有主張意譯、直譯相結合的。施蟄存對此作過總結：「有人主張要照顧到原詩的音節和押韻法，原詩每行用十二音節的，就譯成十二個漢字，用十個音節的，就譯成十個漢字；韻腳也要依照原詩的用韻法，改成漢字韻腳。有人主張原詩的詩意結構或語法結構都應當保存，故應當一行一行地直譯。

〔註4〕埃茲拉‧龐德：《回顧》，鄭敏譯，見英國戴維‧洛奇編《二十世紀文學評論》中文版上冊，上海譯文出版社 1987 年 2 月出版，第 112～113 頁。

〔註5〕施蟄存：《〈域外詩抄〉序引》，《文藝百話》，華東師範大學出版社 1994 年 4 月出版，第 255 頁。

我以爲這些觀念，都不很適當。一首詩的美，存在於四個方面：音節、韻法、辭藻、詩意。前面三項都屬於語言文字，這是無法翻譯的。我們翻譯外國詩，恐怕只能要求最忠實地譯出其詩意。我對於自己的譯詩工作，也只希望能做到傳達原意。」〔註6〕施蟄存主要是主張意譯的。所謂意譯，就是將原作的詩意以另一種語言表達出來，而不必拘泥於原作的語言形式。這種方式對於翻譯作品的接受者來說也許更爲親切和易於理解，但是，問題在於，詩歌的所謂思想、感情之類是由獨特的話語方式表達出來的，如果一味主張意譯，必然導致原作的大變形甚至「面目全非」。飛白譯有《詩海》，涉及到多種語言，而譯者本人較爲熟悉的只有俄語、英語等，他採取「觸類旁通」來翻譯了他不熟悉乃至不曾學過的語言所寫的詩歌，單從這一點看，其譯品的質量就讓人懷疑。

就傳達原作的特點而言，直譯也許有其合理性，但是，將一種語言的特點直接地轉化爲另一種語言，其可以理解的程度一般不會太高。卞之琳說：「我一直主張文學翻譯不但要忠於內容，而且要忠於形式，詩譯了要注明原詩是什麼形式（是自由詩，是格律詩，用什麼樣的格律），特別是在譯不出原詩形式的場合。」〔註7〕這種觀點與直譯的主張相近，但不是完全的直譯，因爲它包含著「譯不出原詩形式」時的轉化或說明。因此，在詩歌翻譯中，直譯與意譯相結合的方式似乎更爲適用一些，在翻譯中可以將外國詩歌中與漢語詩歌相通且較易互相轉換的因素表現出來，而又根據中國人的審美習慣對某些因素進行意義傳達，在總體上體現出原詩特點而又適合於中國人的閱讀、審美習慣，因爲譯詩的讀者與借鑒者都是中國人，他們需要的是既傳達原作者審美追求、藝術特色，又能爲自己所解讀、理解和接受的譯品。在這方面，藍曼等人對蘇聯詩人伊薩科夫斯基的《卡秋莎》、《紅梅花兒開》等作品的翻譯就具有代表性，這些譯品與原作有一定差異，但它們保持了原作的民歌風味，語言樸素清純、節奏強烈，既有原作的神韻，又符合中國讀者的欣賞習慣，因而能夠久傳不衰。

在詩歌翻譯史上，本身就是詩人的翻譯家的翻譯大多具有這樣的特點，查良錚翻譯的英、俄詩歌、綠原翻譯的德語詩歌、梁宗岱、屠岸翻譯的莎士

〔註6〕施蟄存：《〈域外詩抄〉序引》，《文藝百話》，華東師範大學出版社 1994 年 4 月出版，第 255 頁。

〔註7〕卞之琳：《新詩和西方詩》，《人與詩・憶舊說新》，北京生活・讀書・新知三聯書店 1984 年 11 月出版，第 192 頁。

比亞十四行詩、江楓翻譯的雪萊詩歌、鄒絳翻譯的美國黑人詩歌，等等，均為人稱頌，這恐怕是由於這些詩人對漢語詩歌和他們所翻譯的外國詩歌都較為熟悉的緣故，他們由此而找到了各自在不同語言的詩歌之間相互進行藝術轉換的方式。在這個層面上講，由精通外國詩歌的中國詩人擔當詩歌翻譯的主角，恐怕會對中外詩歌的交流和中國新詩的借鑒產生更多的正面效應。卞之琳說：「『五四』以來，我國新詩受西方詩的影響，主要是間接的，就是通過翻譯。因為譯詩不理想，所以受到的影響，好壞參半，無論在語言上，在形式上。」〔註8〕在今後，通過翻譯作品進行借鑒恐怕仍然是新詩與外國詩歌進行交流的主要方式，由精通外國詩歌的中國詩人擔當譯介任務，新詩的借鑒也許可以取得更好的收穫。

　　如果說直接借鑒和中介借鑒是一種完全的橫向關係的話，那麼，間接借鑒則是一種橫向與縱向相交合的關係。間接借鑒指的是對借鑒的再借鑒，實際上是借鑒與繼承這兩個方面在吸取外國詩歌藝術經驗這一層面上的融合。當某些詩人在創作中借鑒了外國詩歌藝術經驗之後，其作品又影響後來的詩人，使後來者從中獲取包括外國詩歌藝術經驗在內的藝術營養，這後來的詩人由此而接受的外國詩歌的影響就是間接的。與直接借鑒和中介借鑒所不同的是，間接借鑒所獲得的影響不是來自原作或翻譯作品、轉譯作品，而來自本民族詩人受到外國詩歌藝術影響之後而創作的作品。在新詩史上，這種情形並不少見。李金髮在受到法國象徵主義詩歌影響之後，其作品在20年代的詩壇上產生了廣泛影響，雖然毀譽參半，但他畢竟為新詩帶來了一種新的形態，由此而導致了一批追隨者，比如沈從文、胡也頻等等，這些人從李金髮的作品中獲取藝術營養，這中間自然包括對象徵主義詩歌的間接借鑒。聞一多受到英國浪漫主義詩歌、唯美主義詩歌等藝術思潮的影響，其學生臧克家則從他的作品和思想中對某些因素進行了延續，只是外國詩歌的藝術因素較少一些。馮至、卞之琳等受到里爾克、葉芝、艾略特、奧登等現代主義詩人的影響，而這種影響又通過他們的作品傳給了穆旦、杜運燮、鄭敏、袁可嘉等詩人。雖然九葉詩派也受到了燕卜蓀和英美現代主義詩歌的直接影響，但馮至、卞之琳等詩人所產生的作用絕不可低估，他們至少為九葉詩人提供了一些轉換方式上的啟示。

〔註8〕卞之琳：《新詩和西方詩》，《人與詩‧憶舊說新》，北京生活‧讀書‧新知三
　　　　聯書店1984年11月出版，第192頁。

　　在詩歌借鑒中，間接借鑒只是一種特殊方式。相比而言，間接借鑒可以更多地避免中國新詩與外國詩歌之間的「隔膜」。通過直接借鑒或中介借鑒而吸收外國詩歌藝術營養的詩人，在其創作中必然有所取捨，就總體而言，這種取捨是為了更好地推動新詩藝術的進步，因而，其作品中的外國藝術因素不但已經滲進了詩人的藝術創造之中，而且與中國詩歌傳統產生了較大的可容度，後來者進行再度借鑒的時候，就變成了對某種新的傳統的繼承，對新詩藝術發展的正面推動就會更大一些。即使像李金髮詩歌中的某些沒有良好消化的因素，也可以為後來的間接借鑒提供一些有益的教訓與啟示。

　　詩歌借鑒是中外詩歌交流中十分複雜的話題，它涉及到詩歌翻譯問題，各民族的社會環境、文化發展、審美理想等方面的差異問題，等等，但是，在世界文化走向不斷開放的時代，詩歌借鑒又是必不可少的，否則，新詩就只能獨居一隅，難以跟上世界文化、藝術發展的大潮。因此，近現代以來的仁人志士都對向外國文化、藝術的借鑒進行了大力呼籲並行諸實踐。魯迅早年至晚年都關注著這一關係到中國文化、文學命運的工作，他早年鼓吹「別求新聲於異邦」，〔註 9〕後來提倡「拿來主義」，「總之，我們要拿來。……沒有拿來的，人不能自成為新人，沒有拿來的，文藝不能自成為新文藝。」〔註10〕直到二十世紀末期，魯迅的這些主張和實踐仍然可以看作是一種令中國社會、文化走向現代化的旗幟。

第二節　詩歌借鑒中的制約因素

　　詩歌借鑒是一種很複雜的藝術行為，但它並不是沒有制約的自由行為。詩歌借鑒是不同國家、民族之間的詩歌藝術的交流，甚至是跨越時代的交流，因而它肯定要受到與詩歌發展相關的多種因素的制約。

　　至少有三個方面的制約因素是不可忽視的。

一、文化觀念的制約

　　這裡所說的文化觀念是一個包容廣泛的概念，一個民族的道德意識、審

〔註 9〕魯迅：《摩羅詩力說》，《魯迅全集》第一卷，人民文學出版社 1981 年版，第 65 頁。

〔註10〕魯迅：《拿來主義》，《魯迅全集》第六卷，人民文學出版社 1981 年版，第 40 頁。

美理想、價值觀念乃至哲學基礎等諸多側面都涵括其中。這些觀念在很大程度上影響著詩歌觀念及其演變軌跡。

由於歷史的原因，各民族的文化觀念在具有一些共性的同時，更存在很大的差異，這就導致了各民族詩歌觀念、詩歌創作上的巨大差別。特別是在東方和西方這兩大文化區域，文化觀念上的差異更是顯得尤為突出。在詩歌借鑒中，我們首先必須承認這種差異的存在，並在此基礎上尋找中國詩歌與外國詩歌之間可以融合和促進的因素，否則，詩歌借鑒將是盲目的，難以取得良好的交流與推動的效果。

擇其大端而言，在總體上說，西方文化的哲學基礎是天人對立，這就使它特別看重個人而相對忽視群體，在藝術上注重外傾而淡化內蘊、注重技術性與哲學性而忽略性靈。中國文化發展的哲學基礎是天人合一，再加上長期農業文明的影響，中國文化歷來比較看重群體，以群體為本位（由「家」「國」而演化為「國家」便是明顯的例證），在藝術上比較注重內蘊、注重表達人的性靈、注重整體性。由於這兩種文化存在諸多相異性乃至對立性，在其中發展的詩歌自然也由此而產生差異。在詩歌借鑒中，如果不考慮這些差異的存在，勢必造成詩歌在藝術取向上的失誤。在新詩史上，李金髮引進象徵主義詩歌是一直為人們關注的詩界公案，雖然目前已有較為深入的研討，對李氏的功勞也作出了比以前更高的評價，但是，我們必須承認，李氏當年在詩中傳達的頹廢情緒是與中國人的整體文化觀念和心理取向相牴觸的，如果不是李氏在新詩開放上的開拓之功，他受到的詆毀恐怕會更多。在詩歌借鑒中，如果不對借鑒者所處的文化語境和借鑒對象所包含的文化觀念進行深入探析，借鑒就可能在文化觀念的差異這一背景下走向借鑒者所預想的另一面。

二、生存環境的制約

這裡所說的生存環境指的是詩歌創作者的生存環境，當然也是詩歌生成的生存環境。它包括一個國家、民族的社會發展狀況、人文心態和人們的價值取向等等。生存環境的不同也會對詩歌的交流與借鑒產生影響。

一個國家、民族的社會發展狀況、人文心態、價值取向等因素往往決定該國家、民族的詩歌發展路向。詩歌是關於生存在社會中的人們的心態、情感的表達，不可能與現實社會發展狀況毫無關聯。雖然現代文明促使各個國家、民族都努力選擇開放之路，但是，開放並不是放棄自我，同時，由於歷

史、文化和地域環境等的差異，各個國家、民族在政治、經濟、文化等的發展上並不一致，這自然會導致其詩歌和其它藝術在發展上的差異。從總體上講，每個國家、民族在詩歌發展路向上的選擇總有其因由和合理性，否則，它的詩歌就會失去其生存的根基——這實際上是放棄了民族的個性與特點。這就使我們在詩歌借鑒中不得不考慮生存環境對詩歌藝術的制約作用。自由是相對的，制約才是絕對的，這是任何藝術發展的客觀規律。忽略這一規律，詩歌借鑒就可能成為詩歌發展的阻滯。

以中國現代社會發展的兩個時段為例。

30、40 年代的中國是多災多難的。由於民族的貧弱，大片大片的土地被外敵侵略。在這樣一種處境之下，作為時代精神的神經的新詩自然不能保持沉默，不只是不能沉默，而且要以特殊的藝術手段調動全民族的情緒，投入到抗敵救國的大潮中去。這是中國詩歌的優秀傳統之一，所謂「國家不幸詩家幸，話到滄桑句便工。」事實也證明，30、40 年代的中國新詩由於真正而全面地感應到全民族的共同心聲，表達了全民族的共同渴求，因而成為新詩史上的獨特一頁。當然，我們也承認，由於詩人對文化積澱的淡化，更由於配合當時現實任務的需要，不少詩歌在藝術上是粗糙的，在表現是膚淺的，個人幾乎完全淹沒在群體中，創造幾乎完全被口號所代替，導致了詩人和詩歌在個性上的某種失落。但是，無論怎樣，在那樣一種生存環境之下，外國的任何現代主義詩歌觀念和藝術手法都會顯得蒼白無力、格格不入，這才導致了戴望舒、馮至、卞之琳、何其芳等詩人在詩歌藝術上的某些轉向。卞之琳說：「我寫詩道路上的轉折點也就開始表現在又是一年半寫詩空白以後的 1938 年秋後的日子。……與前期相反，現在是基本上在邦家大事的熱潮裏面對廣大人民而寫（和解放後偶而有所寫作一樣），基本上都用格律體（也和以後一樣）寫真人真事（和以後又不大相同）。」〔註11〕40 年代後形成的九葉詩派是 40 年代受西方現代主義詩歌影響最大的詩歌群體，但是，他們在向現代主義詩歌借鑒的同時，也「在思想傾向上，既堅持反映重大社會問題的主張，又保留抒寫個人心緒的自由，而且力求個人感受與大眾心志相溝通，強調社會性與個人性、反映論與表現論的有機統一。」〔註12〕即使這樣，由於與西

〔註11〕卞之琳：《雕蟲紀曆·自序》，人民文學出版社 1979 年 9 月出版。
〔註12〕袁可嘉：《半個世紀的腳印——袁可嘉詩文選·自序》，人民文學出版社 1994 年 6 月出版。

方現代主義詩歌的某種姻緣關係，九葉詩派在當時還遭到大量指責。作為有責任感、有使命感的詩人，在那種關係國家存亡的時刻，他們在藝術上的轉向是必然的。

相反，那種「關進小樓成一統」的自娛自樂自戀的詩或者與當時中國社會現實不能達成聯繫的詩是難以獲得很高的地位的。當然，跨出這一時段談當時的詩歌，我們的審視角度或許有所不同，對它的評價也會有所差別，但是，在這裡，我們是置身在具體的生存環境中談論詩歌借鑒中的現實制約問題。詩歌總是應該在它生成的時代首先產生藝術效應。

到了 20 世紀後半期，中西方社會環境的差異仍然很大。西方社會在走過工業社會之後又開始步入後工業社會，其詩歌也自 50 年代以後步入後現代主義時期。「在文化多元發展的現代，西方文化具有繁榮發展的一面，也有其脆弱的一面。後者突出表現在文化中的悲觀主義和虛無主義的流行和影響日益擴大。」〔註 13〕在藝術領域，如果說在本世紀初獨佔鰲頭的「前現代」藝術「將文本視為表現其自身以外的某種東西」，盛行於本世紀第二個二十五年的「現代」藝術「將文本視為其自身的目的」，那麼，後現代主義藝術則「認為文本對自身提出質疑，更確切地說，它對自身與讀者、觀眾之間的關係提出了質疑。」〔註 14〕這種文化存在於後工業文明社會這一特殊的社會形態之中，解構主義等是其哲學的、藝術的、方法論上的基礎。而在中國，由於長期以農業文明為主且閉關鎖國，時至 20 世紀末期才開始逐漸向工業文明靠攏，與後工業文明的距離尚若霄壤。在這樣一種生存環境之下，西方的後現代主義詩歌在中國自然缺乏賴以生存的文化基礎和現實土壤。

但是，在中國的文化轉型時期，從 80 年代中期開始，一批對西方世界的崇拜者卻大量搬進後現代主義的文化、藝術思潮，在中國詩壇上傳播對理想與崇高的消解，拋售懷疑主義與虛無主義，造成新詩藝術發展中的混亂與沈寂。僅從這種後果，我們就可以切實感受到生存環境在詩歌交流、借鑒中的制約作用。孫紹振認為，這是一種藝術上的虛假——背離中國文化傳統與社會現實的虛假，他指出：「在我們的詩壇上，虛假現象可以說是鋪天蓋地而來。或者用一個青年詩歌評論家的話來說，就是到處都是『塑

〔註 13〕沈之興、張幼香：《西方文化史・前言》，見《西方文化史》，中山大學出版社1997 年 8 月出版。

〔註 14〕（美）諾曼・N・霍蘭德：《後現代精神分析》，潘國慶譯，上海文藝出版社1995 年 11 月出版，第 279 頁。

料詩歌』。用外國文化哲學理論包裝起來的假冒偽劣詩歌佔領了很大一部分詩壇。」他認為這體現了某些中國知識分子思想的危機和精神的墮落，在談到「缺乏時代的使命感」這一命題時，他指出：「不少人以把個人和社會、傳統、文化的對立絕對化為時髦。對於國家和民族不負任何責任是理所當然的，而要想有所框正倒是可笑的。可悲的是，這種本質上是小市民的遊戲人生觀，犬儒主義精神侏儒，卻披上後現代文化哲學的外衣，以一種假洋鬼子的作態，炮製著虛假的精神優越感，在一些天真爛漫的青年人和中老年人中散發著民族文化自卑感的精神污染，這種文化氣候所造成的墮落竟然成為某種民間的『正統』。」〔註15〕

這些事實說明，每個國家、民族的詩歌發展都受到其當下生存環境的制約，不考慮這種生存環境而將別國的文化哲學觀念、詩歌觀念、藝術手法搬到本國詩歌中來，其結果只能造成詩歌的沈寂乃至沒落。實質上，這種行為不是完全意義上的詩歌借鑒，而只是一種不考慮藝術可容性的搬用或模仿。

三、詩歌傳統的制約

每個國家、民族的詩歌都在其發展過程中形成了一些相對恒定的藝術因素，這些因素在任何時代都具有生命力，它標誌一個國家、民族詩歌的根本特性。這便是詩歌傳統。疏離傳統，詩歌就會喪失民族個性。越是民族的也就越是世界的，在詩歌領域，這句話在很大程度上說是正確的，它暗示傳統的重要性。當然，如果以此為據就自我封閉、妄自尊大，自然會導致另外的惡果。

詩歌傳統包括兩個層面：一是詩歌精神上的，主要指通過詩歌體現出來的一個國家、民族的思維方式、文化心理、道德審美理想等；二是詩歌文體層面上的，指的是構成詩歌文體的諸要素，主要又是指獨特的話語方式。對前一個方面，前文談到的文化觀念的制約已有所涉及，詩歌藝術精神是一個國家、民族文化觀念的組成部分。因此，在這裡，我們主要討論與詩歌文本相關的話語方式在詩歌借鑒中的制約作用。

作為一個整體，詩歌話語包括三個層次：民族話語、時代話語和個人話語。民族話語是基礎，也是詩歌中最具生命力的話語方式和特徵。時代話語具有階段性，是某一時期的詩歌對民族話語的轉換或補充。個人話語是在民

〔註15〕孫紹振：《後新潮詩的反思》，《詩刊》1998年第1期。

族話語、時代話語基礎上體現詩人藝術創造、藝術個性的話語方式。民族話語與時代話語不以個人喜惡而變化，它遵循民族文化和社會發展的普遍規律，個人話語體現詩人的創造精神，但它又必須以民族話語和時代話語爲依託，否則就會成爲無本之木，難以被民族、時代所認同。這三個層次的話語方式在詩歌發展中是多元與統一、恒定與延續的關係。考察這三種話語方式，可以把握各種話語之間的關係及其演變規律，是眞正理解詩歌文體的必然路徑，也是詩歌借鑒的基本前提。詩歌精神（尤其是全人類認同的某些精神）有時候可以跨域時代與國家，但是，各個國家、民族的詩歌話語方式往往是各自獨立、多元發展的。

　　詩歌的話語方式與語言特點關係密切。各個國家、民族的語言都有其獨特性，差異很大。作爲以形式爲基礎的文學樣式，話語方式決定詩歌文本的美學指向、結構方式、意象方式等等。以英語詩歌來說，擇其大要而言，由於字母語言的表音特性和較爲嚴格的語法規則，英語更長於敘述，是一種哲學性、科學性語言，這就使英語詩歌在總體上更看重敘事性。在傳統英語詩歌中，以史詩爲主的敘事詩比抒情詩更爲發達，這也就逐漸形成了詩人對理性精神和對歷史、時代的反思的更多關注，使不少抒情詩也有一種觀念、理性的因素滲透在其中。中國詩歌的情形有所不同，漢語是以表意文字爲主的，語法也相對寬鬆，容易形成更大的隨意性，這就使中國文學在總體上以感性、悟性爲特點，特別是作爲中國文學正體的詩歌，更是不拘定法，講求隨意性、整體性，往往能夠於虛中表實，於實中達虛，在無理而妙的語言機智中表達出詩人的性靈，而這種與漢語特點相關的微妙的語言機智是中國詩人所特有的。這兩種詩歌話語方式的差異是明顯的，形成各自詩歌文體的整一性與獨立性，也體出不同的文化精神。如果把英語詩歌中的某些文化精神搬進漢語詩歌中，文化精神本身也許沒有變化，但它已經變成了另一種話語的表達方式。這便是詩歌傳統對詩歌借鑒的制約。

　　在另一個方面，由於語言特點的不同，中國詩歌和英語詩歌在規範詩歌文體的時候雖然有相似的藝術目標卻只能採用不同的方式。以詩歌的音樂性爲例。在漢語詩歌和英語詩歌中，詩的音樂性（特別是外在音樂性）都是受到重視的，但實現方式各不相同。在英語詩歌中，詩的音樂性以音步、尾韻、頭韻、句中韻等要素的和諧組合來體現，漢語詩歌則以「頓」及韻腳的和諧來體現。在英語詩歌中，一個音步由一對輕重音或重輕音組

成，可以是一個單詞，也可以是兩個單詞，還可以把一個單詞劃分爲幾個音步或跨單詞組成音步，這樣就可以使每個音步在時間長度上大致相等。這種劃分方式只存在於以表音爲主的字母語言中。漢語詩歌則不同，特別是在現代漢語中，雙音詞或多音詞是構成語言的基本要素，在劃分「頓」的時候，除了考慮時間長度外，還要考慮詞語的意義組合，「revolution」可以分爲兩個音步，而「革命」則不能劃成「革——命」。與此同時，在漢語詩歌中，句中韻、頭韻、語音的輕重幾乎是忽略不計的。而這些方式在各自語言中是與其詩歌文體乃至詩人的情感傳達相協調的，如果以其它語言的構成方式來傳達，必然會受到極大制約。正是基於這樣的原因，施蟄存說：「詩是不可能翻譯的，尤其是不能從譯本中再譯。」他舉例說：「我看過外國人譯的中國詩，有許多譯詩使我失笑。……法國詩有許多英譯本，對讀之下常常發現它們不能完全契合。」〔註16〕因此，在詩歌交流中，翻譯只是一種不得已而爲之的辦法，要眞正理解外國詩歌，最好的辦法是深入其語言、文化情景之中。詩歌借鑒亦如此，如果把外國詩歌的話語方式（包括結構方式、韻式、段式、意象組合方式等）不加選擇地搬進新詩，必然不適合中國語言和詩歌文體的特點。在談到中西詩歌語言的不同特性時，卞之琳說：「引進外來語，外來句法，不一定要損害我國語言的純潔性。李金髮應該說不是沒有詩才的，對於法國象徵派詩的特殊風味也不是全不能領略，只是對於本國語言幾乎沒有一點感覺力，對於白話如此，對於文言也如此，而對於法文連一些基本語法也不懂，偏要譯些法國象徵派詩，寫許多所謂法國式的象徵派詩，結果有過一個時期，國內讀者竟以爲象徵派詩就是如此，法國象徵派詩就是如此。也有這一些人竟學寫這樣的糊塗體。」〔註17〕李金髮遭到的指責主要是源於他對中國詩歌傳統特別是其中的語言特性的忽略，將西方的東西直接搬用過來。在九葉詩人中，鄭敏的有些詩在斷行上有時候也將一個詞生拉活抽地分割在兩行或兩節中，讓人覺得彆扭。這些就是我們常說的「歐化」或「西化」，是因爲沒有注意中西文化、詩歌藝術的差異或在二者之間找到適合的轉換方式而造成的。

〔註16〕施蟄存：《〈域外詩抄〉序引》，《文藝百話》，華東師範大學出版社 1994 年 4 月出版，第 255 頁。

〔註17〕卞之琳：《新詩和西方詩》，《人與詩‧憶舊說新》，北京生活‧讀書‧新知三聯書店 1984 年 11 月出版，第 189～190 頁。

當然，我們並不是說由於受制於詩歌傳統特別是其中的話語方式，對外國詩歌的借鑒就無法實現了，而是說在借鑒中要將西方的藝術經驗轉化成適合中國語言和詩歌文體特點的藝術要素。比如嚴格的西方十四行詩每行由五個音步組成，這五個音步包括十個音節，這種長度在字母語言中並不算長，但在，在翻譯中，不少譯者將五個音步轉化成現代漢語詩歌的五個音頓，這是忠實於原作的表現，但是，有些借鑒者在創作中完全堅持這一模式，寫出了每行五個頓的十四行詩，其字數往往與傳統詩歌的詩行長度相去甚遠，不太適合中國人的詩歌審美習慣，於是，有些詩人便對此進行了改進，唐湜說：「我覺得五個音組或音頓在中國語言裏是長了一點，四個頓最恰當，我們的古典詩就有四言（二個頓）、五言（三個頓）與七言（四個頓）的傳統，我就照這傳統抒寫了我的四頓的十四行詩。」〔註18〕經過改進，西方的十四行詩歌與中國詩歌的某些傳統因素結合起來了，變成了中國式的變體十四行詩，這種詩體更適合漢語（現代漢語）的特徵。

因此，我們討論詩歌借鑒中的制約因素，不是要在中外詩歌的交流上設置樊籬，而是要在對外國詩歌的學習和借鑒中特別留心這些制約，以便找到不同國家、民族詩歌之間的最好的融合、溝通方式，從而促進新詩藝術的健康發展。

第三節　詩歌借鑒的目的與效應

一、歷史經驗的簡單回顧

在新詩必須向外國詩歌藝術經驗有所借鑒這一點上，除了個別的傳統主義者之外，中國詩人恐怕都會持肯定態度。但是，自新詩誕生以來，新詩借鑒在取得一定成績的同時，也顯得較為混亂，上文談到的後新潮詩就是比較典型的例子。這恐怕主要是因為有些詩人對新詩借鑒的目的有所誤解。不過，在新詩史上，不少有成就的詩人、學者對此有過很清醒的認識，可以為後來者提供頗有價值的參考。

郭沫若對新詩藝術的發展是有開拓之功的。在新詩誕生之初，他從喜歡泰戈爾、歌德到惠特曼，「而尤其是惠特曼的那種把一切的舊套擺脫乾淨了的

〔註18〕唐湜：《迷人的十四行》，《新意度集》，北京生活・讀書・新知三聯書店 1990年 9 月出版，第 39 頁。

詩風，和五四時代的暴颺突進精神十分合拍，我是徹底地爲他那雄渾的、豪放的、宏朗的調子所動蕩了。」因而詩人寫出了《鳳凰涅槃》等「男性的粗暴的詩來。」〔註19〕郭沫若所借鑒的主要是一種外國詩風，而他的詩所表現的卻是五四時期的「人」的解放的重大主題，這一主題無疑是立足中國本土的，對中國詩歌的發展產生了極大的推動作用。

在借鑒外國詩體方面，馮至的功績是不可忽視的。他的十四行詩不僅爲新詩增多詩體作出了重要貢獻，而且在詩歌觀念的發展上具有不小的啓示作用。在談及《十四行集》時，馮至說：「至於我採用了十四行體，並沒有想把這個形式移植到中國來的用意，純然是爲了自己的方便。我用這形式，只因爲這形式幫助了我。」這「幫助」對於詩人來說是十分重要的藝術選擇標準，它爲新詩發展做出了貢獻，自然就會爲新詩藝術所接受。在另一方面，「它不曾限制了我活動的思想，只是把我的思想接過來，給一個適當的安排。」〔註20〕換一個角度看，如果十四行體「限制」了詩人的思想和他對中國文化、現實的理解和表達，馮至斷然不會選擇十四行體。

在新詩史上，九葉詩派是公認的受外國詩歌影響最大的詩人群體之一。袁可嘉在分析這一流派的創作時有過較爲客觀的評價：「在語言句法方面，他們有不同程度的歐化傾向。在這方面，一向存在著兩種情況：一是化得較好的，與要表達的內容結合得較緊密，能增強語言的表達能力；另一種是化得不太好的，與要表達的內容有隔閡，就造成了一些晦澀難解。這裡面有學習現代西方詩歌表現手法恰當與否的問題，也有運用上是否達到『化』境的問題。外來的表現方法是需要我們吸收消化，變成自己的東西，才能獲得效果的。」〔註21〕在這段文字裏，詩人所談的「恰當與否」是一種藝術選擇，「變成自己的東西」更是一種創造性選擇，這便是詩歌借鑒的標準和目的問題。

由此可以看出，詩歌借鑒的最終目的是強化新詩的藝術生命力，推動新詩藝術的發展。如果說以上所引用的都只是詩人從個人創作中獲得的經驗之談，那麼，下面這段文字則可以說是從更高的層面、更開闊的視野中對詩歌借鑒的目的的概括：

〔註19〕郭沫若：《我的作詩的經過》，王永生主編《中國現代文論選》第一冊，貴州人民出版社1982年8月出版，第168頁。

〔註20〕馮至：《〈十四行集〉序》，王永生主編《中國現代文論選》第一冊，貴州人民出版社1982年8月出版，第229頁。

〔註21〕袁可嘉：《〈九葉集〉序》，見《九葉集》，江蘇人民出版社1981年7月出版。

　　　借鑒不是膜拜。害怕吃牛肉是有害的，而吃了牛肉就學牛叫卻
　　是可笑的。我們在這裡討論的不是自然科學而是詩歌。「詩者，持也。」
　　詩是十分心靈化的藝術。離開一個民族的文化心理、審美習慣、詩
　　歌傳統，就無以談詩。他民族的詩歌形式是無法租用的，世界詩歌
　　在當代呈現的一體化傾向，絲毫不是以取消各民族詩歌的民族風格
　　爲目標的，從這個角度講，中國新詩的現代化絕不是西方化。而西
　　方文學影響的本土化轉換則是中國新詩走向現代化的途徑之一。偉
　　大的中國新詩作品一定是詩人在非常廣闊的藝術視野中的藝術創
　　造。同時，偉大的中國新詩作品一定帶著中國土壤的泥土味，一定
　　是中國詩歌的古老積累的現代化呈現。〔註22〕

以上對詩歌借鑒的總結或論述可以簡單地概括爲對外國詩歌藝術經驗的「爲
我所用」。如果說這一概括還顯得較爲籠統的話，那是因爲詩歌借鑒目的的最
終實現是從不同側面展示出來的，而每一個方面又有一些特殊的原則或規
律。在接下來的內容中，我們將從不同角度對這一課題進行更深一層的探討。

二、碰撞與選擇

　　任何民族的詩歌都有其內在的發展規律，在封閉發展的時代，詩歌的盛
衰轉化、進退演變就其實質來說可以不受到或很少受到他民族文化哲學觀
念、詩歌藝術經驗的影響。但是，隨著現代科學技術、文化觀念演變的過速，
在現代世界開放的社會、文化環境下，這種內在轉換的機制已顯得有點蒼白
無力——這不是說詩歌藝術發展的內在機制要進行本質的異變，而是說，他
民族詩歌藝術的進展會逼使自己不得不變，否則就會落後於世界文化發展的
大潮。開放就是把整個世界都作爲自己的參照系和藝術營養的源泉。現代世
界各民族的文化、藝術之間的交流正是基於這樣的要求與趨勢。

　　因此，各民族文化、藝術之間的碰撞就成爲不可避免且十分必要的詩歌
交流手段之一。這裡所說的碰撞指的是與詩歌發展相關的藝術觀念、價值觀
念、表達手段等要素之間的衝突、融合、提高的過程。在不同國家、民族，
這些觀念之間的差異有時候是十分巨大的，甚至是與本民族固有的文化、道
德、藝術觀念完全衝突的，但這也並不影響中外詩歌交流的進程。兩種乃至

〔註22〕呂進：《跨世紀的展望——〈中國跨世紀詩叢〉總序》，見《中國跨世紀詩叢》，
　　　　廣西民族出版社 1992 年 6 月出版。

多種藝術觀念之間的碰撞，可以形成詩歌藝術發展的多元參照與競爭。一方面，不同藝術經驗之間的碰撞可以在一定程度上激活傳統中所擁有的但尚未得到充分張揚的因子，從而找到民族詩歌發展的新的路徑；另一方面，碰撞也是藝術選擇的基礎，經過碰撞，如果本民族詩歌藝術中的某些因素阻滯著詩歌藝術的現代化進展，我們就要勇敢地拋棄；如果外國詩歌藝術經驗中的某些藝術因素有益於新詩自身的強壯與發展，我們就要大膽地拿來。通過激活與選擇，新詩藝術必然走上一個發展的新臺階。

在十九世紀末期，一批憂國憂民的文化人有感於中國文化的沒落，力求通過改良來推動文化、藝術的發展，提出了「小說界革命」、「文界革命」、「詩界革命」等口號並進行了藝術上的實踐，然而，當時的「新詩派」並沒有在文化觀念、藝術觀念和具體實踐上動搖詩歌沒落的根基，「較之思想內容革新的主張，藝術形式方面革新還很不自覺。」〔註 23〕內容與形式方面的革新不協調，就不可能獲得對具有整體性藝術特徵的詩歌藝術的質的推進。於是，他們開始大量引進西方的哲學、文化、藝術觀念，梁啓超、王國維等人大量介紹西方現代哲學，魯迅在學習、介紹西方文化、哲學與詩歌藝術的同時還提出了「別求新聲於異邦」的變革主張。這些引進和學習不是要把中國文學變成西方文學的中國文本，而是要在觀念上進行革新，想從中西文化、文學觀念中找到詩歌和其它藝術樣式的出路。「作為啓蒙運動的文化戰士，他們的任務不是系統地介紹西方哲學史，而是借取外國思想來針砭本國的頑疾。因此，他們對外國哲學家的興趣，不在於該哲學家在哲學史上的地位如何，而是要看這種哲學思想對中國社會有無刺激作用。」〔註 24〕這裡的「針砭」與「刺激」就是碰撞與激活，是要「借別人的酒杯澆自己的塊壘」。當一種詩歌在內容與形式方面發展到了它的極致或者是與現代文化大潮相牴觸的時候，其藝術適應力就會大大降低，以至於它所包含的一些優秀的藝術因子也無以發揮作用。在這樣的處境之下，借鑒外國的詩歌藝術經驗（乃至文化、哲學觀念）來進行「針砭」和「刺激」就是一種必不可少的方式。

〔註 23〕馬良春、張大明主編：《中國現代文學思潮史》上冊，北京十月文藝出版社 1995 年 11 月出版，第 63 頁。

〔註 24〕吳中傑、吳立昌主編：《1900～1949：中國現代主義尋蹤》，學林出版社 1995 年 12 月出版，第 2 頁。

　　與西方的文明進程相比，中國近代文明發展的緩慢是非常明顯的。在這種時候，如果不將別人發展得更爲完善的文化、藝術成果借鑒過來，眞正找到阻礙中國文化、藝術發展的癥結之所在，其發展進程只會越來越慢，最終導致無路可行。如果是那樣的話，中國文化、文學乃至整個中國文明的現代化進程將會拖延更多的時日。

　　碰撞包含選擇與創造。當兩種或多種文化、藝術思潮進行碰撞的時候，每一種思潮的優劣就會更加鮮明地顯現出來，這就爲人們的選擇與創造提供了便利。他們選擇本民族文化、藝術中具有生命力的要素，並將它們與外國文化、藝術中適合於本民族文化、藝術發展的要素進行重新整合，從而創造出新的文化、藝術傳統。魯迅在談到向外國學習時指出：「我們要運用腦髓，放出眼光，自己拿來！」他還說，對於拿來的東西，「我們要或使用，或存放，或毀滅。那麼，主人是新主人，宅子也就會成爲新宅子。然而首先要這人沉著，勇猛，有辨別，不自私。」〔註25〕他強調要主動地拿來，這主動中就包含著一種自主的選擇性與目的性，並且，他對借鑒者的品質提出了要求，特別是要「有辨別，不自私」。這樣的話，即使是舊的東西也會具有新的生命力，即使是外國的東西，也會成爲中國的營養，從而推動中國文化的發展。

　　以馮至爲例。馮至的詩深受里爾克等西方現代主義詩人的影響，甚至還借鑒了十四行詩這種西方特色很明顯的詩體，但他從中獲得的是對中國新詩的推動力量，並沒有失去一個中國詩人對民族和時代的藝術關懷，而是將這幾種要素融合在一起，創造了具有中國現代文化特色的現代主義詩歌。正是這位中國詩人的愛國心和對現實的深切體悟，在最困難的時節，他仍對中國和中國人抱有信心。1943 年，馮至曾寫下這樣的思考：「無視眼前的困難，只捕風捉影地談戰後問題，有些近乎癡人說夢，但眞正爲戰後作積極準備的，正是這些不顧時代艱虞、在幽暗處努力的人們。他們絕不是躲避現實，而是忍受著現實爲將來工作，在混沌中他們是一些澄清的藥粉，若是混沌能夠過去，他們心血的結晶就會化爲人間的福利。」〔註26〕詩人所信賴的是普普通通地爲未來而默默工作的人，而不是那種對戰後問題誇誇其談卻不能實證的

〔註25〕魯迅：《拿來主義》，《魯迅全集》第六卷，人民文學出版社 1981 年版，第 39　～40 頁。

〔註26〕馮至：《工作而等待》，《馮至學術論著自選集》，北京師範學院出版社 1992 年　6 月出版，第 492 頁。

人，這一角度很獨特，道出了詩人對當時中國現實與中國出路的特殊關注。這種觀念中有存在主義的影子，事實上，這也正是馮至從奧登對中國的信心和里爾克對詩歌藝術的堅持中獲得的對現實的認識。由此，我們可以從兩個側面來理解馮至的觀念和詩歌，一方面，如果馮至沒有面對中西方文化、藝術觀念之間的衝突，他就無法在藝術探索上進行新的選擇與創造；另一方面，馮至的詩歌觀念、人生觀念及詩歌作品中有明顯的西方影響，但這並沒有使詩人離開中國文化和現實，而是從新的角度、以新的方式關注人生與現實的出路，並且由此而獲得了新的藝術發現。碰撞並沒有使馮至在藝術上迷茫，借鑒也沒有損害他作為一個現代中國詩人的藝術身份。這便是中外詩歌藝術觀念在碰撞、選擇、創造之後產生的藝術效應。

　　碰撞也可能帶來某些負面效應，即對中國詩歌傳統的異化、變質或疏離。不過，這種現象只出現在極少數對詩歌藝術和民族傳統不甚瞭解或不具備責任心與使命感的人身上。在大多數詩人的觀念中占主導地位的還是對民族詩歌生命的強化，他們因此而具有嚴肅的探索意識。中國詩歌借外國詩歌藝術經驗來撞擊的是本民族的詩歌藝術，其目的不是扼殺民族詩歌藝術中的活性因子的生命力，而是要激活這些因子並使之獲得更強大的內在的和外在的催化力量，最終獲得發展的是中國自己的詩歌藝術。事實證明，對外國詩歌的借鑒所帶來的是中國詩歌發展的活力，並且，真正具有中國的民族文化、藝術修養和人文品格、為新詩現代化而悉心探索的詩人，是不會因為與外國詩歌藝術的交流與「拿來」而疏離中國新詩的傳統根基與現實土壤的。

三、背離與重建

　　詩歌借鑒中的背離現象是很常見的。這裡所謂的背離現象是相對而言的，即在借鑒中所汲取的外國詩歌的藝術因素與本民族固有的詩歌藝術中的某些因素相衝突。就其實質來說，這種現象主要是來自某種相對穩定的文化心理和文化積澱。不同國家、民族的詩歌的某些要素之間也許本來是可以溝通、交融的，但是，當一個民族的詩歌中引進另外一些藝術觀念、藝術要素的時候，人們往往會以既有的、固定的模式去評判，就造成了藝術觀念之間的衝突與隔膜。以中國詩歌為例，由於數千年的農業文明的積澱和長期封建宗法觀念、宗族制度的約制，中國人乃至中國文化在總體上都崇尚整體、崇尚虛靜與自持，而缺乏冒險、探索意識和變革、求新追求，這就導致了在社

會與藝術發展上的漸進「改良」往往成為首選方式；再加上長時間的封閉，這種文化、藝術觀念形成了根深蒂固的影響。當一些現代文化的先驅將西方的文化觀念、人生觀念、藝術觀念引進中國的時候，人們都可能視之為洪水猛獸，因為這些外國的觀念在有些方面是與中國人固有的人文理想、藝術觀念相背離的。而事實上，這種背離具有某些不可忽視的促進作用，比如，西方文化藝術崇尚個人地位，將其加入中國文化、藝術觀念中，可以在很大程度上促進中國人對「人」的認識。五四時期對人的個性的極大張揚，這不能不說與西方的文化、藝術有關；比如西方文化崇尚獨創，在藝術探索中，人們敢於否定前賢，「從我做起」，從零開始，將這種精神引進中國的人文觀念中，必然可以使人們在詩歌探索中更注重創造精神的張揚，從而推動新詩藝術的發展。這樣的例證可以列舉很多。我們應該相信這樣一個事實，他國家、民族的經濟、文化之所以發達，之所以受到關注，總是有其因由的，如果把這些因由的某些部分引進中國，即使有時候看起來與本民族文化有所背離，最終也會證實其推動價值。不過，文化、藝術的發展不完全相類於自然科學，在中國這樣的具有悠久文化傳統的國度，新詩對外國詩歌的藝術借鑒自然會有更多的阻力與難度。

詩歌借鑒的背離有兩種主要情形，一種是合理背離，能夠借背離重建中國新詩的藝術觀念和秩序，另一種則相反。我們先看看後一種情形。這種情形主要源於一種被動狀態，主動者不是借鑒者，而是擁有某些東西的外國人，特別是強國對弱國。這種現象在中國近代歷史上比較明顯，西方強國不僅佔領中國領土、掠奪中國財富，將中國變成了半封建半殖民地國家，而且還大量將西方的宗教、文化藝術等強行塞進中國，這種做法必然導致中國文化傳統的更加式微，如果長期延續下去，中國文化、藝術將完全喪失其個性與特徵，成為西方文化的附庸或派生品。魯迅把這種做法稱為「送給」或「送來」，它對中國人的文化心理產生了很大的負面效應，「我們被『送來』的東西嚇怕了。先有英國的鴉片，德國的廢槍炮，後有法國的香粉，美國的電影，日本的印著『完全國貨』的各種小東西。於是連清醒的青年們，也對於洋貨發生了恐怖。其實，這正是因為那是『送來』的，而不是『拿來』的緣故。」所以魯迅主張「我們要運用腦髓，放出眼光，自己拿來！」〔註27〕從文化、藝

〔註27〕魯迅：《拿來主義》，《魯迅全集》第六卷，人民文學出版社 1981 年版，第 39 頁。

術發展的層面上看，這種被動接受的東西的唯一好處便是提醒了人們：要對中國文化、藝術拯衰起弊，否則就會成為外國文化的俘虜或變種。

造成這種背離現象的原因有時候也來自中國人自己。有些人對民族文化、傳統持虛無的、自卑的態度，因而急於去認同別人以求得被別人認同，於是將西方的東西不加選擇地搬進來，造成了與中國文化和中國現實的完全背離，導致了中國新詩發展的迷茫與混亂。在 90 年代的詩歌界，不少人都認為，自八十年代中期以後的新詩面臨極為艱難的處境甚至逐漸步入了「絕境」，這除了外在生存環境的變遷之外，更有詩歌探索中的嚴重失誤，於是人們大力呼籲「詩歌精神的現代化重鑄」，而重鑄的關鍵又是「科學地處理詩歌中的中西關係。」「當下的不少作品，與其說是一種詩歌現象，不如說是一種時髦思潮。西方文化大概而言有三類。一是屬於全人類的精華；一是只在西方有價值的；一是糟粕。後兩種文化也夾在第一種文化中，憑藉強大的物質力量作後盾，以『強勢文化』的面目出現。對於中國和東方而言，這種西方文化是訓人文化，如果願意，也是殖民文化。全盤（而不是有分析的）照搬（而不是借鑒）西方，其結果必然『昨夜西風凋碧樹』，什麼『私人化寫作』，什麼『解構崇高』，對於當代中國人，無異乎是活見鬼。中國詩不見『中國』，中國人的生存狀態、生活狀態都在詩中無跡可導。私人體驗，原欲噴射，文學遊戲，語言狂歡，這樣的『詩』自然只能『無人賞，自鼓掌』了。不要『中國』，又埋怨詩在當代中國不景氣，豈非邏輯混亂！詩歌精神的現代化重鑄，決不是西方化重鑄——雖然應該繼續對西方的可納藝術經驗有所借鑒。」〔註28〕90 年代詩歌創作的失誤就是一種自尋的背離造成的，這與搬用者的文化心態密切相關：對本民族傳統、文化、詩歌藝術等都失去信心，以虛無主義態度對待本土文化傳統，而把外國的東西不分好壞地搬進來，這當然會與本來存在的中國文化精神和眼下的現實發生背離。當然，有些借用的恰當與否是要由歷史和時間來評判的，不過，就本土文化與外國文化的關係這一層面來看，90 年代新詩對外國文化、藝術的搬用確實是一種難以從中獲得建設的藝術背離。

還有一種借鑒中的背離現象是與前面談到的文化碰撞、文化創造基本相一致的。其目的不只是破壞，更在於藝術的重建與提升。之所以稱之為背離

〔註28〕呂進：《新詩怎麼了？——對一份調查的漫想》，《中外詩歌研究》1997 年第 3、4 期合刊。

現象，是因爲當這些藝術經驗被借鑒到中國新詩之後，人們對它一時難以理解、接受是源於人們既有的文化精神、文化心理還無法一下子與之達成協調，而在本質上，它對中國新詩的發展是有益的。由於種種因素的制約，人們的文化心理往往會形成某些定勢，當借鑒的外國藝術經驗與這種定勢形成順勢關係時，人們就容易將它視爲同類，而當它們形成逆勢或不協調關係的時候，人們就容易將它拒於認同對象之外，而不太關心這些經驗是否對新詩發展有利。但是，隨著時間的推移和藝術實踐的不斷深化，這些曾經被排斥的藝術經驗就逐漸被人們認同，成爲新詩藝術的構成要素，也成爲人們文化心理、審美理想中的新營養。

　　從這一層面上講，借鑒中的合理背離對提高人的審美素質、推動新詩不斷走向現代化是有所助益的。當一種新的藝術觀念、手法被借鑒到新詩中之後，具有審美心理定勢的人們也許會提出非難，但是，只要這些因素不是要動搖新詩的中國性，而是有其生存的文化和現實土壤（即使這土壤還不很肥沃），那麼，經過一段時間，人們就會逐漸對它接受，這樣一來，人們的審美水平和新詩的藝術水準就由此而步入到一個更高的層次。正是這種不斷延展的探求，中國人的審美水平不斷提高，新詩藝術的現代化也就不斷實現。如果沒有這種合理背離，新詩就只能在同一水平線上延展，而如果以時間進程計，隨著時間流逝而在同一水平線上發展的新詩實際上是在退步。

　　這樣的事例在新詩史上屢見不鮮。白話文新詩的嘗試曾受到不少國粹主義者的極力反對，但是，這種新變之潮是順應現代文明發展大趨勢的，新詩很快被人們所接受。到世紀末期，我們再回過頭去審視當年受到大力指責的初期新詩作品，如果單純從鑒賞角度看，它們是十分稚嫩的。這說明，現代中國人的審美素質和新詩藝術水平都已有了很大提高。如果沒有世紀之初的先驅者在西方文化、藝術支撐下的合理背離，中國詩歌的現狀還不知會是什麼樣子。在 40 年代中後期，九葉派詩人在創作中大量借鑒了西方現代主義詩歌的觀念和技法，遭到不少詩人的攻擊，有人稱《詩創造》「公然打著『只要大的目標一致』的旗幟，行進市儈主義的『眞實感情』……這正是我們的敵人，該打擊之。」而詩人穆旦、袁可嘉、鄭敏等則被說成是「樂意在大糞坑裏做哼哼唧唧的蚊子和蒼蠅」〔註29〕。這種非難已超越了藝術批評，而成爲人身攻擊了。但是，到了 80 年代，人們對九葉詩派進行了重新認識，在相當

〔註29〕轉引自《詩創造》1947 年 11 月第 5 輯「編餘小記」。

的高度對它進行了肯定，並且，九葉詩派提倡的新詩現代化的探索精神已成爲詩界共識。

合理背離在本質上不是對中國詩歌傳統的眞正離棄，它只是在一定程度上預示了詩歌藝術可能的發展之路，因而可以很快被人們變化、發展了的詩歌審美觀念所接受與認同。在一定層面上講，這種把握了詩歌藝術內在發展規律的合理背離是對詩歌藝術的更新與重建，沒有這種背離與重建，新詩藝術就難以獲得突破性進展。這是一個超越——再超越的過程，不斷延展，層層上升。這是詩歌發展的內在規律之一，沒有超前，就沒有發展。

但是，我們不能以詩歌借鑒中的合理背離可以推動新詩藝術的發展來爲另外一些眞正的藝術背離尋找合理的藉口。由詩歌借鑒中的合理背離轉化爲新詩藝術的更新與重建是有前提的，它的所謂背離包含著對詩歌發展內在規律的悉知與把握，背離只是一種表象而非實質，是由於對歷史與現狀的瞭解而對新詩藝術發展方向有所前瞻。並且，合理背離在較短時間內就可以融入到詩歌發展的大潮，成爲新詩藝術發展中不可或缺的營養。有些人藉口「超前」，在對新詩傳統與中國文化沒有多少瞭解的情況下，把外國的某些藝術觀念與手法直接搬用過來，不關心當前生存狀態，消解傳統中富有活力的因素，迷戀自我乃至迷戀自己的迷戀。表面上看來，他們對詩歌探索特別認眞、虔誠，而實際上是把詩歌與人生當成遊戲，對詩歌藝術缺乏嚴肅的態度，這自然不能爲中國詩歌藝術和具有中國文化積澱的人們所接受。當受到批評的時候，他們還振振有詞，說這是「超前」，甚至是「爲未來寫詩」，這更是無稽之談，如果他們的「未來」遙遙無期，那麼，這樣的探索又有什麼正面意義呢？詩歌首先是爲當代人寫的，而不是爲不知出現在何時的考古學家。「朦朧詩」從被人指責到被普遍接受幾乎是在同一時段內完成的，而自 80 年代中期以後的「後新潮詩」一直沒有給詩壇帶來復蘇的生機，卻使新詩越來越遠離讀者，越來越「門庭冷落」，這種背離是值得認眞思考的。

詩歌借鑒中的合理背離必須與新詩藝術的新變和重建達成一致，它不是藝術本質與根基的異變，而只是人們的審美理想、文化心態在調整過程中暫時出現的一種假象或表象，因此，合理背離的目的是新變與重建。重建必須立足於本民族已有的詩歌藝術積澱，否則，它只能成爲新詩藝術現代化的阻滯。

四、現代化與本土化

　　借鑒與繼承是同一個問題的兩個側面，在開放時代的詩歌發展中，它們是不能截然分開的。只講借鑒而不談繼承，新詩勢必變成外國詩歌的中文版本，失去本民族詩歌的文化品性和藝術特徵；如果相反，新詩就只能在封閉的狀態下摸索，難以與世界藝術發展的大潮相抗衡，新詩現代化目標就可能成為一種無法實現的夢想。

　　在現代文化境遇中，詩歌的繼承與借鑒猶如鐵道的兩條鋼軌，缺一不可。繼承是為了更好地借鑒，並在借鑒的基礎上使傳統得以現代化，更具生命力。借鑒是為了有效地繼承，激活傳統中優秀的藝術因子，並以此為參照，將外國詩歌的藝術經驗本土化。簡而言之，借鑒與繼承的目的是將外國藝術經驗本土化，將本民族優秀詩歌傳統現代化，本土化與現代化的交合是新詩在縱橫交錯的坐標系中為自身確立的既具有當代性又不背離傳統，既具有中國性又不與世界詩歌大潮相疏離的位置。

　　任何民族的詩歌發展中都積澱了一些相對恒定的藝術因素，它流動在詩歌發展的整個歷程中。但是，具有抽象性、精神性的詩歌傳統，是依賴具體的詩歌作品而存在的，如果某一時代的詩歌在發展中受到某些內在與外在的因素的制約而受到阻滯的時候，詩歌傳統也就要失去自身的活性效應。在這樣的情形之下，詩歌傳統的激活就需要一種與之相關乃至相對的力量來給予撞擊。在中國過去的詩歌發展中，這種力量主要來自中國詩歌自身或本民族其它藝術樣式的挑戰，比如由詩到詞到曲的多次變化就是人們審美理想、文化心理演變的結果，同時也不排除散體文學在語言方式上對詩歌的衝擊。在開放的現代環境下，這種力量又增加了新的內涵，外國詩歌藝術經驗和與之相關的文化哲學觀念、藝術觀念等等都成了中國詩歌的變革、發展的源泉，這些經驗與觀念既打開了中國詩歌長期封閉的格局，又成為新詩的藝術營養，使固有的某些傳統因素被激活並賦予它更強大的、適合表達現代人內心世界的藝術生命力。新詩的誕生源於此，新詩從對「白話」的重視到對詩歌本體建設的不斷探索，也是與此相關的。在這一過程中，新詩藝術的主流並沒有與詩歌傳統相疏離，而是使傳統具有了現代性內涵。

　　與此相對應的是，借鑒不是以外國的詩歌藝術經驗來代替中國詩歌的優秀傳統。在這一層面上講，詩歌傳統又成為在借鑒中進行藝術選擇的主要標準。當某種或某些外國詩歌藝術經驗既能激活詩歌傳統又能將傳統推向現代

化的時候，中國新詩就應該大膽地「拿來」，而當外國的詩歌藝術經驗不適合中國詩歌傳統的延續與弘揚，不能在尊重詩歌傳統的前提之下推動新詩藝術的現代化的時候，新詩發展的規律就會將它拒絕，即使被某些人引進，其生命力也會在一定時間內受到阻滯而最終被新詩藝術所棄絕。

　　因此，詩歌繼承與借鑒中的碰撞與選擇、背離與重建都是為了推動新詩藝術的發展。由於借鑒與繼承之間的關係非常複雜，詩歌借鑒與繼承的種種藝術因素在詩歌作品中不能是相互游離的，而應該是相互融合的，這就需要詩人以藝術創造來加以調整。在這一層面上，借鑒與繼承都不是以取消詩人的獨創性為前提和代價的，而是為了更好地發揮詩人的創造精神。

　　借鑒與繼承是任何現代詩人都應該關注的話題，或者說，這是現代詩人最起碼的藝術素養。在對待借鑒與繼承的問題上，任何詩人都不應該偏執一面，對傳統採取虛無主義或傳統主義態度，對外國藝術經驗視為圭臬或一概拒絕都不是富有現代詩學意義的藝術觀念。我們必須採取積極、科學的態度對待本民族詩歌傳統和外國藝術經驗，這樣才能在二者的交融中找到新詩的真正出路：在保持中國詩歌特有的文化精神、藝術精神和話語方式的前提之下，努力以現代方式與世界詩歌的發展接軌，使中國新詩成為世界現代詩歌的重要部分。沒有自身特色，沒有發展的主軸，新詩將散漫無依，將永難有拯衰起弊之日。

第二章　觀念的引進與新詩的誕生

第一節　「詩界革命」及其啓示

　　中國封閉的國門是西方人以炮火轟開的，中國人沉睡的文化也是西方人用炮火驚醒的。毫無疑問，中國文化走向近代化與現代化是與西方文化有關密切關係的。1922 年，梁啓超在回顧中國近代文明的演變歷程時將其分爲三「期」，他指出：「近五十年來，中國人漸漸知道自己的不足了。這點子覺悟，一面算是學問進步的原因，一面也算是學問進步的結果。第一期，先從器物上感覺不足。……於是福建船政學堂、上海製造局等等漸次設立起來。……第二期，是從制度上感覺不足。……所以拿『變法維新』做一面大旗，在社會上開始運動。……第三期，便是從文化根本上感覺不足。第二期所經過時間，比較的很長——從甲午戰役到民國六、七年間止。……革命成功將近十年，所希望的件件都落空，漸漸有點廢然知返，覺得社會文化是整套的，要拿舊心理運用新制度，決計不可能，漸漸要求全人格的覺醒。……所以最近兩三年間，算是劃出一個新時期來了。」〔註1〕他在這裡涉及到的三個方面：器物、政治、文化，在近代社會變革中確實是由淺入深逐步進入本質的，但僅以「期」來劃分似乎不很確切，因爲在他所謂的三個「期」中，幾乎每一個方面都有所觸及，只是側重點不同而已。

　　這裡僅以詩歌的變革爲例。

〔註 1〕 梁啓超：《五十年中國進化概論》，載《最近之五十年——〈申報〉館五十週年紀念》，1922 年 2 月出版。

　　作爲中國文學的正體，詩歌在中國文化、文學史上曾有過長期的輝煌。但是，到了清代道光及其之後，中國詩歌開始走向末路。道光咸豐年間出現的宋詩派，擬古之風盛起，重考據、重思辯的「學問詩」與中國詩歌固有的抒情性、性靈化產生了嚴重衝突，詩中充滿抽象演繹。到同治、光緒之交，宋詩派又演化爲「同光體」，追求語言的艱澀古奧，使詩歌走向了窮途。乾嘉年間，由惲敬、張惠言等人創立的常州詞派，雖然繼承了中國詩歌的一些優秀傳統，講求立意與寄託，努力建構深幽委婉的藝術境界，到了同光年間，因爲出現了不少佳作，而成爲一個頗有影響的流派。不過，常州詞派的藝術探索仍然潛存著一種藝術上的危機，「然其作品，同樣流於擬古之病，他們所高唱的比興寄託，結果是內容空虛，詞旨隱晦，有的幾成爲詩謎。」〔註2〕

　　這些擬古詩詞及其藝術上的追求受到具有一定新思想的人們的極力反對。1868 年，21 歲的黃遵憲在其《雜感》中就寫道：「我手寫我口，古豈能拘牽？即今流俗語，我若登簡編；五千年後人，驚爲古爛斑。」這不僅是以詩話形式對擬古之風進行了批判，而且是以「流俗語」進行創作的一種嘗試，是對擬古詩風的一種反叛。在當時，這種反叛風氣是十分強烈的，胡適曾評價這首《雜感》說：「這種話很可以算是詩界革命的一種宣言。末六句竟是主張用俗語作詩了。」〔註3〕正是在這樣一種氛圍之下，梁啓超在 1889 年正面提出了「詩界革命」的口號：「故今日不作詩則已，若作詩，必爲詩界之哥倫布瑪賽郎然後可。猶歐洲之地方已盡，生產過度，不能不求新地於阿米利加及太平洋沿岸也。……支那非有詩界革命，則詩運殆將絕。雖然，詩運無絕之時也。今日者革命之機漸熟，而歌倫布瑪賽郎之出世必不遠矣。」〔註4〕梁啓超清醒地意識到中國「詩運殆絕」的艱難處境，中國詩歌必須以「詩界革命」尋求新的領地，探索新的發展之路。梁啓超提出「詩界革命」是出於兩個原因，一是針對當時黃遵憲、譚嗣同、夏曾佑、蔣智由等人的創作而進行的總結；二是對未來詩歌發展提出的期望，所以他對詩歌改革定下了三個標準：「第一要新意境，第二要新語句，而又需以古人之風格入之，然後成其爲

〔註 2〕劉大杰：《中國文學發展史》下卷，上海古籍出版社 1982 年 5 月出版，第 1342 頁。

〔註 3〕胡適：《五十年來中國之文學》，載《最近之五十年──〈申報〉館五十週年紀念》，1922 年 2 月出版。

〔註 4〕梁啓超：《夏威夷遊記》，《飲冰室合集》第 7 卷，「專集之二十二」，中華書局 1989 年 3 月出版，第 188 頁。

詩。」〔註5〕他所謂的新意境指的是理想的深邃，新語句則更多是在語詞上，特別是新名詞，要用歐洲的語句或日本語句入詩，以便更好地引進歐洲的思想和精神。但新的東西又必須與「古人的風格」融爲一體，實際上是將新思想融入舊的風格之中。從本質上說，這種革命主張並沒有觸及中國詩歌處於困境的根本，梁啓超說：「過渡時代必有革命，然革命者，當革其精神，非革其形式。……能以舊風格合新意境，斯可以舉革命之實矣。苟能爾爾，則雖間雜一二新名詞，亦不爲病。」〔註6〕這種求新又戀舊的藝術探索指向並不具備眞正變革詩歌藝術的現代化意識。我們暫且不從思想文化演變的高度來談論這一「革命主張」，僅從人們常說的形式與內容（恰如梁啓超所說的「形式」與「精神」）這對淺層的藝術因素的構成關係來看，就可以清楚地發現，這種新舊雜合的革命目標具有先天的不足，注定無法結出豐碩的果實。

梁啓超對於以他提出的「詩界革命」口號爲探索路向而創作的一些作品不斷進行總結，到後來，連他自己對那些作品中出現的新語詞、新典故也覺得不知所云，「苟非當時同學者，斷無從索解。」「此皆無人臆解之語。當時吾輩方沉醉於宗教，視數教主非與我輩同類者，崇拜迷信之極，乃至相約作詩非經典語不用。所謂經典者，普指佛、孔、耶三教之經。故《新約》字面，絡繹筆端焉。……至今思之，誠可發笑。然亦彼時一段因緣也。」〔註7〕「詩界革命」確實只是當時一群具有新思想且試圖在藝術上有所創新的青年人所進行的某種嘗試而已，如果僅從藝術成就這一層面看，其功勞並不是很大。

但是，我們絕不能因爲這一點而完全忽略「詩界革命」所具有的歷史意義。朱自清對此有過這樣的評價：「清末夏曾佑譚嗣同諸人已經有『詩界革命』的志願，他們所作『新詩』，都不過檢些新名詞以自表異。只有黃遵憲走得遠些，他一面主張用俗話作詩——所謂『我手寫我口』——，一面試用新思想和新材料——所謂『古人未有之物，未辟之境』——入詩。這回『革命』雖然失敗了，但對於民七（1918）的新詩運動，在觀念上，不在方法上，卻給予了很大的影響。」〔註8〕應該說這一評價是客觀而全面的。

〔註5〕梁啓超：《飲冰室合集》第7卷，「專集之二十二」，《新大陸航記·附錄二》。
〔註6〕梁啓超：《飲冰室詩話》之六十三，人民文學出版社1959年4月出版。
〔註7〕梁啓超：《飲冰室詩話》之六十三，人民文學出版社1959年4月出版。
〔註8〕朱自清：《中國新文學大系·詩集·導言》，上海良友圖書公司1935年出版。

　　「詩界革命」出現在 19 世紀末期，雖然是失敗了，但是，它卻閃射著新變的光華，是中國詩歌近代化的重要標誌。從詩的近代化到現代化的歷程看似只有一步，實則相距甚遙。從「詩界革命」及其失敗中，我們至少可以悟出以下幾個方面的啟示。

　　其一，中國詩歌已經到了非變革不可的時候，這是中國文化和詩歌藝術在發展中必須解決的課題。這種觀念為後來者的探索提供了重要參照。

　　其二，作為一種文體，詩歌是獨立的，但是，作為一種文化精神的載體，詩歌又與民族文化、社會現狀等因素密切相關。「詩界革命」在藝術主張與藝術實踐中的片面性注定了它的失敗命運。從這一教訓中，人們可以認識到，詩歌變革必須找到它的根基，從文化觀念、語言形式等諸多方面同時入手。「詩界革命」在實質上不是「革命」，而只是一定程度上的「改良」，在新舊交替時節，「改良」的功效往往不大。

　　其三，「詩界革命」的提倡者與實踐者大多受到西方近代文化、藝術觀念的影響，梁啟超提出「詩界革命」的口號便是在他的《夏威夷遊記》之中。他們意識到西方近代觀念的優點與長處，也意識到中國詩歌必須以西方的新思想、新精神來進行衝擊。但是，他們並沒有對中國詩歌和西方的近代觀念進行更深入的研究，對於引進西方觀念的內容與目的也缺乏全面、深刻的認識，因而並沒有給中國詩歌的處境與命運帶來徹底的改觀。也正是針對這些方面，在其後的一段時間裏，中國近代文學界、學術界在世紀之交對西方文化、哲學觀念進行了廣泛譯介，也對中國的文化、哲學觀念進行了多側面解剖，由此為中國文學的現代化之路尋找到新的突破口。

　　因此，我們必須承認，「詩界革命」在中國文學的近代化乃至後來的現代化歷程中都扮演著十分重要的角色，它的提出和實踐都早於「小說界革命」、「文界革命」和「戲劇界革命」，對於激活和引發人們的文學變革意識是功不可沒的。

第二節　「別求新聲於異邦」

　　中國近代對西方文化的介紹首先是從器物文化亦即技術文化上開始的，林則徐的《四洲志》（1841）、魏源的《海國圖志》（1844）、馮桂芬的《校頒廬抗議》（1861）、鄭觀應的《易言》（1880）、王韜的《弢園文錄外編》（1882）

等都是針對中國的技術與文化狀況而主張向西方學習科學技術的，其目的正如魏源所說，是「爲以夷攻夷而作，爲以夷款夷而作，爲師夷之長技以制夷而作」〔註9〕，但是，這種從表層文化（應用技術）上向西方的學習，受到當時朝野頑固派的不斷反對，未能最終改變中國的現狀。就其目的而言，1861年的洋務運動與後來的改良運動從本質上說還是爲了更好地維護中國的傳統文化和道德、政治。

甲午戰爭的失敗使一批有識之士深深感受到僅有器物文化並不能改變中國的命運，他們開始從更深的層面即文化心理、道德觀念等進行認眞思考，這使人們從對西方器物文化的介紹開始轉向對西方哲學思想、文學作品的譯介，其目的正如嚴復在 1895 年所說的「鼓民力，開民智，新民德」，試圖從政治制度方面動搖統治階級的根基。

在這方面，啓蒙主義思想家嚴復具有開元之功。1898 年，張之洞在其《勸學篇》一文中提出了：「舊學爲體，新學爲用」的口號，以頑固守舊的思想反對戊戌變法。也正是在這一年，嚴復出版了他翻譯的《天演論》，即赫胥黎於1891 年出版的《進化論與倫理學》的前兩篇，由原書出版到譯著的整體出版之間的距離之短暫可以看到嚴復所具有的文化與學術上的敏銳性（據說，在1895 年就有人將此書初譯稿私自刻印）。

《進化論與倫理學》是英國博物學家赫胥黎介紹達爾文關於生物界的「物竟天擇，適者生存」的進化論思想的專著。在文化史上，它也是具有重要貢獻的。嚴復自覺地將它譯介到中國，是要借助別人的學術思想來啓發中國人深層的文化觀念和社會發展觀念，從這一層面上看，嚴復翻譯《天演論》不只是將其作爲一部具有文化意義的學術著作，更主要地是希望將自然科學的某些規律轉化爲對社會發展規律和政治問題的思考，讓中國各階層各色人等都由此產生一種危機之感，以努力改變因爲不「適」而造成的被規律所淘汰的命運。

這部譯著在當時乃至後來一段時間的中國產生了巨大影響。人們用從《天演論》中獲得的世界觀、人生觀和方法論去研究、思考中國歷史、社會與前途，這在以前是不曾有過的。中國傳統哲學、學術雖然異常豐富，但它們在很大程度上缺乏本體論、方法論層面上的考察。因而，當人們一旦遇到現實問題時，往往找不到解決問題的切入角度和方法，即使找到了，也難以深入

〔註 9〕魏源：《海國圖志‧後敘》，中州古籍出版社 1999 年版，第 67 頁。

其實質。這就致使改良、維新等主張常常以失敗而告終。《天演論》提出了一種規律性的東西，它將中國知識分子的眼光拉向了更爲廣闊深邃的世界。人們把早期的魯迅稱爲進化論的魯迅，這恐怕是與《天演論》對他的影響有很大關係的。魯迅曾撰文回憶當時的情景：「看新書的風氣便流行起來，我也知道了中國有一部書叫《天演論》。星期日跑到城南去買了來，白紙石印的一厚本，價五百文正。翻開一看，寫得很好的字，開首便道：『赫胥黎獨處一室之中，在英倫之南，背山而面野，檻外諸境，歷歷如在機下。乃懸想二千年前，當羅馬大將愷撒未到時，此間有何景物？計惟有天造草昧……』哦！原來世上竟還有一個赫胥黎坐在書房裏那麼想，而且想得那麼新鮮。一口氣讀下去，『物競』『天擇』也出來了，蘇格拉第，柏拉圖也出來了，斯多噶也出來了。學堂裏又設立了一處閱讀欄，《時務報》不待言，還有《譯學彙編》，那書面上的張廉卿一流的四個字，就藍得很可愛。」〔註10〕毫不誇張地說，《天演論》給探索中國文化、民族前途的人們打開了一扇在觀念上通向世界的窗子，正是在它的滋養之下，一批近代現代的文化精英開始走向了有目的的探尋，由此而縮短了中國及其文化走向現代化的距離。

嚴復翻譯的《天演論》和其它一些著作開始深入他主張的「開民智，鼓民力，新民法」的社會變革目標，讓中國人看到了新的希望的曙光，正是在這種影響之下，不少外國的文學作品也受到中國文化人的青睞。梁啓超翻譯了日本政治小說，但他的翻譯並沒有產生很大影響，倒是他於 1902 年撰寫的《小說與群治的關係》爲倡導「小說界革命」起到了不可低估的作用。在近代文學翻譯史上，林紓（琴南）當推首位。林紓本人並無翻譯的打算和衝動，他的翻譯事出偶然。1897 年，「中年喪偶，牢愁寡歡」的林紓，遇到從法國歸來的王子仁，王給他講述了茶花女的故事。「林紓因而涉筆與王合譯，名爲《巴黎茶花女遺事》，初版於一八九九年，在福州刊印。」〔註11〕這本書出版之後，在社會上引起了強烈反響，眞有「無意插柳柳成蔭」的效應。曾有人記述：「人們把《巴黎茶花女遺事》稱爲『外國的《紅樓夢》』，多少人手不釋卷地一讀再讀，多少人爲茶花女不幸的遭遇流下了同情的眼淚。嚴復在一首詩裏寫道：『可憐一卷《茶花女》，斷盡支那蕩子腸。』又見它在當時的影響是很大的。」

〔註10〕 魯迅：《瑣記》，《魯迅全集》第二卷，人民文學出版社 1981 年版，第 295～296 頁。

〔註11〕 曾憲輝：《林紓傳》，載《林紓研究資料》，福建人民出版社 1982 年出版。

〔註12〕與嚴復的《天演論》不同，《天演論》是一部學術著作，雖然具有系統的啓蒙作用，但它的流傳範圍畢竟有限，主要是在知識分子圈裏。《巴黎茶花女遺事》是文學作品，並且是以中國人習慣的方式「翻譯」出來的，因而更易爲大眾所瞭解和接受，其輻散的範圍要寬廣得多。

如果說，林紓在翻譯《巴黎茶花女遺事》時並沒有意識到譯介外國文學作品有什麼益處的話，那麼，到 1901 年出版的《黑奴籲天錄》時，林紓已多少顯示出了一些主動的積極意向。他在該書的序跋中談到了譯書宗旨：「余與魏君同譯是書，非巧於敘悲以博閱者無端之眼淚，特爲奴之勢逼及吾種，不能不爲大眾一號。」「今當變政之始，而吾書適成，人人即蠲棄故紙，勤求新學，則吾書雖俚淺，亦足爲振作志氣，愛國保種之一助……」〔註13〕《茶花女》和《黑奴籲天錄》還由春柳社於 1906 和 1907 年搬上舞臺，在當時產生了很大影響。

林紓一生翻譯的外國文學作品共有 180 餘部，以小說爲主，涉及到英、美、法、俄、希臘、日本等十多個國家，因而也向世紀之初的中國引進了多種形態的文學現象，其中當然包括各國的政治、文化等多個層面，因爲文學作品在很大程度上是對一個國家的歷史、文化和現實的綜合表現。並且，作爲一個具有中國傳統文化、文學修養的譯者，林紓的翻譯，如果僅從譯作的文字、語言上看，應該說是流暢而優雅的，適合當時讀者的口味，這恐怕也是林譯小說廣爲流傳的重要原因。錢鍾書就曾說過：「商務印書館所發行的那兩箱《林譯小說叢書》是我十一二歲時的大發現，帶領我進了一個新天地、一個在《水滸》、《西遊記》、《聊齋誌異》以外另闢的世界。我事先看梁啓超的《十五小豪傑》、周桂笙譯的偵探小說等，都覺得沉悶乏味。接觸了林譯我才知道西洋小說會那麼迷人。」〔註14〕許多後來的國學大師、思想界精英都在少年或青年時代受到過林譯小說的影響。

當然，林譯小說不是後來翻譯的範式，因爲他不懂外語，主要依靠別人把故事情節講述出來之後再由他用漢語來表述，因此，他的譯作中的漏譯、誤譯、刪改等情形隨處可見，並沒有從藝術上將原作完美地傳達出來。同時，

〔註12〕孔立：《林紓和「林譯小說選」》，中華書局 1962 年第二版修訂本。
〔註13〕張俊才：《林紓年譜簡編》，見《林紓研究資料》，福建人民出版社 1982 年出版。
〔註14〕錢鍾書：《林紓的翻譯》，《錢鍾書論學文選》第 6 卷，花城出版社 1990 年 6 月出版，第 109 頁。

作為一個封建遺老，林紓翻譯外國文學作品，「勤求新學」的根本目的還是「愛國保種」，並不像嚴復那樣要動搖中國封建文化的根基。因此，在新文化運動不斷高漲的時候，林紓又逆歷史潮流，宣揚他的守舊思想，成為新文化運動先驅者批判的對象。但是，我們毋庸置疑的是，林紓的翻譯活動為五四新文學的誕生提供了重要的鋪墊，在世紀初期文化變革中產生了不可低估的正面效應。郭沫若對此有過較為公允的評價：「前幾年我們在戰取白話文的地位的時候，林琴南是我們當前的敵人，那時的人對於他的批評或許不免有一概抹殺的傾向，但他在文學史上的地位是不能夠抹殺的。他在文學上的功勞，就和梁任公在文化批評上的一樣，他們都是資本製革命時代的代表人物，而且相當是有些建樹的人物……林紓小說中對於我後來在文學的傾向上有一個決定的影響的……」〔註15〕

由文學作品的翻譯引發而來的是對外國文藝理論、美學理論等的大量介紹，並且，一些人試圖把這些理論與中國文化、文學聯繫起來考察，尋求中國文學的救治之方。在這方面，王國維、魯迅等人功不可磨。

自1904年開始，王國維撰寫了大量介紹尼采、叔本華、柏格森哲學思想的文章，並且主要從哲學概念入手進行分析，探求其思想根源。在此基礎上，王國維以這些哲學思想為指導，對中國文學進行批評，從評《紅樓夢》開始建立了一套悲劇理論體系，並把「美」作為一種新的批評原則。王國維認為：「美的性質，一言以蔽之曰，可愛玩而不可利用者是已。雖物之美者，有時亦足供吾人之利用，但人之視為美時，決不計其可利用之點，其性質如是，故其價值亦在於美之自身，決不存在其外。」〔註16〕王國維把「美」看成是非功利的存在，以此為核心構成了他的非功利性的文學批評觀念。這種觀念是全新的，與傳統的文藝觀以及世紀之初其它一些革新派的文藝觀形成鮮明對照。這主要是因為王國維借鑒了西方美學、哲學思想，因而顯出了明顯的現代性特色。

魯迅早期的文化思想比較集中地表現在1907年寫成的《人之歷史》、《科學史教篇》、《文化偏至論》、《摩羅詩力說》等文章和1908年寫成的《破惡聲論》中。這些文章涉及廣泛，自古迄今，從生物進化、科學發展到文化藝術

〔註15〕郭沫若：《少年時代》，人民文學出版社1979年3月出版，第113頁。
〔註16〕王國維：《古雅在美學上之位置》，見周錫山編校《王國維文學美學論著集》，北嶽文藝出版社1988年4月出版，第37頁。

的各種問題都有所涉獵，但他重點談論的是文化思想問題，特別是將外國的文化思想、文學藝術觀念及成就與中國文化、文學觀念進行了對比，以新的參照視野來探尋中國文化、文學的發展之路。他對於這條道路的探尋，是從文化的根源上去尋找的。「歐洲十九世紀之文明，其度越前古，凌駕亞東，誠不俟明察而見矣。然既以改革而胎，反抗爲本，則偏於一極，固理勢所必然。洎夫末流，弊乃自顯。於是新宗躍起，特反其初，復以熱烈之情，勇猛之行，起大波而加之滌蕩。直至今日，亦復浩然。其將來之結果若何，益未可以率測。然作舊弊之藥石，造新生之津梁，流衍方長，曼不遽已，則相其本質，察其精神，有可得而徵信者。」魯迅將西方「新宗」的學說歸納爲「重個人」和追求平等、自由、民主，「久浴文化，則漸悟人類之尊嚴；既知自我，則頓識個性之價值；加以往之習慣墜地，崇信蕩搖，則其自覺之精神，自一轉而之極端之主我。且社會民主之傾向，勢亦大張，凡個人者，即社會之一分子，夷隆實陷，是爲指歸，使天下人人歸於一致，社會之內，蕩無高卑。」〔註17〕魯迅試圖將個人主義、個性解放等主張引進中國，這是他「立人」主張的基本來源之一。應該說，在努力突破中國舊文化、舊思想的制約方面，魯迅從一開始就有很高的視點和開闊的眼界。

　　對於中國近代詩學和中西詩歌比較而言，魯迅的《摩羅詩力說》是一篇重要文獻。魯迅在這篇文章中從藝術、道德、人心、國運等多側面介紹了拜倫、斐多菲等西方詩人的藝術成就，把詩歌與立國等聯繫起來，與中國詩歌進行了對比，指出「國民精神之發揚，與世界識見之廣博有所屬。」提出了「別求新聲於異邦」的口號。在文章最後，作者針對中國文化精神的現實提出了一系列反問：「今索諸中國，爲精神界之戰士者安在？有作至誠之聲，致吾人於善美剛健者乎？有作溫煦之聲，援吾人出於荒寒者乎？家國荒矣，而賦最末哀歌，以訴天下貽後人之耶利米，且未之有也。非彼不生，即生而賊於衆，居其一或兼其二，則中遂以蕭條。勞勞獨軀殼之事是圖，而精神日就於荒落；新潮來襲，遂以不支。」〔註18〕這足見魯迅渴求中國文化、中國精神、中國文學更新變革之迫切心情。他的這一呼吁，與對外國文化、哲學、

〔註17〕魯迅：《文化偏至論》，《魯迅全集》第一卷，人民文學出版社 1981 年版，第 50、55 頁。

〔註18〕魯迅：《摩羅詩力說》，《魯迅全集》第一卷，人民文學出版社 1981 年版，第 65、100 頁。

文學思潮的廣泛介紹彙爲一體，成爲 20 世紀初期中國文學變革中十分重要的聲音。

從對外國哲學、文化觀念的引進、介紹，到對外國文學作品的譯介，世紀之交的近代文學時期主要是以文學觀念的變革爲主的。這種觀念的變革並未在當時的創作中，特別是詩歌創作中獲得很大的收成。但這種種引進的觀念已逐步被人們所接受。1909 年，南社在蘇州成立，柳亞子在《新南社成立布告》中說：「它的名字叫南社，就是反對北廷的標誌了。」他們是把詩歌與反對當時的封建政治聯繫在一起的，這種反抗觀念中不能不說有西方新思想的影響。但是，這種變革仍然不是從文學本體上展開的，與舊瓶裝新酒的「詩界革命」相類似，只是時間不同，針對的現實也有所不同而已。不過，世紀之交的文學觀念的變革直接孕育了「五四」新文化運動，這是毋庸質疑的。

第三節　新文化運動與新詩的誕生

世紀之交的觀念更新潮流是很複雜的，僅以觀念的內容來看，就涉及到政治、科學、經濟、文化等諸多方面，並不單是對文學觀念的看重。這些觀念的確產生了重要效用，但是並未從根本上改變中國的處境。辛亥革命之後，中國的情形更讓這批文化先驅感到失望。迷茫中成長起來的另一批人開始意識到，中國的變革必須從直接的政治鬥爭轉向更深入的文化、思想啓蒙，才可能達到更好的效果，於是掀起了一場轟轟烈烈的新文化運動，這場運動的主要代表人物有陳獨秀、李大釗、魯迅、胡適、吳虞等。

新文化運動始於 1915 年，以陳獨秀主辦並於 1915 年 9 月 15 日開始發行的《青年雜誌》（1916 年 9 月起更名爲《新青年》）的出版爲標誌。在這場運動一開始，陳獨秀就發表文章總結過去的失敗教訓，他說：「……吾國年來政象，惟有黨派運動，而無國民運動也。……不出於多數國民之運動，其事每不易成就；即成就矣，而亦無與於國民根本之進步。」〔註 19〕他認爲，與大多數國民無關的所謂共和、立憲，都是虛假的共和和立憲，與歐美的立憲共和絕不是一回事。因此，他認爲國人的覺悟才是政治上可能取得成功的根本，民主制度只有建立在國民自覺意識的基礎之上才具有真正的進步意義。陳獨

〔註19〕陳獨秀：《一九一六年》，《青年雜誌》第 1 卷第 5 號（1916 年 1 月 15 日）。

秀指出：「儒者三綱之說爲吾倫理政治之大原，……近世西洋之道德政治，乃以自由、平等、獨立之說爲大原，……此東西文化之一大分水嶺也……。此而不能覺悟，則前之所謂覺悟者，非徹底之覺悟，蓋猶在徜徉迷離之境。吾敢斷言曰，倫理之覺悟爲最後覺悟之覺悟。」〔註20〕陳獨秀在對中國傳統文化和西洋文化的考察中，找到的旗幟和榜樣是「民主」與「科學」（即德先生和賽先生）。他指出：

> 本志同人本來無罪，只因爲擁護那德莫克拉西（Democracy）和賽因斯（Science）兩位先生，才犯了這幾條滔天的大罪。……西洋人因爲擁護德賽兩先生，鬧了多少事，流了多少血，德賽兩先生才漸漸從黑暗中把他們救出，引到光明世界。我們現在認定，只有這兩位先生，可以救治中國政治上道德上學術上思想上一切的黑暗。若因爲擁護這兩位先生，一切政府的壓迫，社會的攻擊笑罵，就是斷頭流血，都不推辭。〔註21〕

對民主和科學的態度的堅決，是五四新文化運動的特點之一，也是其取得成功的主要原因，民主與專制相對立，科學是愚昧之大敵。民主、科學大旗的舉起，就是對封建專制主義和蒙昧主義宣判。「要擁護那德先生，便不得不反對孔教，禮法，貞節，舊倫理，舊政治；要擁護那賽先生，便不得不反對舊藝術，舊宗教；要擁護德先生又要擁護賽先生，便不得不反對國粹和舊文學。」〔註22〕這正是陳獨秀通過中西文化的對比而獲得的結論，表現出一種絕不調和的鮮明態度。

　　在新文化運動中反對舊文化、倡導民主科學之路的李大釗、魯迅、胡適等人都採用了這種方式和態度。特別是魯迅，他對中國舊文化、舊禮教、舊制度的剝離、解剖更是刀刀見骨，筆筆入質，表現了堅定的徹底性。民主和科學始終是他們所堅守的陣地和高舉的旗幟。在中國文化史上，這樣深刻地解剖文化痼疾、敢於向西方文化大量借鑒的堪稱運動的事件似乎在以前還不曾有過。因此，可以毫不諱言，五四新文化運動是中國文化走向現代化的起點和標誌。

　　五四新文化運動對整個中國的命運和前途都起到了決定性作用，其成果

〔註20〕陳獨秀：《吾人最後之覺悟》，《青年雜誌》第1卷第6號（1916年2月15日）。
〔註21〕陳獨秀：《本志罪案之答辯書》，《新青年》第6卷第1號（1919年1月15日）。
〔註22〕陳獨秀：《本志罪案之答辯書》，《新青年》第6卷第1號（1919年1月15日）。

之一便是新文學的誕生。五四新文化運動所針刺的核心是中國的舊制度、舊禮教，而這一切在文學上的表現猶爲明顯。因此，這一運動最後聚焦到文學變革上，導致了新文學革命，並直接引發了新文學的誕生。胡適曾這樣強調：「我們……認定思想文藝的重要。現在國中最大的病根，並不是軍閥與劣惡官僚，乃是懶惰的心理，淺薄的思想，靠天吃飯的迷信，隔岸觀火的態度。這些東西是我們的眞仇敵！他們是政治的祖宗父母。我們現在因爲他們的小孫子——惡政治——太壞了，忍不住先打擊他。但我們決不可忘記這二千年思想文藝造成的惡果。打倒今日之惡政治，固然要大家努力；然而打倒惡政治的祖宗父母——二千年思想文藝裏的『群魔』更要大家努力！」〔註23〕李大釗也提倡發起一個新文藝運動：「由來新文明之誕生，必有新文藝爲之先聲，而新文藝之勃興，尤必賴一二哲人，犯當時之不韙，發揮其理想，振其自我之權威，爲自我覺醒之絕叫，而後當時有眾之沉夢，賴以驚破。」〔註24〕這一切都說明，席卷中國的新文化運動開始走向更深入的層次，觸及到中國文化精神的存在方式之一——文學，文學革命由此而掀開了中國文學全方位蛻變的新的篇章。

新文學運動發難於 1917 年初。這年的《新青年》在 1 月和 2 月分別發表了胡適的《文學改良芻議》和陳獨秀的《文學革命論》。

文學革命的核心是反對文言文、提倡白話文；反對舊文學，提倡新文學。而這一目標最終是通過理論論爭和創作實踐兩個方面實現的。對這場論爭，我們不擬引述過多的資料來加以闡述，只是將當時提倡白話文及其創作的情形作一點簡單勾勒。

在《文學改良芻議》一文中，胡適提出了文學改良應從「八事」入手：須言之有物；不摹倣古人；須講求文法；不作無病之呻吟；務丟濫調套語；不用典；不講對仗；不避俗語俗字。在這「八事」中，語言、文字方面的改革佔了大部分，由此可以看出，新文學運動在其自身發展中是由語言、文字改革著手的，其目標是用白話文取代文言文。陳獨秀在《文學革命論》中明確地提出了文學革命的「三大主義」，作爲文學革命的宣言：「曰推倒雕琢的阿諛的貴族文學，建立平易的抒情的國民文學；曰推倒陳腐的鋪張的古典文學，建立鮮明的立誠的寫實文學；曰推倒迂晦的艱澀的山林文學，建立明瞭

〔註23〕胡適：《我的歧路》，見《胡適文存》第 3 卷，第 108 頁。
〔註24〕李大釗：《〈晨鐘〉之使命》，《晨鐘報》創刊號，1916 年 8 月 15 日。

的通俗的社會文學。」〔註25〕在「三大主義」之中，陳獨秀更將應該「推倒」和應該「建立」的因素明白地對照起來，並對舊文學的缺點和新文學的長處進行了分析。這兩篇文章是徹底向舊文學決裂，開創新文學的劃時代宣言，自黃遵憲、梁啓超以降的求索者所渴望的時代眞正來到了中國文壇上。

「文學革命」大旗舉起之後，立即得到語言學界、文學界人士的廣泛支持和響應。錢玄同、劉半農等從不同角度對這一運動進行了聲援，爲了擴大運動聲勢，二人還在《新青年》雜誌上上演了一場「雙簧戲」——由錢玄同化名王敬軒給《新青年》寫信，仿舊文人口吻將他們反對白話文新文學的觀點加以彙集，再由劉半農覆信，一一駁斥，在當時產生了廣泛影響。

任何口號和主張，如果沒有創作的支持，都將缺乏說服力。在提倡文學革命的同時，胡適從 1916 年 7 月開始用白話文寫詩，1917 年 2 月 1 日出版的《新青年》第 2 卷第 6 號上刊發了胡適《白話詩八首》：《朋友》、《贈朱經農》、《月（三首）》、《他》、《江上》、《孔丘》，它們應該是最早的白話詩。1918 年 1 月 15 日，《新青年》第 4 卷第 1 號同時刊登了胡適、沈尹默、劉半農三人的白話詩共九首，按目次分別是《鴿子》（胡適）、《鴿子》（沈尹默）、《人力車夫》（沈尹默）、《人力車夫》（胡適）、《相隔一層紙》（劉半農）、《月夜》（沈尹默）、《題女兒小惠周歲日造像》（劉半農）、《一念》（胡適）、《景不徙》（胡適）。由此可以看出，在新文學的誕生中，詩歌扮演了敏銳的開路先鋒的角色。隨著白話文學的誕生，白話文也受到重視，《新青年》自 1918 年 5 月第 4 卷第 5 號起正式完全改用白話文，刊發白話文小說、散文、評論和翻譯作品。政府也不得不承認白話的正宗地位，這更加推動了白話文學創作的發展。

1920 年 3 月，胡適的《嘗試集》由亞東圖書館出版，這是中國現代文學史上第一部個人新詩集，它表明以白話爲媒介的新文學已在本質上取代了以文言文爲媒介的舊文學。在新詩史上，胡適的倡導和實踐之功是巨大的，在他以後，新詩成爲中國現代文學的重要一支。

第四節 全盤否定傳統：一種策略及其後遺症

新詩誕生的道路是曲折的，但它的誕生也是必然的，如果對從「詩界革

〔註25〕陳獨秀：《文學革命論》，《中國新詩文學大系・建設理論集》，上海良友圖書公司 1935 年出版，第 44 頁。

命」到新詩誕生這段歷程進行一番清理，我們便可以發現外國文化、文學觀念在其中起了很大的作用。

「詩界革命」口號的提出不能不說與外國影響有關，但在當時，人們還不能對詩歌發展的根基進行動搖，最多只能從表層或某一個側面入手，其收效自然很小。在「詩界革命」之後，中國文化界、文學界通過對外國文化、藝術經驗和文學作品的譯介逐漸打通了中國文學與外國文化、文學的聯繫，使他們在一個大的參照系中判明了中國文化、文學的優劣，也逐漸找到了前行的路向。嚴復翻譯的《天演論》、林紓翻譯的眾多小說、梁啟超發起的一次次「革命」、王國維、魯迅等人對中西文化的解剖和對文化變革的呼籲等等，雖然是就大文化這一範疇而言的，但它們一步步由表層走向深層，首先在人們的文化、藝術觀念這一層面上找到了生長的基點，這就必然導致新文化運動。而在新文化運動中，新文學運動又逐漸成為主潮。可以說，新文學運動是中國文化走向現代化的最根本也是最具體的突破口。毫無疑問，沒有自 19 世紀末期以來對外國文化、藝術觀念的廣泛借鑒，新文化運動、新文學運動都難以找到真正的突破口和賴以支撐的理論基礎。

新文學運動中最有影響的胡適、陳獨秀所借助的理論和觀念乃至所提供的「建設」大都是來自外國，尤其是近現代的西方。1918 年，陳獨秀斷然宣佈：「若是決計革新，一切都應該採用西洋的新法子，不能拿什麼國粹、什麼國情的鬼話來搞亂。」〔註 26〕這是他的一貫主張。作為中國新詩乃至中國新文學的第一個「嘗試」者的胡適曾於 1910～1917 年在美國留學，他一回到中國便投入到新文學革命的大潮中，這也是與他所接受的西方文化、文學影響密切相關的。胡適在《文學改良芻議》中提出的「八事」，實際上主要是來自西方，「梁實秋氏說外國的影響是白話文運動的導火線：他指出美國印象主義者六戒條裏也有不用典，不用陳腐的套語；新式標點和詩的分段分行，則是模仿外國；而外國文學的翻譯，更是明證。」〔註 27〕梁實秋還指出，胡適的新詩作品也深受外國詩歌影響，有的其實就是翻譯作品：「我一向以為新文學運動的最大成因，便是外國文學的影響；新詩，實際就是中文寫的外國詩。……新穎，在中國文學裏新穎；這樣的詩若譯成外國文便不新穎了。我記得《嘗

〔註26〕陳獨秀：《今日中國之政治問題》，《新青年》第 5 卷第 1 號（1918 年 7 月 15 日）。

〔註27〕朱自清：《中國新文學大系・詩集・導言》，上海良友圖書公司 1935 年出版。

試集》裏還有幾首譯詩，好像有一首《老洛伯》，還有拜倫的一首什麼詩，這更可見胡先生開始寫新詩的時候，他對於詩的基本觀念是頗受外國文學的影響的。」〔註28〕應該說，梁實秋在探索新詩誕生及其藝術來源時所做的分析是有道理的。換句話說，如果沒有對外國詩歌的大量借鑒，新詩誕生就要缺少很大一種外在衝擊和藝術參照，中國詩歌所固有的形式和觀念中的頑疾就難以從根本上得到校正，中國文學的現代化歷程也許會更加艱難與漫長。因此，我們在肯定胡適等爲新詩誕生所做的貢獻的同時，也不能忽視外國詩歌（甚至包括外國的文化哲學觀念和其它藝術觀念）所扮演的重要角色。從其誕生開始，中國新詩就與外國詩歌結下了不解之緣，這也提醒後來的人們，在走向開放的現代文化環境下，向外國詩歌藝術經驗有所借鑒對新詩藝術的自身建設是一種必不可少的手段和養份。而有些評論者僅以持論人在政治上的某些原因就將其理論以政治定性而不加深入考察，是有失公允的。在談及梁實秋的《新詩的格調及其它》時，有人便指出：「本文在論述新詩的根本點上是錯誤的。例如他認爲『新文學運動的最大成因，便是外國文學的影響；新詩，實際就是中文寫的外國詩。』他完全否認新文學運動包括『五四』以來的白話詩的探索是適應我國的時代要求的產物。他甚至提倡『現在要明目張膽地模仿外國詩』。表現了明顯的民族虛無主義態度。」〔註29〕中國新文學或其中的新詩的誕生當然首先是來自中國文學自身變革的要求，但這種要求的實現及其成果確實與外國文學、外國詩歌有密切聯繫，這是事實。不承認這一點，恐怕不是科學的態度。

　　與向外國詩歌借鑒相對應的另一面就是對傳統的全盤否定。新文學革命中向外國文化、文學學習的目就就是要打破舊有的語言、文字和文學觀念中所包含的強大束縛，「全盤西化」和全盤否定傳統是相併而生的。因此，在全盤西化和反傳統方面，陳獨秀、胡適等人都站在最前面，這就不是爲怪了。

　　早在1916年，陳獨秀就曾撰文指出：「吾人倘以爲中國之法，孔子之道，足以組織吾之國家，支配吾之社會，使適於今日競爭世界之生存，則不徒共和憲法爲可廢，幾十餘年之變法維新，流血革命，設國會，改法律，及一切

〔註28〕梁實秋：《新詩的格調及其它》，《詩刊》創刊號（1931年1月）。不僅如此，胡適所譯美國 Sara Teadafe 的《關不住》一詩，刊於1919年3月15日發行的《新青年》第6卷第3號，更是明證。

〔註29〕引文係王永生主編：《中國現代文論選》第一冊對梁實秋《新詩的格調及其它》所作的簡評，見該書第111頁，貴州人民出版社1982年8月出版。

新政治、新教育無一非多事，且無一非謬誤，應悉廢罷，仍守舊法，以免濫廢吾人之財力。萬一不安本分，妄欲建設西洋式之新社會，以求適今世之生存，則根本問題，不可不首先輸入西洋式社會國家之基礎，所謂平等人權之新信仰，對於此新社會、新國家、新信仰不可相容之禮教，不可不有徹底之覺悟，猛勇之決心，否則不塞不流，不止不行。」〔註30〕並且，在陳獨秀看來，西洋文明與中國文化是水火不容的，學西洋文明與尊中國文化是絕不可調和的：「吾人倘以新輸入之歐化爲是，則不得不以舊有之禮教爲非；倘以舊有之禮教爲非，則不得不以新輸入之歐化爲是，新舊之間絕無調和兩存之餘地。」〔註31〕在五四新文化革命中，陳獨秀、胡適等人主要是採用文化比較的方法來實現他們反舊布新的目的的。胡適借用美國人安諾德的話，力勸國人承認自己的借誤：「這種急需的新覺悟就是我們自己要認錯。我們必須承認我們自己百事不如人。不但性質上不如人，不但機械上不如人，並且政治、社會、道德都不如人。」〔註32〕

在陳獨秀與胡適等人看來，中國文化與西方文化是在本質上完全不同的，二者不能相容，因此，他們要倡導西方文化，首要的任務就是要徹底地砸碎中國的舊有文化，包括這種文化的種種載體。新文學運動便是針對中國舊文化及其載體進行的一場革命。在新文學運動中，除了文學觀念的變革之外，語言的革命更是當時的人們所關注的重要課題。當時提倡白話，反對文言，是勢在必行的，任何文學觀念都有其物化的呈示方式，文學革命中的新觀念自然也必須由新的文學形式來承載和表達。錢玄同從語言文字的發展歷史論述了白話及白話文的合理性：「現在我們認定白話是文學的正宗：正是要用質樸的文字，去剷除階級制度裏的野蠻款式；正是要用老實的文字，去表明文章是人人會做的，做文章是直寫自己腦筋裏的思想，或直敘外面的事物，並沒有什麼一定的格式。對於那些腐臭的舊文學，應該極端驅除，淘汰淨盡，才能使新基礎穩固。」〔註33〕當時對文言的反對和對白話的提倡是同反對封建文化、封建道德、封建政治等思想聯繫在一起的。

〔註30〕陳獨秀：《憲法與禮教》，《新青年》第 2 卷第 3 號（1916 年 11 月 1 日）。
〔註31〕陳獨秀：《答佩劍青年》，《新青年》第 3 卷第 1 號（1917 年 3 月 1 日）。
〔註32〕胡適：《請大家來照照鏡子》，《胡適文存》第 3 卷。
〔註33〕錢玄同：《〈嘗試集〉序》，《新青年》第 4 卷第 2 號（1918 年 2 月 15 日）。

應該說，在新文化運動中，提倡全盤西化和徹底地反叛傳統，都是有其根由的，不管人們願不願意承認，那都是一種策略。中國封建文化根深蒂固，不全盤否定，難以動搖根基，達不到更新的目的，「詩界革命」的最終失敗就是一個明顯例證。與此同時，要否定舊文化，就必須找到一種新的文化來替代它，新文化運動的先驅們找到的是西方近現代文化。在他們看來，這兩種文化是不可能調和的，於是出現了全盤西化與否定傳統的局面。

承認這種策略的必要性，並不是說這種策略所包含的東西都是合理的。特別是對於中國文化傳統，當時的先驅者在理解上顯得絕對化，缺乏全面的、深刻的清理，爲後來文學的發展的確留下了一些後遺症。這也是客觀存在的事實。

爲了反對文言文，胡適提出了這樣的觀點：「從三百到於今，中國的文學凡是有一些價值有一些兒生命的，都是白話的，或是近於白話的。其餘的都是沒有生氣的古董，都是博物院中的陳列品！」〔註 34〕也就是說，人們當時把文言文與封建落後的文化對等起來看待，凡是用文言文寫成的東西，都是要徹底反對、消除的。他們並沒有對傳統文化進行科學的評判，沒有對精華與糟粕進行區別，對於數千年積澱下來的某些優秀傳統也一概棄之不顧。爲了強調白話的重要性，胡適還提出「作詩更近於作文，更近於說話。」〔註 35〕對詩歌傳統的完全拋棄，特別是把「詩」與「文」對等起來，這在文體上是一種不太切合藝術規律的觀念。在中國傳統詩歌中，格律固然是極大的束縛，但如果將它抽象出來，作爲詩歌構成要素之一來加以改進，在白話詩中加入音樂性，還是可以提倡的；同時，音樂性也正是「詩」與「文」的重要區別之一。在詩的文體建設上，含蓄、蘊藉是中國詩歌的重要美學特徵之一，如果在白話中將「詩」「文」不加區別地對待，勢必讓新詩喪失其自身的美學特徵而消滅其藝術生命力。「作詩如作文」在白話詩的初期產生過很多負面影響，使不少詩人的作品缺乏藝術性，只有「白話」而無「詩」，形成了詩歌話語普遍迷失的局面。雖然在後來，胡適的《談新詩》、俞平伯的《白話詩的三大條件》、《社會上對於新詩的各種心理》、康白情的《新詩底我見》等文章在

〔註 34〕 胡適：《建設的文學革命論》，《中國新文學大學·建設理論集》，上海良友圖書公司 1935 年出版，第 129 頁。原載《新青年》第 4 卷第 4 號（1918 年 4 月 15 日）。

〔註 35〕 胡適：《我爲什麼做白話詩——〈嘗試集〉自序》，《新青年》第 6 卷第 5 號（1919 年 5 月 15 日）。

理論上對新詩的詩體建設進行了一些具有創見的探討，但也並沒有完全在創作實踐中扭轉「白話」與「詩」相分離的情形，爲新詩後來的詩體建設留下了一個至今未完全解決的難題。

因此，梁實秋在回憶五四白話詩運動時說：「新詩運動最早的幾年，大家注重的是『白話』，不是『詩』，大家努力的是如何擺脫舊詩的藩籬，不是如何建設新詩的根基。……新詩運動的起來，側重白話一方面，而未曾注意到詩的藝術和原理一方面。一般寫詩的人以打破舊詩的範圍爲唯一職志，提起筆來固然無拘無束，但是什麼標準都沒有了，結果是散漫無紀。」〔註36〕朱自清在總結五四時期的新詩時說：「說理的詩可成了風氣，那原也是外國影響。……『說理』是這時期詩的一大特色。照周啓明氏看法，這是古典主義的影響，卻太晶瑩透徹了，缺少了一種餘香與回味。」〔註37〕應該說，這些評價是客觀的。

白話文運動帶來詩體大解放，帶來新詩的誕生，這是一種劃時代的功勞。但是，「解放」之後的眞正「建設」卻步履艱難，對外國詩歌藝術的借鑒以完全犧牲中國詩歌傳統爲代價，其中的經驗、教訓都是值得我們深思的。到了20 世紀末期，中國新詩的處境還十分艱難，它似乎還沒有完全找到一個能讓自己眞正在現代文壇上立穩腳跟的藝術個性，「本世紀的中國文學運動幾乎都以詩歌爲先鋒，卻都不以詩的成就爲標誌，這是詩的光榮和悲壯：我們的詩歌敏銳如昔，我們的詩歌軒昂依舊，然而榮耀卻在無可奈何地陷落。」〔註38〕這種尷尬的處境和命運不知道是否從新詩誕生之時起就有所注定。在詩歌繼承與借鑒中，恐怕對既有的東西全然否定和全然肯定都不太切合藝術發展的規律，對新詩文體建設所存在的缺陷的清理，至少要追溯到新詩誕生之時的種種觀念與實踐，乃至更遠的地方。

〔註36〕梁實秋：《新詩的格調及其它》，《詩刊》創刊號（1931 年 1 月）。
〔註37〕朱自清：《中國新文學大系·詩集·導言》，上海良友圖書公司 1935 年出版。
〔註38〕王光明：《回望百年中國詩歌》，《詩探索》1996 年第 2 輯。

第三章　浪漫主義與新詩現代精神的生成

第一節　浪漫主義思潮及其在中國的傳播

作爲一種創作方法，浪漫主義古已有之。而作爲一種文藝思潮乃至一個創作流派，它則出現於 18 世紀末至 19 世紀上半葉的歐洲文壇的。中國現代文學史上的浪漫主義思潮主要是從西方引進的。

在歐洲，浪漫主義文學思潮的誕生與法國大革命、歐洲民族解放運動及民主運動等密切相關。1789 年的法國大革命震撼了整個歐洲，但是，革命之後，啓蒙主義思想家所提出的「自由、平等、博愛」的社會理想並沒有眞正實現，整個歐洲仍然籠罩在貧富不均、戰爭頻繁、階級鬥爭愈趨激烈的重重陰影之中。許多作家對社會現實感到不滿乃至失望，他們力圖尋找解決社會矛盾的眞正有效的方式。這是浪漫主義思潮得以風行的社會、文化根源。

在另一個層面上，浪漫主義在思想上是法國革命原則和啓蒙思想的邏輯延續，與同時期流行的德國古典哲學、法國空想社會主義思潮等也有密切聯繫。這一切導致了浪漫主義文學崇尙自然，追求個人自由，常常於現實之外建構理想王國等特點。

浪漫主義思潮主要流行於德國、英國、法國，也波及到波蘭、匈牙利、俄國等其它一些國家。就詩歌而言，主要代表人物有德國的荷爾德林（1770～1843）、海涅（1797～1856），英國的華茲華斯（1770～1850）、格勒律治（1732

～1834）、騷塞（1774～1843）、拜倫（1788～1824）、雪萊（1792～1822）、濟慈（1795～1821），匈牙利的斐多菲（1823～1849），俄國的普希金（1799～1837）、萊蒙托夫（1814～1841）等。這些詩人的創作因爲各國政治、經濟、文化等的不同而有不同特色，但作爲浪漫主義詩歌思潮的倡導和實驗者，他們又都具有一些共同的特點。

第一，浪漫主義文學最主要的特點是偏重於主觀抒情，表現個人理想，特別注重對內心感情的表達，這就導致了以史詩（敘事詩）爲詩歌正體的歐洲詩壇發生了裂變：浪漫主義文學時代最發達和最有成就的是抒情詩，與此相對應的則是自傳或自傳體小說的廣泛流行。抒情詩與自傳作品在一定程度上是相通的。

第二、浪漫主義文學看重中世紀的民間文學，這些民間文學作品的特點之一是不受一切人爲戒律的制約，想像豐富，感情眞摯，在表達上也自由開放，語言通俗，適合大眾的欣賞趣味，也就是說，浪漫主義文學重視民族文學傳統，詩人的藝術創造是立足傳統又立足當時人們社會文化心態、藝術趣味的。

第三，浪漫主義文學崇尚自然，詩人歌頌大自然的豐富，描繪大自然的美景，表達對自然界的深切感受與心靈契合。這是與當時人們厭惡資本主義物質文明和城市工業化有關的。在這一層面上看，浪漫主義詩人又有一定程度的反現實傾向和戀舊心緒，面對現實，他們不是深入其中，而是從另一個角度來切入，單從文本上看，與當時的時代環境有點「擦肩而過」的感覺。

第四，由以上幾個方面所決定，浪漫主義詩歌往往以誇張手法見長。詩人利用獨特而新奇的想像，從瞬息變化的世界中表現精神動蕩不安的現實，加上與自然的緊密聯繫，使浪漫主義詩歌色彩絢麗，注重節奏的自然明快，極富音樂性。

浪漫主義文學的這些特點與中國近代後期的社會、文化變革歷史頗有相投之處。近代中國的知識者處於有理想而無目標的狀態，因此，一批文化、文學革命的先驅很早就對西方浪漫主義文學發生了興趣並加以介紹。1907年，魯迅發表了《摩羅詩力說》，可以說是對浪漫主義作家及作品進行分析介紹的第一個重要成果。魯迅認爲，要拯救中國文壇的蕭條必須「別求新聲於異邦」，而他極力推舉的則是「摩羅詩派」，亦即「惡魔派」、「撒旦派」，也便是我們後來所說的積極浪漫主義文學流派。魯迅特別提到的是英國的拜倫（斐

倫）、雪萊（修黎）、俄國的普希金（普式庚）、萊蒙托夫（來爾孟多夫）、波蘭的密支凱維支（密克威支）、匈牙利的斐多菲（裴象飛）等詩人，並分別對他們的詩歌特點、反抗精神進行了肯定與介紹。魯迅認爲：「裴倫既喜拿破侖之毀世界，亦愛華盛頓之爭自由，既心儀海賊之橫行，亦孤援希臘之獨立。」〔註1〕他的作品「無不張撒旦而抗天地，言人所不能言。」〔註2〕魯迅稱雪萊是「十九稘及上葉精神界之戰士，所以多抱正義而駢殞者也。……凡正義自由眞理以至博愛希望諸說，無不化而成醇，或爲羅昂，或爲普羅美迢，或爲伊式蘭之壯士，現於人前，與舊習對立，更張破壞，無稍假借也。」〔註3〕在對上述諸詩人進行了全面分析之後，魯迅作了這樣的總結：「上述諸人，其爲品性言行思維，雖以種族有殊，外緣多別，因現種種狀，而實統於一宗：無不剛健不撓，抱誠守眞；不取媚於群，以隨順舊俗；發爲雄聲，以起其國人之新生，而大其國於天下。求之華土，孰比之哉？」〔註4〕

　　由此可以看出，魯迅極力介紹歐洲浪漫主義詩人及其作品，並不是對其全面引進，而特別注重詩歌所表現的反抗精神、自由意志，其目的是引發國人覺醒。在當時，這種借別人的東西爲我所用的風潮十分普遍，這說明，中國文學自世紀之交就是與社會變革、民族振興聯繫在一起的，並且，這一追求成爲新文學誕生的主要動力和新文學的重要特點之一。

　　魯迅之後，中國關於浪漫主義文學的介紹越來越多，浪漫主義詩人的作品特別是拜倫等人的作品不斷被譯介到中國。如果除去梁啓超 1902 年在論文體對話小說《新中國未來記》中引用拜倫詩歌的片斷因非專門介紹而不算，那麼，1909 年，蘇曼殊翻譯出版的《拜倫詩選》就不得不讓我們給予關注了，因爲這是中國譯介的第一部《拜倫詩選》，甚至可能是第一部外國詩選，1923年，還有人這樣評價蘇曼殊的功績：「……蘇曼殊還留下了一個不太容易認的，但確實不太小的功績給中國文學。是他介紹了那位《留別雅典娜女郎》的詩人 Byron 給我們，是他開初引導了我們去進一個另外的新鮮生命的世界。

〔註1〕　魯迅：《摩羅詩力說》，《魯迅全集》第一卷，人民文學出版社 1981 年版，第79 頁。

〔註2〕　魯迅：《摩羅詩力說》，《魯迅全集》第一卷，人民文學出版社 1981 年版，第77 頁。

〔註3〕　魯迅：《摩羅詩力說》，《魯迅全集》第一卷，人民文學出版社 1981 年版，第84～85 頁。

〔註4〕　魯迅：《摩羅詩力說》，《魯迅全集》第一卷，人民文學出版社 1981 年版，第98～99 頁。

在曼殊後不必說，在曼殊前儘管也有曾經談歐洲文學的人，我要說的只是，唯有曼殊才眞心教了我們不但知道並且會悟，第一回會悟，非此地原來有的，異鄉的風味。晦澀也好，疏漏也好，《去國行》和《哀希臘》的香美永遠在那裡，因此我們感激，我們滿足。」〔註5〕1914 年，胡適翻譯了拜倫的《哀希臘歌》，後來收入《嘗試集》中；同一年，《馬君武詩稿》出版，該詩稿中收入了他翻譯的拜倫、歌德的作品。

在五四時期及其以後，隨著對拜倫及其作品的譯介，拜倫成了中國作家悉知的外國詩人，他對中國現代的文學思潮特別是浪漫主義文學思潮的誕生與發展產生了十分重要的影響。

「五・四」之後，中國文壇對於浪漫主義文學的介紹有了更多的拓展，除了詩歌之外，戲劇、小說等樣式也不斷被譯介過來。1923 年，創造社的《創造季刊》一卷四期出版了《雪萊紀念號》，刊發了徐祖正的論文《英國浪漫派三詩人拜倫、雪萊、箕茨》、郭沫若翻譯的《雪萊的詩》、成仿吾翻譯的《哀歌》、郭沫若編撰的《雪萊年譜》等。徐祖正認爲，拜倫、雪萊、濟慈三位浪漫主義詩人都是青春少年型詩人，他們一生都眞誠、熱烈，想說什麼就說什麼，而他們共同的特點是反抗，反抗文學的舊形式與舊內容，也反抗不合理的保守社會。

郭沫若翻譯雪萊的詩絕非因爲學術的需要，而是出自內心的契合，他說：「男女結婚是要先有戀愛，先有共鳴，先有心聲的交感。我愛雪萊，我能感聽得他的心聲，我能和他共鳴，我和他結婚了。——我和他合而爲一了。他的詩便如像我自己的詩。我譯他的詩，便如像我自己在創作的一樣。」「雪萊是我最敬愛的詩人中之一個。他是自然的寵兒，泛神宗的信者，革命思想的健兒。他的詩便是他的生命。他的生命便是一首絕妙的好詩。」〔註6〕郭沫若對雪萊極力加以讚揚，這不難看出他對浪漫主義思潮的認同，從另一個層面看，在五四時期，浪漫主義思潮在中國新詩領域是很有市場的。

五四新文化運動中對西方浪漫主義的大力介紹，一方面順應了當時中國的人文心態變化的需要，同時也促成了中國新詩創作中的浪漫主義思潮的廣泛流行。在這方面，以郭沫若爲代表的創造社顯出了別具一格的藝術風采。

〔註5〕張定璜：《Shelley》，《創造季刊》第 1 卷第 4 期（1923 年 3 月 10 日）。
〔註6〕郭沫若：《雪萊的詩・小序》，《創造季刊》第 1 卷第 4 期，1923 年 9 月 10 日。

第二節　浪漫主義思潮的中國土壤

浪漫主義思潮在五四時期的中國文學特別是詩歌領域倍受關注並且形成一股大潮，是有其內在因由的。一種誕生於外國的詩歌思潮要在中國的現代文化土壤中紮根，如果它與中國的文化和社會現實、人文心態沒有絲毫聯繫，是肯定不可能的，自然也就不可能對新詩的建設產生正面的推動。

浪漫主義思潮及其創作雖然是以一種流派方式活躍在 18 世紀末至 19 世紀初的歐洲文壇，彷彿有一個相對集中的時間段落。但是，浪漫主義創作方法卻是古已有之。浪漫主義思潮與浪漫主義創作方法有著內在聯繫。按照人們的普遍理解，作為創作方法的浪漫主義主要是指創作者依據世界本來應該具有的樣子進行創作，即注重理想與主觀性。這也正是浪漫主義思潮的重要特點之一，這一思潮注重個人感受，注重表現理想。作家不是不關心現實，而是在面對現實時，因為對現實的不滿而持反對、反抗的態度，或者以建構理想中的世界來作為對現實世界的反叛。在中國文學史上，這樣的作品不算少，莊子、屈原、李白、湯顯祖、吳承恩、蒲松齡等作家在其創作中都表達了與浪漫主義文學相似的觀念和手法，只是由於身處的文化、時代不同而又呈現不同的風貌。這些都可以看成是外國浪漫主義思潮得以在五四時期文壇上廣泛流行的傳統淵源，或者說，五四時期的浪漫主義文學思潮在精神實質上是對中國深厚的優秀傳統的一種現代化延續，外國詩歌只是承擔了激活它的使命。在五四時期的浪漫主義詩歌中，「西化」或「歐化」的情形不很嚴重或者說詩人們顯出了較大的藝術創造性，恐怕是與對傳統詩歌精神在一定程度上的弘揚不無關係的。

就中國當時的時代情緒來看，反帝反封建的時代精神、追求新生與人的獨立的人文心態也正好在一定程度上與浪漫主義思潮達成了一致。陳獨秀、胡適等人倡導新文化運動、新文學革命的文章都透露出破舊與革新的強烈變革意識。陳獨秀在《文學革命論》一文的結尾有如下一段文字：「歐洲文化，受賜於政治科學者固多，受賜於文學者亦不少。予愛盧梭巴士特之法蘭西，予尤愛虞哥左喇之法蘭西；予愛康德赫克爾之德意志，予尤愛桂特郝卜特曼之德意志；予愛培根達爾文之英吉利，予尤愛狄鏗士王爾德之英吉利。吾國文學界豪傑之士，自有負為中國之虞哥左喇桂特郝卜特曼狄鏗士王爾德者乎？有不顧迂儒之毀譽，明目張膽以與十八妖宣戰者乎？

予願拖四十二生的大炮，為之前驅！」〔註7〕這段文字，不僅表現了陳獨秀徹底變革中國文學的決心，而且他在尋找著參照，把西方富有生氣的文學作為中國文學變革的範例。他是在呼喚一種生氣，一種青春氣息。在這一點上，當時出版的《青年雜誌》、《新青年》、《少年中國》等刊物的名稱也可以作為一種佐證。

1916年9月，李大釗發表文章說：「宇宙無盡，即青春無盡，即自我無盡」他呼喚青年為國家民族「再造青春」，「吾族青年所當信誓旦旦，以昭示於世者，不在齦齦辯證白首中國之不死，乃在汲汲孕育青春中國之再生。」「青年之自覺，一在沖決過去歷史之網羅，破壞陳腐學說之圈圈，勿令僵屍枯骨，束縛現在活潑潑之我……一在脫絕浮世虛偽之機械生活，以特立獨行之我，立於行健不息之大機軸。裸裼裸裎，去來無掛，全其優美高尚之天。」他要求青年人「以青年之我，創造青春之家庭，青春之國家，青春之人類，青春之地球，青春之宇宙。」〔註8〕換句話說，李大釗渴望人們所面對的世界都充滿青春與活力。而「青春」又是與「自我無盡」相適應的，復活青春即是張揚自我。

這是五四新文化運動、新文學運動倡導者的渴盼，也正是那時中國的時代情緒與民族情緒。

人們渴求民族的青春，也渴求人的精神的青春，這就使思想解放與人的覺醒成為當時正面建設的目標。按理說，以表達人的精神為主旨的文學應該擔負這一使命，但是，在新文學運動之初，除了魯迅的小說在人性與歷史解剖中深及骨髓之外，詩歌並沒有在這方面有多少突破，也許當時的人們更注重「白話」，而不太關注「白話」應表現一些什麼。直到浪漫主義詩歌作為一種潮流出現於中國詩壇，五四時代的精神才得以在詩歌中獲得極大張揚。因此，我們可以毫不誇張地說，浪漫主義詩歌在張揚反抗精神與呼喚人的獨立、人性解放方面是與五四時代精神完全一致的，也只有到了浪漫主義詩歌中，中國新詩才真正以獨立的文體的面貌出現在中國詩壇上。

〔註7〕陳獨秀：《文學革命論》，《中國新文學大系・建設理論集》，上海良友圖書公司1935年出版，第47頁。
〔註8〕李大釗：《青春》，《新青年》第2卷第1號（1916年9月1日）。

第三節　郭沫若：雜取種種為我所用

在五四新詩的浪漫主義詩潮之中，郭沫若是當之無愧的領潮人。朱自清在評價郭沫若時說：「他的詩有兩樣新東西，都是我們傳統裏沒有的：——不但詩裏沒有——泛神論與二十世紀的動的和反抗的精神。中國缺乏瞑想詩。詩人雖然多是人本主義者，卻沒有去摸索人生根本問題的。而對於自然，起初是不懂得理會；漸漸懂得了，又只是觀山玩水，寫入詩只當背景用。看自然作神，作朋友，郭氏詩是第一回。至於動的和反抗的精神，在靜的忍耐的文明裏，不用說，更是沒有過的。不過這些也都是外國影響。——有人說浪漫主義與感傷主義是創造社的特色，郭氏的詩正是一個代表。」〔註9〕

說郭沫若的詩深受外國影響，這是毫無疑問的。郭沫若最早接觸到並認之為「新鮮」、「美妙」的詩歌是美國詩人朗費羅的《箭與歌》〔註10〕，並且他到日本是學醫的，在那時，是外國詩歌特別是泰戈爾的詩歌讓他找到了一種自由舒放的感覺，才使他轉向了詩歌寫作。但是，有一個現象值得我們思考，郭沫若所接觸的外國詩歌並不以浪漫主義詩人的作品為主，泰戈爾、惠特曼、歌德等並非都同浪漫主義思潮有直接關係；同時，與其它一些中國詩人不同的是，郭沫若所接受的影響並不來自某一詩人或某一流派，而是來自多個詩人，這些詩人屬於不同國家、不同年代，又有不同的藝術風格。這就說明一個問題，郭沫若對這些詩人及作品的影響進行了化合，並在此基礎上確立了自己的詩歌藝術追求。

我們先來看看郭沫若對他所受影響較大的幾位詩人的評價，這是在外國藝術經驗中確定取捨的主觀標準，也是他進行藝術創造的基礎。

郭沫若最先接近且接觸較多的是印度詩人泰戈爾的作品，「那沒有韻腳的，而多是兩節，或三節對仗的詩，那清新和平易徑直使我吃驚，使我一躍便年輕了二十年！」〔註11〕這是郭沫若對泰戈爾詩的第一感覺，而在精神層面上，泰戈爾的思想有點近似於莊子的精神，這就使它與郭沫若所瞭解的某些傳統文化精神達成了一致。基於這樣的原因，郭沫若在創作之初，受泰戈

〔註9〕　朱自清：《中國新文學大系‧詩集‧導言》，上海良友圖書公司1935年出版。
〔註10〕郭沫若：《我的作詩的經過》，王永生主編《中國現代文論選》第一冊，貴州人民出版社1982年8月出版，第165頁。
〔註11〕郭沫若：《我的作詩的經過》，王永生主編《中國現代文論選》第一冊，貴州人民出版社1982年8月出版，第166頁。

爾的影響是很大的，但相比於後來的進展，裏面還有許多尚未眞正解放的因素，無論在詩體上還是在詩的精神上。他在談到自己早期的創作時曾說：「那些詩是我最早期的詩，那兒和舊式的格調還沒有十分脫離，但在過細研究過太戈爾的人，他可以知道那兒所表示著的太戈爾的影響是怎樣地深刻。」〔註12〕那是起於 1916 年的時候，包括《新月與白雲》、《死的誘惑》、《別離》、《維奴司》等作品。那些作品都是寫給戀人的，《死的誘惑》有注：「這是我最早的詩，大概是 1918 年初夏作品。」全詩二節，相互對應，第一節是：「我有一把小刀，／倚在窗邊向我笑，／她向我笑道：／沫若，你別用心焦！／你快來親我的嘴兒，／我好替你除卻許多煩惱。」寫的是愛情的甜密與煩惱，蘊含著詩人後來對人的個性張揚的某種基因，但還顯得較爲溫和。這也許就是太戈爾式的明朗、清新。在熱戀時節，郭沫若也愛上了一位德國詩人海涅，主要是喜歡他的愛情詩。在郭沫若心目中，海涅的詩更富有現實意味。不過，在郭沫若整個詩歌生涯中，海涅的影響並不占主導地位。

在泰戈爾詩中，郭沫若於超現實性中獲得了一種對自然的獨特認識，那就是與東方天人合一的哲學觀念相近的泛神論思想。「我因爲自來喜歡莊子，又因爲接近了太戈爾，對於泛神論的思想感受著莫大的牽引。因此我便和歐洲的大哲學家斯賓那沙的著作，德國大詩人歌德的詩，接近了。」〔註13〕泛神論思想是把郭沫若由古代的莊子引向外國詩人泰戈爾的一條精神線索，又是將他由泰戈爾導向歌德的精神力量。在郭沫若的觀念中，他從泰戈爾和歌德的詩篇中所獲得的主要也就是泛神論的思想，他特別看重歌德的「主情」之說，他翻譯《少年維特之煩惱》也正是因爲與這種主張和手法產生了「共鳴」〔註14〕。

人們習慣於把郭沫若受泰戈爾、歌德、惠特曼的影響分解爲三個時段或三種方式，這其實是不確切的。郭沫若在這三人身上同時吸納了一些藝術要素，只是多少不同，因爲從接受影響到《女神》的出版之間的時限極短，幾乎是同時完成的。郭沫若接近歌德是在「一九一九年的暑間」，而對於同惠特

〔註12〕郭沫若：《我的作詩的經過》，王永生主編《中國現代文論選》第一冊，貴州人民出版社 1982 年 8 月出版，第 166 頁。

〔註13〕郭沫若：《我的作詩的經過》，王永生主編《中國現代文論選》第一冊，貴州人民出版社 1982 年 8 月出版，第 168 頁。

〔註14〕郭沫若：《〈少年維特之煩惱〉序引》，《郭沫若全集》文學編第十五卷，人民文學出版社 1990 年 7 月出版，第 310 頁。

曼的接近，他有過這樣的追憶：「我那時候不知從幾時起又和美國的惠特曼的《草葉集》，德國的華格納的歌劇接近了，兩人也都有點泛神論的色彩的，而尤其是惠特曼的那種把一切的舊套擺脫乾淨了的詩風，和五四時代的狂飈突進的精神十分合拍，我是徹底地爲他那雄渾的、豪放的、宏朗的調子所動蕩了。」〔註15〕應該說，這幾位外國詩人幾乎是同時在郭沫若身上發生了影響，他把這些影響的核心——反抗精神與藝術自由融合在一起，形成了他自己詩歌觀念的基礎。

郭沫若早期詩歌觀念的核心是「自然流露」說和「主情說」。他在寫給宗白華的信中曾說：「我對於詩的直覺，總覺得以『自然流露』的爲上乘。」「詩的本質專在抒情。抒情的文字，便不采詩形，也不失其詩。」〔註16〕所謂「自然流露」就是讓詩人的情感直接地在詩中傳達出來，而不矯揉造作。主情說則是對詩的本質的另一種認識，與中國傳統詩歌觀念有密切聯繫，當然也與「自然流露」的追求相契合。在文章和信函中，郭沫若多次談到這兩個方面的問題。他說：「詩不是『做』出來的，只是『寫』出來的。我想詩人底心境譬如一灣清澄的海水，沒有風的時候，便靜止著如像一張明鏡，宇宙萬彙底印象都涵映著在裏面；一有風的時候，便要翻波浪湧起來，宇宙萬彙底印象都活動在裏面。這風便是所謂直覺，靈感（inspiration），這起了的波浪便是高漲著的情調。這活動著的印象便是徂徠著的想像。這些東西，我想來便是詩底本體，只要把它寫了出來的時候，他就體相兼備。」他還把對於詩的理解表述爲一個公式：

詩＝（直覺＋情調＋想像）＋（適當的文字）

　　　　　Inhalt　　　　　　　　Form〔註17〕

從以上的表述可以看出，郭沫若是十分看重詩的情感性的，並且這種情感要從心中「自然流露」出來。換句話說，他十分看重激情噴發。

這些觀點是與他所接受的外國詩歌影響相關聯的。感情的特點之一就是

〔註15〕郭沫若：《我的作詩的經過》，王永生主編《中國現代文論選》第一冊，貴州人民出版社 1982 年 8 月出版，第 168 頁。

〔註16〕郭沫若：《三葉集‧郭沫若致宗白華》，《郭沫若全集》文學編第十五卷，人民文學出版社 1990 年 7 月出版，第 47 頁。

〔註17〕郭沫若：《三葉集‧郭沫若致宗白華》，《郭沫若全集》文學編第十五卷，人民文學出版社 1990 年 7 月出版，第 14～16 頁。

主觀性，而他對歌德等人的主觀性、「主情主義」是十分欣賞的，「他智所能知，甚麼人都可以知道，只有他的心才是他自己所獨有。他對於宇宙萬彙，不是用理智去分析，去宰割，他是用他的心情去綜合，去創造。」〔註18〕這是郭沫若復述的歌德的話，也是對歌德的評價，也正是他的詩歌觀念中主情內容的主要源泉。而對於詩人，心靈是要直接表達出來的，這似乎又與惠特曼歌唱民主、自由的詩篇密切相關。直接流露或自然流露所需要的是爆發，是對靈感的觸動，這正適合郭沫若的比較坦率的性格，也是他創作經驗的總結。他曾對《鳳凰涅槃》的創作過程有過如下描述：

> 《鳳凰涅槃》那首長詩是在一天之中分成兩個時期寫出來的。
> 上半天在學校的課堂裏聽講的時候，突然有詩意襲來，便在抄本上
> 東鱗西爪地寫出了那詩的前半。在晚上行將就寢的時候，詩的後半
> 的意趣又襲來了，伏在枕上用著鉛筆只是火速的寫，全身都有點作
> 寒作冷，連牙關都在打戰。〔註19〕

在這裡，主情與自然流露的情形都包容進去了。詩人寫的是內心感受，又是「一種神經性發作」，沒有經過醞釀，全是憑當時的體驗。

同時，以主情與自然流露為主要內容的浪漫主義詩觀也是與中國當時的社會、文化現狀相關的。五四時期的中國，一切都處於新舊交替之中，新的要戰勝舊的，就必須對新的東西予以特別張揚。浪漫主義詩歌的特點就是在反叛舊有存在的同時大力張揚新思想、新觀念，只有內心情感的直接、自然表達才能以最快的速度，以強有力的姿態進入讀者心中，產生相應的共鳴。對於創作者而言，也只有這種方式才能真正表達內在感受的強烈。誠如胡適、陳獨秀等人是以激烈的語言來張揚他們的變革主張一樣，郭沫若也是以其「男性的粗暴的詩」〔註20〕來張揚這樣一種變革的精神，因此，就新詩而言，郭沫若不啻是一座偉大的里程碑，特別是他的《女神》，可以說是以藝術方式來張揚現代精神的起點。

在郭沫若的詩歌觀念中，詩的形式只是「適當的文字」，他並沒有對此進

〔註18〕 郭沫若：《〈少年維特之煩惱〉序引》，《郭沫若全集》文學編第十五卷，人民文學出版社 1990 年 7 月出版，第 311 頁。
〔註19〕 郭沫若：《我的作詩的經過》，王永生主編《中國現代文論選》第一冊，貴州人民出版社 1982 年 8 月出版，第 169 頁。
〔註20〕 郭沫若：《我的作詩的經過》，王永生主編《中國現代文論選》第一冊，貴州人民出版社 1982 年 8 月出版，第 168 頁。

行更爲詳細的表述。雖然他自己在創作中力求做到了神形兼備，但他早期的一些主張卻對詩體建設可能造成負面影響。他明確宣佈：「我對於詩詞也沒有甚麼具體的研究。我也是最厭惡形式的人，素來也不十分講究他。我所著的一些東西，只不過盡我一時的衝動，隨便地亂跳亂舞的罷了。」〔註21〕詩是以形式爲基礎的文學樣式，不關注詩的形式在詩的文體建設上是不妥當的。同時，「自然流露」的另一個弊端就是對詩的含蓄蘊藉的張力的忽視。詩是詩人感情的表達，但它是用詩歌特有的方式來表達，含蓄蘊藉是詩的美學特徵的構成要素，至少在中國詩歌史上，人們歷來是重視這一特點的。當時，五四時代獨特的社會環境和人文心態不容許詩人在這方面有過多的嘗試和考慮。但這種忽略所造成的不足是明顯的，這也可能是導致郭沫若在五四之後的詩歌創作走向衰落的重要因由。在 1936 年的時候，郭沫若說：「在那時候我要以英雄的格調來寫英雄的行爲，我要充分地寫出爲高雅文士所不喜歡的粗暴的口號和標語。我高興做個『標語人』、『口號人』，而不必一定要做詩人。」〔註22〕不知道這是不是詩人在詩情枯縮時節尋找的某種自我安慰，但是我們可以從中發現，同西方的浪漫主義思潮一樣，這種觀念是五四時代的浪漫主義詩潮在其爲新詩開拓了嶄新世界之後又很快走向衰微的重要原因。

郭沫若的成功之處在於，他把西方的詩歌經驗有選擇地借鑒到中國新詩中，並且以這種經驗爲基礎，在特殊的社會歷史條件下形成了獨特的詩歌觀念，並以其創作實績而爲中國新詩的歷史樹立了第一座豐碑。在這中間，詩人的創造是占主導因素的，而能與自己眞正產生「共鳴」是他選擇、借鑒的唯一可靠的標準。可以說，在新詩史上，郭沫若是第一個在借鑒外國詩歌藝術經驗上取得最大成功的詩人。他眞正爲新詩注入了一種現代的精神——雖然這種精神在西方是一個世紀以前的事情了。

第四節　泛神論與新詩的現代精神

在向外國詩歌借鑒的時候，從哲學思想上講，對郭沫若影響最大的是泛神論。作爲一種精神，泛神論思想古來已有，它與東方哲學中的天人合一觀

〔註21〕郭沫若：《三葉集·致宗白華》，《郭沫若全集》文學編第十五卷，人民文學出版社 1990 年 7 月出版，第 46 頁。
〔註22〕郭沫若：《我的作詩的經過》，王永生主編《中國現代文論選》第一冊，貴州人民出版社 1982 年 8 月出版，第 171 頁。

念是相一致的，強調人與世界的相通，強調宇宙萬物之間平等的聯繫。但是，作為一種較為系統的哲學思想，泛神論卻出現並流行在 16 到 18 世紀的歐洲，其代表人物是意大利哲學家喬爾丹諾‧布魯諾（1548～1600）和荷蘭哲學家別涅狄克特‧斯賓諾莎（1632～1677）。他們認為，宇宙間並不存在超自然的主宰與精神力量，神就是自然界本身，存在於一切自然界的事物之中，而人也是自然界的構成要素。他們用這一觀點來解釋世界的構成，並以此反對統治歐洲的宗教神學。因此，在產生的時候，泛神論實際上是一種具有強烈反抗意識的哲學思想，這種思想對文學創作影響很大，特別是那些具有反宗教、反統治、追求人的個性的作家，更是將其視若圭臬。郭沫若所崇尚的歌德就受到過泛神論思想的影響。

在五四時期，泛神論是與當時的社會、文化心態相契合的。五四時代精神是以反帝反封建為主題，以追求人的解放為表徵的精神。這兩個層面實際上有一致的內容，即破除舊世界而開創新世界，消除「舊我」而重創「新我」。而泛神論的萬物皆神的觀念在另一個角度上看又是萬物非神，這是人們反對一切偶像、反對一切精神壓制最有力的工具之一。應該說，陳獨秀、胡適他們提出反對舊文化倡導新文化就是不把舊有的一切視為合理因而可以破除，這與泛神論思想有不謀而合之處。而在郭沫若的詩中，泛神論思想的表現則尤為明顯，成了他五四時期詩歌作品的哲學基礎。

郭沫若接受泛神論思想的影響是有時代的文化思想根源的。一方面，五四時代反帝反封建、破除一切迷信的時代精神感召著他；另一方面，從詩人個人而言，自我的更新也是他時刻思考的問題，他曾在給朋友的信中表述了自己的苦惱：「我到底是個什麼樣的『人』，你恐怕還未十分知道呢。你說我有 lyrical（抒情的）的天才，我自己卻是不得而知。可是我自己的人格，確是壞透了。我覺得比 Goldsmith（高爾斯密）還墮落，比 Heine（海涅）還懊惱，比 Baudelaire（波德萊爾）還頹廢。我讀你那『詩人人格』一句話的時候，我早已潸潸地流了些眼淚。」[註23]「我常恨沒有 Augustine（奧古斯丁），Rousseau（盧梭），Tolstoi（托爾斯泰）的天才，我不能做出部赤裸裸的《懺悔錄》來，以宣告於世。我的過去若不全盤吐瀉淨盡，我的將來終竟是被一團陰影裹著，莫有開展的希望。我罪惡的負擔，若不早卸個乾淨，我可憐的靈魂終久困頓

〔註23〕郭沫若：《三葉集‧郭沫若致宗白華》，《郭沫若全集》文學編第十五卷，人民文學出版社 1990 年 7 月出版，第 16～17 頁。

在淚海裏，莫有超脫的一日。我從前對於我自己的解決方法，只覷定著一個『死』。我如今卻掉了個法門，我要朝生處走了。我過去的生活，只在黑暗地獄裏做鬼；我今後的生活，要在光明世界裏做人了。」〔註24〕

對時代變革的敏感和個人內心世界的解剖，都促使郭沫若尋找一種反抗與更新的方式，而目的是要使自己變成眞正的「人」。「我今後要努力造『人』，不再亂做詩了。人之不成，詩於何有？」〔註25〕正是在這樣一種呼喚與渴求之下，泛神論成爲郭沫若觀照人生、社會乃至自我的一種哲學上的引導，不過，這種引導來自他對一些詩人及作品的理解，而主要不是對這種哲學思想的理論接受。在郭沫若心目中，孔子與歌德便是典型的「人」的形象，他說：「哥德是個『人』，孔子也不過是個『人』。……我看孔子同哥德他們眞可是算是『人中的至人』了。他們的靈肉兩方都發展到了完滿的地位。」〔註26〕在郭沫若看來，能夠獨立張揚個性，獨善其行的人就是眞正的人。

正是在這樣的渴求與審視之下，郭沫若接近了泛神論思想。在這種思想指導之下，過去的任何觀念的束縛、道德禮教的制約都顯出了不合理性，都要給予變革才能眞正產生效用，這就爲詩人張揚個性，追求人的解放奠定了基礎。郭沫若說：「泛神便是無神。一切的自然只是神的表現，自我也只是神的表現。我即是神，一切的自然都是自我的表現。人到無我的時候，與神合體，超絕時空，而等齊生死。……此力即是創生萬彙的本源，即是宇宙意志，即是物自體。能與此力瞑合時，則只見其生而不見其死。只見其常而不見其變。體之周遭，隨處都是樂園，隨時都是天國，永恒之樂，溢滿靈臺。……人之究竟，唯求此永恒之樂耳。欲求此永恒之樂，則先在忘我。忘我之方，哥德不求之於靜，而求之於動。以獅子搏兔之力，以全身全靈以謀刹那之充實，自我之擴張，以全部精神以顛倒於一切！」〔註27〕正是這樣一種自我於動中的尋找，決定了郭沫若在反舊布新的時候的堅決性與徹底性。在《女神》中，《鳳凰涅槃》是壓卷之作，也是新詩史上的傑作，其傑出之處正在於張揚

〔註24〕郭沫若：《三葉集·郭沫若致宗白華》，《郭沫若全集》文學編第十五卷，人民文學出版社1990年7月出版，第45～46頁。
〔註25〕郭沫若：《三葉集·郭沫若致宗白華》，《郭沫若全集》文學編第十五卷，人民文學出版社1990年7月出版，第50頁。
〔註26〕郭沫若：《三葉集·郭沫若致宗白華》，《郭沫若全集》文學編第十五卷，人民文學出版社1990年7月出版，第22頁。
〔註27〕郭沫若：《三葉集·郭沫若致宗白華》，《郭沫若全集》文學編第十五卷，人民文學出版社1990年7月出版，第311～312頁。

了舊世界的死亡，新世界的誕生，舊我的死亡，新我的誕生的精神，詩人沒有表現出絲毫的猶豫，而是讓新「我」呈現出一個大我獨立的形象並為新我的誕生而歡唱。這歡唱是五四時代精神的藝術折射，也是中國由舊時代走向新時代的藝術標識，還是中國詩歌表現出的與舊詩乃至以前的新詩作品所絕然不同的獨立的、張揚人的個性的現代精神。周揚對此有過較為客觀的總結，他認為郭沫若「曾醉心過泛神論……這個神在他就是自我。……那是自我表現主義的極致，個性主義之詩的誇張。」〔註28〕除了這一層面之外，郭沫若詩中的死而復生的觀念還具有超越時限的藝術和哲學價值，在任何一個民族、任何一個時代，對於任何一個人，真正的更新都必須具有這樣的勇氣與決心。這就賦予了他的詩以更開闊的審美意義，其現代性也就深深地孕育其中了。

泛神論使郭沫若走出了狹小的人生與藝術圈子，而進入到十分開闊的世界。他最為欣賞與贊同的就是在宇宙的領域之內思考人生與社會，他說：「我想詩人與哲學家底共同點是在同以宇宙全體為對象，以透視萬事萬物底核心為天職；只是詩人底利器中只有純粹的直觀，哲學家的利器更多一種精密的推理。」〔註29〕這種觀念使他的詩在傳達個人內在感受的同時又擺脫了沒有普遍價值的東西，也使他的詩不至於因為一時一事而流於感傷，而是激情澎湃，充滿狂飆突進的奮進力量。

泛神論思想引發的宇宙觀使郭沫若的詩長於誇張，甚至選擇的形象也是以「大」形象為主的，比如「地球」、「天狗」、「太陽」、「宇宙」、「銀河」等等，詩人以這樣的方式來張揚高大的「自我」形象，來表現詩人蔑視一切宗教、權威和舊世界、舊我的人生觀念。這是郭沫若的浪漫主義詩歌與眾不同的地方：以雄渾的氣勢進行正面張揚為主，而不糾纏於對現實的批判。對於身處暗夜與舊環境的人們，這種張揚方式更具有鼓動性與引導性。

作為一種哲學思想，泛神論雖然以體系方式出現於西方，但它與東方文化和哲學有著密切聯繫，所以，當郭沫若將這種思想呈示於詩中的時候，並不給人以隔膜之感。不過，這恐怕還包括郭沫若本人的創造。「我想我們要宣傳民眾藝術，要建設新文化，先不以國民情調為基點，只圖介紹些外人言論，

〔註28〕周揚：《郭沫若和他的〈女神〉》，載延安《解放時報》1941年11月16日。
〔註29〕郭沫若：《三葉集·郭沫若致宗白華》，《郭沫若全集》文學編第十五卷，人民文學出版社1990年7月出版，第22～23頁。

或發表些小己的玄思，終究是鑿柄不相容的。」〔註30〕「以國民情調爲基點」正是郭沫若借鑒外國文化、藝術觀念的出發點與立足點，他在這一基點上進行自己的藝術創造，又表現了同時代人最熱切期盼的情感與願望，自然會產生強烈的共鳴。如果郭沫若不是把泛神論作爲一種審視人生與現實的方法，而是將它作爲一種哲學思想在詩中加以闡釋，他的詩就不可能與追求個性解放的精神合拍，就不可能爲新詩藝術精神的現代化做出巨大的貢獻。在研讀郭沫若詩歌的時候，這恐怕也是我們應該認眞總結與思考的。

〔註30〕郭沫若：《三葉集・郭沫若致宗白華》，《郭沫若全集》文學編第十五卷，人民文學出版社 1990 年 7 月出版，第 20 頁。

第四章 唯美主義與新詩藝術精神的尋覓

第一節 唯美主義思潮的引進

　　唯美主義是 19 世紀後期出現於歐洲文壇的一種文學思潮。這種思潮的核心是擺脫藝術的物質化傾向，崇尚美，提倡「爲藝術而藝術」。這是與當時歐洲社會市儈風氣流行，傳統道德觀念束縛人們的思想意識有關的。唯美主義思潮的宗旨就是要突破束縛。

　　提出「爲藝術而藝術」主張的是法國詩人、畫家戈蒂耶。他認爲，藝術應該具有永恒性，並且藝術本身就是目的。戈蒂耶在一首題爲《藝術》的詩中寫道：「形式越難駕馭／作品就越加／漂亮，詩句、大理石、瑪瑙、琺瑯。」1832 年，戈蒂耶在他的長詩《阿貝杜斯》的序言中說：「一件東西一成了有用的東西，它立刻成爲不變的東西。它進入了實際生活，它從詩變成了散文，從自由變成了奴隸。」1834 年 5 月，他在爲自己的長篇小說《模斑小姐》撰寫的長序中也說：「只有毫無用處的東西才是真正美的；一切有用的東西都是醜的，因爲那是某種實際需要的表現。而人的實際需要，正如人的可憐的畸型的天性一樣，是卑污的、可厭的。」〔註1〕在他看來，擺脫實用性是藝術的最高追求。

〔註 1〕 轉引自吳中傑、吳立昌主編：《1900～1949：中國現代主義尋蹤》，學林出版
　　　　社 1995 年 12 月出版，第 189～190 頁。

　　這種主張在當時產生了較大影響，包括對象徵主義鼻祖波德萊爾的影響——主要是通過美國詩人、小說家愛倫‧坡。不過，在唯美主義思潮中，時常為人提起的當推英國作家王爾德。王爾德深受唯美主義作家約翰‧羅斯金和理論家瓦爾特‧佩特的影響。1873 年，佩特在其《文藝復興史研究》一書中提出「為藝術而藝術」的主張，使他成為唯美主義思潮的理論代表。他認為，藝術的目的在於培養人的美感、尋求美的享受，而不應該受到社會與道德觀的約束。因此，他主張藝術是脫離社會而獨立存在的，它的生命開始於感受、印象的生動豐富，或者是與現實無關的形式之美或純美。王爾德繼承了這種主張，他宣稱：「藝術絕不關心事實，……她在自己與現實之間保持著不可侵入的柵欄，那就是優美的風格，裝飾性的或理想的手法。」〔註2〕這實際上是宣稱藝術是脫離現實生活的、藝術至上，通過純粹的形式追求藝術美是他的最高理想。王爾德通過創作把他的這種理論運用於實踐之中，形成了一定的氣侯，因而在西方文壇將唯美主義思潮推向了高潮。可以說，與唯美主義同時乃至其後的一些現代主義文學思潮，特別是具有反叛傳統意識的文藝思潮，都或多或少地受到過它的影響。

　　在這一點上，我們只要從唯美主義的發難者戈蒂耶先是一位浪漫主義詩人就可以略略揣知一二。

　　五四時期，中國文壇大量引進外國文藝思想及作品，由於當時沒有取捨標準，只要較之於中國舊文學來說是新的東西，均一概「拿來」。正是在這一潮流中，唯美主義也被介紹到中國。最早介紹王爾德的理論的是郁達夫，他在 1922 年 5 月 1 日出版的《創造季刊》創刊號上介紹了王爾德的小說《道林‧格雷的肖像》的序言，而在這前後，沈性仁、潘家洵翻譯了王爾德的劇本《少奶奶的扇子》，穆木天翻譯了他的童話，杜衡將長篇小說《道林‧格雷的肖像》譯成了中文，特別是田漢翻譯的劇本《莎樂美》在中國演出，產生了很大影響。沈澤民、張聞天等人寫了王爾德評傳，介紹其生平與藝術主張，梁實秋撰寫了《王爾德的唯美主義》等文章全面介紹王爾德的理論。

　　與此同時，在 20 年代初期及中期，徐志摩與沈雁冰對意大利的唯美主義詩人、劇作家鄧南遮大加讚賞。沈雁冰認為鄧南遮具有超人的天才，是天才的藝術家，可以與但丁相提並論，並由此接受了人生的目的只是快樂、

〔註2〕 王爾德：《謊言的衰朽》，《西方文論選》下冊，上海譯文出版社 1988 年版，第 113 頁。

從美中尋找快樂這一藝術與人生的信仰。沈雁冰很欣賞鄧南遮的話:「藝術家在他份內事的範圍內,他簡直是個超人,無論什麼法律什麼習慣不能拘束他,他爲創造一件完成的十二分美滿的藝術品起見,他得任意應用何種手段以期達到這個目的。」〔註3〕在當時,張聞天等人還翻譯了鄧南遮的劇本《琪琳康陶》。

　　1927年,滕固出版了《唯美派的文學》,比較全面地介紹了唯美主義文學的特點及成就,是專門就文學而談的。這本書可以看成是一種總結,由此追溯可以發現,唯美主義思潮在 20 年代前期及中期的中國文學界是頗受關注的。這自然與中國當時的社會、文化思潮有關。20 世紀初的中國在各方面都努力棄舊突新,而文學則在很多時候充當了排頭兵的角色,唯美主義思潮所具有的反傳統、破束縛的出發點正與中國文學當時的需要相呼應,人們想以此來求得文學的革新——雖然在當時,人們對革新之後的收穫還缺乏非常明確的認識。

第二節　唯美主義與前期創造社及新月詩派的創作態度

　　唯美主義思潮對早期新文學的影響是巨大的,涉及到詩歌、小說、散文等多種文體,但總體來說,這種影響首先是對文藝觀念的影響。

　　在前期創造社,受唯美主義思潮影響的作家甚多,他們將唯美主義與浪漫主義相結合,在個性解放的現實期待中形成了獨特的創作觀念。在新月派詩人中,唯美主義同樣具有很深的印記。

　　唯美主義對早期創造社的影響主要體現在兩個方面。

　　其一,強調文學之美。強調「美」是五四浪漫主義文學的重要特點,他們之所謂美,就是心靈的眞實感受。成仿吾認爲,文學不應該在功利主義裏面打算盤。文學有它的美的追求,文學家的努力專在全與美。所以他宣稱:「我們要追求文學的全!我們要實現文學的美!」〔註4〕郁達夫說:「藝術的理想,是赤裸的天眞,是中外一家的和平,是如火焰一般的正義心,是美的陶醉,

---

〔註 3〕　雁冰:《意大利現代第一文家鄧南遮》,《東方雜誌》第 17 卷第 19 期(1920年 10 月 10 日)。

〔註 4〕　成仿吾:《新文學之使命》,《創造周報》第 2 號(1923 年 5 月)。

是博大的同情，是忘我的愛。」「藝術所追求的是形式和精神上的美。我雖不同唯美主義者那麼持論的偏激，但我卻承認美的追求是藝術的核心。自然的美，人體的美，人格的美，情感的美，或是抽象的悲壯的美，雄大的美，及其它一切美的情境，便是藝術的主要成分。」〔註5〕由此可以看出，他們之所謂美，是以個人的感覺、感受爲主體的，不受既定的、個人體驗之外的種種要素的制約。這就使前期創造社作家特別強調個性的表現。

其二，對美的追求，特別是對純然之美的認同，使創造社中的一些作家、詩人在創作中主張「自然流露」，特別是詩人郭沫若，他主張藝術是「裸體的美人」，反對一切外在形式的制約，想怎麼寫就怎麼寫，以此來顯示詩歌之美的天然性質。這批作家都十分看中個人感受，特別是內心感受，他們讓自己的體驗傾心而出，毫無阻攔，這種追求一方面形成了郭沫若式的狂飆突進的浪漫主義詩風，但另一方面也使一些作家特別是一些小說家如郁達夫在一定程度上又流露出感傷主義乃至自然主義的特點。

由於郭沫若等人所表達的是當時的時代情緒與呼聲，因此，他們的作品在張揚「爲藝術而藝術」這一思想的同時，實際上表達了對時代、人生的思考，其作品並不是象牙之塔中的小擺設，因而人們常常稱之爲浪漫主義而不稱之爲唯美主義。誠如其它一些西方文學思潮引進到中國文壇之後會因爲接受者之不同而要發生異變一樣，唯美主義在中國也呈現出同樣的變異。

就其實質而言，唯美主義是一種理想色彩很濃鬱的藝術思潮，它尋求的是一種與現實相疏離的所謂永恆的主題，追求藝術的永恆性，這一特點在徐志摩、聞一多等詩人的早期創作中顯得尤爲突出。與早期創造社作家相比，徐志摩對愛、美、自由的近乎烏托邦式的尋覓與讚美，聞一多試圖以藝術改造社會的夢想，以及他們後來對新詩格律的提倡與實驗，才是唯美主義思想比較全面的表現。

我們可以說，唯美主義思潮在中國新詩史上主要是以兩種不同形態出現的：初期創造社與新月派。由於他們切取的形態與內容不同，因而呈現出不同風貌。也就是說，在借鑒西方藝術經驗時，借鑒方式起著很大的作用。其它一些藝術思潮如象徵主義，在中國詩界也呈現出類似特點。

新月派是一個十分複雜的流派，從「新月社」到《詩鐫》，再到《詩刊》，

〔註5〕郁達夫：《藝術與國家》，《創造周報》第7號（1923年6月23日）。

前後並不連貫，但是「新月」中的重要詩人之一徐志摩是貫穿始終的。在這裡，我們談的是詩歌方面的特色，就將與這三個階段有關的詩人及其作品當作一個演變的整體來看待。

徐志摩的思想來源十分複雜。在開始詩歌創作之前，他曾受到過馬克思主義、羅斯金、尼采等學說的影響。特別是羅斯金，他以浪漫主義的態度反對資本主義的罪惡，抨擊機器將人降為附屬物，從而使人類喪失了審美能力與道德精神。當時正在美國的徐志摩在接受這種觀點之後，開始形成自己的個性意識，加入了倡揚精神與反叛物質的行列之中，但是，與其它一些貧窮的學生相比，衣食不愁的徐志摩所反對的是上層社會的精神空虛與種種禮法對於人的自由的束縛，因此，他的精神目標便主要以個性與性靈一類的超然情懷為主旨，體現出明顯的幻美情結。

後來，徐志摩到英國，雖然沒有見到他夢寐以求的羅素，但是他在那裡找到了他生命的依託，接受了浪漫主義的個人主義人生觀，再加上個人感情生活中的一段插曲，他的人生理想已基本形成：愛、自由、美。而他的愛、美與自由都有一種虛幻的特點，愛是若即若離，美是縹緲不定，自由是隨心而動。不過，這是他後來人生的底色，因而，徐志摩對「康橋」懷有一種永恆的精神依託，他把「康橋」所體現的自然之美看成是生命的另一種形態，也是他終生的夢幻之地，對於這一點，我們只要讀他的散文《我所知道的康橋》和詩歌《再別康橋》等就會略有所知。他在《我所知道的康橋》中寫道：「一別二年多了，康橋，誰知我這思鄉的隱憂？也不想別的，我只要那晚鐘撼動的黃昏，沒遮攔的田野，獨自斜倚在軟草裏，看第一個大星在天邊出現！」把對康橋的思念稱為「思鄉」，因為那裡有「彩虹似的夢」。這種夢不只來源於唯美主義所標榜的藝術高於自然、自然模仿藝術的觀念，更重要的是與徐志摩人生理想的根源相關。

這種人生理想注定了徐志摩後來歷程的悲劇色彩。他把愛情視為人生的目的，但他忽略了現實，而事實上他又生活於現實之中，這就必然引發出種種衝突與矛盾，使他的人生理想難以真正實現。這恐怕是崇尚唯美主義的徐志摩在其後來的一些作品中流露出無奈、憂鬱情緒的重要原因。

與徐志摩的情形有點不同，聞一多最早接受的是中式教育，是中國古代文化的薰染。他在接受西方藝術思潮的時候對文化傳統是有所保留的，但他並沒因此而拒絕唯美主義思想的主旨。早在 1920 年，他就說過：「人類從前

依賴物質的文明，所得的結果，不過是場空前地怵目驚心的血戰，他們於是大失所望了，知道單科學是靠不住的，所以現在都傾向於藝術，要庇護於她的保護之下。」〔註6〕他強調了藝術的重要性，一方面是受當時時代風潮的影響，在五四時期個性解放的呼聲中，藝術變革是最為人們關注的事情之一；另一方面也與西方的唯美主義思潮有關，他曾在《建設的美術》一文中引用羅斯金的話來闡述自己的主張：「生命無實業是罪孽，實業無美術是獸性。」他指出：「追求美，愛好藝術，是出於人類本性的要求」，「因此，人們總不甘心過醜陋的生活，人類有追求美的天性。」〔註7〕他把藝術提高到可以改造社會的地步。他認為物質文明的結果是消極與絕望，而中國的黑暗正因為物質文明。他認為：「中國雖沒有遭戰事的慘劫，但我們的生活底枯澀，精神的墮落比歐洲只有過之無不及，所以我們所需要的當然也是藝術。」〔註8〕對藝術的重要性的強調，聞一多與徐志摩幾乎是同等的。特別是自美國回來之後，聞一多對藝術的純形式、純美理論有了更多的發揮，這一點主要體現在他的《詩的格律》等文章中。

徐志摩、聞一多在接受外國影響方面各有不同，徐志摩似乎更傾向於自由主義，聞一多則在中國傳統文化基礎上接受了浪漫主義、意象派等的影響，但他們在早期創作中都傾向於唯美主義，這也許正是新月派詩歌的一大特點。概而言之，以徐志摩、聞一多為代表的新月派與浪漫主義詩歌乃至同期的象徵主義詩歌均有所不同，它體現出一種可以稱為紳士風度的人生與藝術姿態。

其一，看重藝術與美。在新月派詩人中，對藝術的獨立性的認識幾乎都是共同的，他們反對功利的、實用的藝術觀，強調美，這種美既來自心靈，又來自大自然，是「自我」的一種完整形態。

其二，新月派詩歌以超然之態面對世界。由於自我和個性是新月派詩人認定的藝術之美，並且不少詩人還將其視為人生理想，因而，他們對於與自我和個性沒有關係的外在世界、社會現實大多持冷眼旁觀的態度。在他們看

〔註 6〕 聞一多：《徵求藝術專門的同業者的呼聲》，載《清華周刊》，第 192 頁，1920 年 10 出版。

〔註 7〕 聞一多：《徵求藝術專門的同業者的呼聲》，載《清華周刊》，第 196 頁，1920 年 10 月出版。

〔註 8〕 聞一多：《徵求藝術專門的同業者的呼聲》，載《清華周刊》，第 196 頁，1920 年 10 月出版。

來，「我」就是世界，「我」便是一切，順「我」心者則爲美，在詩中予以盡情品味，逆我心者則爲醜，在詩中予以鄙棄，乃至置之不理。

其三，新月派詩歌在總體風格上不怒目圓睜，亦不愁詠苦吟，一切順乎心緒之自然。因此，其作品不同於狂飆突進的郭沫若，也不同於象徵主義的李金髮、戴望舒等，更不同於太陽社的蔣光慈以及後來中國詩歌會的創作。新月派詩歌在總體上是悄聲細吟，於華麗、繁複、富於節奏的語詞結構中建構著獨立自足的藝術世界。有人稱之爲「象牙之塔」，自然是有道理的。

當然，新月詩派之所以複雜，就在於個體之間的差異甚大，比如聞一多，他在社會關注與詩歌風格上就與徐志摩有很大不同。但是，「爲藝術而藝術」是新月派的主要追求。也正是因爲這一追求，致使唯美主義及新月派的命運在當時並不很好。

在 20 年代的中國，社會動蕩不安，人們都在尋求救治之方，雖然探索藝術是正當之路，但是對當時的時代與社會缺乏關懷，肯定是要遭到抵制的。任鈞曾說：「新月派的詩，在本質上，可以說是沒落的、喪失了革命性的市民層的意識和反映，它是唯美的、頹廢的。限字限句的嚴整的格律，就是它的形式（所謂方塊詩，豆腐乾詩，便是這派詩人特別加工製造出來的）；優閒的感情的享樂和幻美的事物的追求，就是它的內容。」〔註9〕就當時的社會環境來說，這種評價有其合理性。但是，就整個新詩史來看，這種評價似乎又有些武斷。新月派詩歌確實是所謂的「有閒階級」的一種藝術追求的成果，它以超然的態度追求人生之美，這無論如何也是一種人生的境界，特別是作爲一種藝術，它的出現是有其理由的，也就有其合理性，只有對它進行全面考察，才能真正把握它在中國現代新詩史乃至思想文化史上的功過。特別是新月詩派在新詩格律上的探索，更不應該一筆勾銷。

第三節　現代格律詩的鼓吹與實驗

新月派詩歌在藝術上的另一個重要特點就是在新詩格律探索上的不懈努力。陳夢家在總結新月派的詩歌創作時說：「有些撒種的人，有好的種子卻不留心把它撒在荊棘裏，石頭上或淺土的地方，種子就長不起來。詩，也一樣

〔註 9〕任鈞：《關於中國詩歌會》，王永生主編《中國現代文論選》第一冊，貴州人民出版社 1982 年 8 月出版，第 233 頁。

需要適宜栽培的。(圖畫或音樂,一樣需要色彩或聲調的設置得宜)所以詩,也要把最妥貼最調適最不可少的字句安排在所應安放的位置:它的聲調,甚或它的空氣,(Atmosphere)也要與詩的情緒相默契。」「我們不怕格律。格律是圈,它使詩更明顯,更美。形式是官感賞樂的外助。……詩有格律,才不失掉合理的相稱的度量。」〔註10.〕如果說,新月詩派的詩人在人生觀念、人文理想上還存在著很大差異的話,那麼,在對新詩格律的探索上,他們幾乎是共同的。

自從白話詩主張與實踐打破舊有格律以後,新詩的文體規範一直未能建立起來。不過,各路詩人都沒有放鬆這一有關新詩自身建設的課題。早在 1917年 10 月,胡適就在《談新詩──八年來一件大事》中談到了詩的「音節」問題,他說:「詩的音節全靠兩個重要分子:一是語氣的自然節奏,二是每句內部所用字的自然和諧。至於句末的韻腳,句中的平仄,都是不重要的事。」他意識到了音樂性對於詩歌的重要性,但他自己也意識到「自然的音節是不容易解說明白的。」他將「音」與「節」分開來談,「節」是指「詩句裏面的頓挫段落」,相當於現在所說的「頓」,所謂「音」則是語詞的平仄。他認為「內部的組織,──層次、條理、排比、手法、句法──乃是音節的最重要方法。」〔註11〕胡適的用心不可謂不良苦,他要在打破舊詩格律改用白話文寫詩之時,為新詩的文體建設做出新的理論設想。但是,他所謂的「自然的音節」由於缺乏語言學上的量化可能性,難以為新詩文體個性的形成提供堅實的理論支撐,因此,在他以後,新詩文體在很長一段時間裏都找不到自己的規範,也就難以真正找到發展的路向。郭沫若的詩產生了廣泛影響,主要還不是在詩體建設上,而是在其張揚「自我」追求個性解放的精神內涵上,他的不少作品實際上缺乏含蓄蘊藉的內在張力,也就是缺乏中國詩學中所謂的「味」。

在胡適之後,康白情也主張「自然的音節」,他甚至說:「詩和散文,本沒有什麼形式的區別。不過主情為詩底特質。音節也是表現於詩裏的多。」「我們要捨得丟掉那些鏗鏘的音調,工整的對仗,穠麗的詞華,精巧的字眼兒,

---

〔註10〕 陳夢家:《〈新月詩選〉序言》,方仁念選編《新月派評論資料選》,華東師範
       大學出版社 1993 年 6 月出版,第 24～25 頁。
〔註11〕 胡適:《談新詩──八年來一件大事》,《中國新文學大系・建設理論集》,上
       海良友圖書公司 1935 年出版。

庶幾眞正的新詩可得而創造了。」「無韻的韻比有韻的韻還要動人。」〔註12〕
郭沫若提出了「自然流露」的創作觀。俞平伯在《冬夜》的自序中也說：「我
不願顧念一切做詩的律令，我不願受一切主義的拘牽，我不願去摹仿，或者
有意去創造那一詩派。我只願隨隨便便的，活活潑潑的，借當代的語言，去
表現出自我，在人類中間的我，爲愛而活著的我。至於表現出的，是有韻或
無韻的詩，是因襲的或創造的詩，即至於是詩不是詩，這都和我底本意無關，
我以爲如要顧念到這些問題，就可能根本上無意於做詩，且亦無所謂詩了。」
〔註13〕

　　由此可以看出，由於「詩體解放」這一主流精神的張揚，初期白話詩
界對新詩的形式建設是缺乏關注的，即使有所關注也沒有取得令人滿意的
結果。正是在這樣的理論與觀念指引下，初期的新詩越寫越散漫，受到不
少人的批評。陸志章說：「文學而沒有節奏，必不是好詩。我並不反對把口
語的天籟作爲詩的基礎。然而口語的天籟非都有詩的價值，有節奏的天籟
才算是詩。當代爲新詩運動的先生們連這一選擇都在排斥之列，以爲這樣
就不免限制藝術的自由。」〔註14〕這話是 1923 年初說的，足見陸志章對詩
歌文體建設之敏感。梁實秋也說：「新詩運動最早的幾年，大家注重的是『白
話』，不是『詩』，大家努力的是如何擺脫舊詩的藩籬，不是如何建設新詩
的根基。……新詩運動的起來，側重白話一方面，而未曾注意到詩的藝術
和原理方面。一般寫詩的人以打破舊詩的規範爲唯一職志，提起筆來固然
無拘無束，但是什麼標準都沒有了，結果是散漫無紀。」〔註15〕這番話是
在 30 年代初講的，帶有總結性質，也是對新月派提倡的新詩格律化追求的
合理性提供的反面證據。不管怎麼說，在新詩誕生之後，當「白話」代替
文言已不再成爲詩體解放的中心話題的時候，人們便開始意識到新詩文體
建設的必要性。

〔註12〕康伯情：《新詩底我見》，作於 1920 年 3 月 25 日，見《中國新文學大系‧建
　　　　設理論集》，上海良友圖書公司 1935 年出版。
〔註13〕俞平伯：《〈冬夜〉自序》，王永生主編《中國現代文論選》第一冊，貴州人民
　　　　出版社 1982 年 8 月出版，第 61 頁。
〔註14〕陸志章：《我的詩的軀殼》（《渡河》序言），王永生主編《中國現代文論選》
　　　　第一冊，貴州人民出版社 1982 年 8 月出版，第 68 頁。
〔註15〕梁實秋：《新詩的格調及其它》，王永生主編《中國現代文論選》第一冊，貴
　　　　州人民出版社 1982 年 8 月出版，第 109 頁。

　　應該說，最早正面提出詩體建設的是劉半農，在新詩剛剛出現的時候，他就在 1917 年 5 月 1 日出版的《新青年》第 3 卷第 3 號上刊發了《我之文學改良觀》一文。他將詩列入「韻文」之中，稱「韻文對於散文而言，一切詩賦歌詞戲曲之屬，均在其範圍之內。」他認爲韻文改革有三個方面。除第三方面之外，前二者均與詩歌有關，即「破壞舊韻重造新韻」、「增多詩體」，他對這兩方面均進行了論述，還提出了具體的可操作性方案。〔註 16〕他的這些觀點是有詩學意義的，但在當時，由於人們對「白話」更看重，而對詩歌文體的建設關注極少，且「韻」「體」之類與文體解放似有牴觸，因而未引起人們足夠的重視。

　　在此之後，第一個真正提出詩的文體建設並且有實驗成果的是陸志韋。朱自清說：「第一個有意實驗種種體制，想創新格律的，是陸志韋氏。他的《渡河》問世在一九二三年七月。他相信長短句是最能表情的做詩的利器；他主張捨平仄而採抑揚，主張『有節奏的自由詩』和『無韻體』；但也許時候不好吧，卻被人忽略過去。」〔註 17〕陸志韋對詩的格律的重視首先來自古典詩歌的影響：「十五年前士人家的子弟循例要讀幾部唐宋人的詩集。我想凡有普通聰明的人讀了杜老的七古，沒有不受感動的。現在十五年之後，無意之中時常背誦他落魂的詩。非但我的人生觀受了影響，而且我的白話詩的形式也逃不出他的範圍。」他對古詩的音韻有特別的感悟。但是，在讀了大量白話新詩和外國詩之後，「近來受了新思潮的刺戟，漸漸讀些新詩。讀一回有一回的失望。」於是他在創作中嘗試了多次詩體的蛻化，試圖將古詩詞格調用白話來表現，其結論是：「我以爲中國的長短句是古今中外最能表情的做詩的利器，有詞曲之長，而沒有詞曲之短。有自由詞的寬雅，而沒有他的放蕩。再能破了四聲，不管清濁平仄，在自由人的手裏必定有神妙的施展。」在談到詩的音節時，他建議新詩的節奏借英文詩之抑揚，「中國改用抑揚」，還提出了一些具體的意見；關於新詩的韻，他認爲韻不及節奏重要，可寫無韻詩，但他自己仍以寫有韻詩爲主，並且，還談到幾種不同的韻式。最後，他總結說：「我的意見，節奏千萬不可少，押韻不是可怕的罪惡。」〔註 18〕應該說，

〔註 16〕劉半農：《我之文學改良觀》，《中國新文學大系・建設理論集》，上海良友圖書公司 1935 年出版，第 68～70 頁。
〔註 17〕朱自清：《中國新文學大系・詩集・導言》，上海良友圖書公司 1935 年出版。
〔註 18〕陸志韋：《我的詩的軀殼》（《渡河》序言），王永生主編《中國現代文論選》第一冊，貴州人民出版社 1982 年 8 月出版。

陸志韋從他的創作實踐中對新詩格律的總結雖然尚有不甚完備的地方（可能主要是拘於自己的創作感想之緣故），比如對節奏與韻式的意見就尚需進一步斟酌完善，但是，這種試驗至少告訴我們，新詩界對新詩文體的建設已開始予以關注，且取得了創作上的收穫。

不過，眞正建立起較爲系統的現代格律詩理論且在創作上以群體姿態出現於詩壇的，當首推新月詩派。

新月詩派之重視新詩的格律，大致有三個方面的原因。

其一是當時新詩詩體建設的客觀要求。初期白話詩的散漫，劉半農、胡適、郭沫若、陸志韋等人在理論上與實踐上的嘗試，都讓徐志摩、聞一多等詩人有所思考與收穫。在《詩鐫》創辦之前，徐、聞等人的創作已有詩體探索的個人意向，但在當時還沒有形成氣候，多是各自爲陣。自 1926 年《詩鐫》創刊開始，新月詩人就進行了有意識的探索，幾乎成爲群體風貌，且將詩體建設的核心之一確定在詩的格律上。在《詩刊弁言》中，徐志摩宣稱：「要把創格的新詩當一件認眞的事情做。……我們幾個人都共同著一點信心：我們信詩是表現人類創造力的一個工具，與音樂與美術是同等性質的；我們信我們這民族這時期的精神解放精神革命沒有一部像樣的詩式的表現是不完全的；我們信我們的自身靈性裏以及周遭空氣裏多的是要求投胎的思想的靈魂，我們的責任是替它們搏造適當的軀殼，這就是詩文與各種美術的新格式與新音節的發現。」﹝註 19﹞我們需要特別注意引文中的幾個術語：「創格的新詩」、「適當的軀殼」、「新格式與新音節」等等，這裡面不僅包含著對過去的總結，也包含著一種創新意識。

聞一多在提出他的詩歌格律主張時，也對當時的詩壇狀況進行了概括：「詩國裏的革命家喊道『叛返自然』！他們以爲有了這四個字，便師出有名了。其實他們要知道自然界的格律，雖然有些像蛛絲馬跡，但是依然可以找得出來。不過自然界的格律不圓滿的時候多，所以必須藝術來補充它。」﹝註 20﹞總結和評說既有的新詩創作和某些詩歌主張，一是回顧歷史，二是尋找創造的基點，最終是要說明，新詩文體建設必須要有新的路向，要有另外的努

﹝註 19﹞徐志摩：《詩刊弁言》，載《晨報副刊·詩鐫》第 1 號，1926 年 4 月 1 日出版，方仁念編選《新月派評論資料選》，華東師範大學出版社 1993 年 6 月出版，第 278～279 頁。

﹝註 20﹞聞一多：《詩的格律》，方仁念編選《新月派評論資料選》，華東師範大學出版社 1993 年 6 月出版，第 283 頁。

力。在 20 年代中期，新詩的詩體建設已提到了議事日程，新月派應時而生，可以說是適逢其時。

其二是對詩歌傳統的概括與總結。在前面談到陸志韋的格律詩觀念與藝術探索時，我們已感受到陸氏對詩歌傳統藝術精神的繼承與發揮。聞一多也十分注重中國藝術的精神，1922 年 3 月，聞一多即寫成了《律詩底研究》，對中國文學遺產進行了清理，提出了借鑒西方文化、文學中的積極因素，繼承中國文化、文學的真精神，由此創造中國新詩。他所探索的藝術精神，主要是從形式的角度著眼的，他認為「首首律詩裏有個中國式的人格在」，著力探討律詩形式中的人生意味，因而他也推崇表達這種意味的形式。在聞一多看來，中國式的人格精神、人生態度是保守主義的享樂人生觀，是中庸之道，這當然是與五四時代精神相衝突的，因而他最終的結論是放棄這種精神，但保持其藝術上的形式。他由此認為郭沫若《女神》「特西人而中語耳」，不是真正的「新體中國詩」，他建議作者「當細讀律詩，取其不見於西詩中之原質，即中國藝術之特質，以熔入其作品中，然後吾必其結果必更大可觀者。」這種對傳統文化與西方文化同等重視的觀念決定了聞一多在其詩歌創作與理論中的探索之路：兼容中西，創造現代的中國新詩及其體式。

在總結新月派的詩歌創作時，陳夢家也強調了傳統藝術精神的重要性：「我們自己相信一點也不曾忘記中國三千年來精神文化的沿流，（在東方一條最橫蠻最美麗的長河）我們血液中依舊把持住整個中華民族的靈魂；我們並不否認古先多少詩人對於民族貢獻的詩篇，到如今還一樣感動我們的心。」〔註21〕在新月派詩人那裡，對外國詩歌藝術經驗的借鑒是十分明顯的，並且範圍是那麼寬廣。但是，他們在藝術精神上力求尋找與詩歌傳統的溝通。特別是聞一多，他對傳統詩歌的形式有著不同一般的偏愛，而在新詩格律的探索中，他又是最具理論性的一位，這不能不說是詩歌傳統在新詩中獲得了新的生命。

其三是唯美主義等外國藝術思潮的影響。新月派詩人大多數都或多或少地接受了唯美主義思潮或與之相似的藝術思潮的影響。對藝術本體的強調便是這一影響最明顯的表現。唯美主義的核心是對「美」的迷戀，這種「美」既表現在內容上的無拘無束和非功利的性靈表達，也表現為形式上的所謂純粹。一句話，就是強調藝術本身是獨立的自足的。

〔註21〕陳夢家：《〈新月詩選〉序言》，方仁念編選《新月派評論資料選》，華東師範大學出版社 1993 年 6 月出版，第 22 頁。

　　徐志摩強調「我們信完美的形體是完美的的精神唯一的表現」〔註22〕。同時強調「詩是藝術」，而「藝術的涵義是當事人自覺地運用某種題材，不是不經心地一任題材的支配。我們也感覺到一首詩應是一個有生機的整體，部分與部分相關聯，部分對全體有比例的一種東西；正如一個人身的秘密是它的血脈的流通，一首詩的秘密是它的內含的音節的勻整與流動。」也許正因為有這種對「完美的形體」的特別關注，徐志摩才不得不承認《詩刊》「在選稿上，我們有我們的偏見是不容諱言的」〔註23〕。從這個角度上講，新月詩派作為一個流派是有道理的。對新詩文體之完善的追求是徐志摩的夢想與探索路向，也正是唯美主義思潮的表徵之一。

　　聞一多的詩受過不少外國詩歌的影響，但在觀念上他傾向唯美主義。在談及詩的格律之合理性時，他找到的證據之一便是王爾德的理論主張。「『自然的終點便是藝術的起點』，王爾德說得很對。自然並不盡是美的。自然中有美的時候，是自然類似藝術的時候。」他以山水畫、希臘雕塑等為例，認為「這徑直是講自然模仿藝術了。」他由此得出結論：「詩的所以能激發情感，完全在他的節奏；節奏便是格律。莎士比亞的詩劇裏往往遇見情緒緊張到萬分的時候，便用韻語來描寫。葛德作浮士德也採用同類的手段，在他致席勒的信裏並且提到了這一層。韓昌黎『得窄韻則不復傍出，而因難見巧，愈險愈奇……』這樣看來，恐怕越有魄力的作家，越是要帶著腳鐐跳舞才跳得痛快，跳得好。只有不會跳舞的才怪腳鐐礙事。只有不會做詩的才感覺得格律的約束。對於不會做詩的，格律是表現的障礙物；對於一個作家，格律便成了表現的利器。」〔註24〕聞一多不愧為一個學者，他提倡詩的的格律，是找到了自己的證據的。而對詩的獨特的文體之美的極力強調與追求，在觀念上則是與唯美主義密切相關的。

　　正因為上述三個方面的原因，在徐志摩、聞一多乃至朱湘、陳夢家他們所處的時代，提倡詩體的建設是順應時勢的，而他們自己把握了這種趨向，並且在詩的格律方面進行了切實的理論探討與創作實踐。新月派對新詩發展

〔註22〕徐志摩：《詩刊弁言》，載《晨報副刊‧詩鐫》第1號，1926年4月1日出版，見方仁念編選《新月派評論資料選》，華東師範大學出版社1993年6月出版，第279頁。

〔註23〕徐志摩：《詩刊放假》，《晨報副刊‧詩鐫》1926年6月10日第11號。

〔註24〕聞一多：《詩的格律》，方仁念編選《新月派評論資料選》，華東師範大學出版社1993年6月出版，第283～284頁。

所做的貢獻首先就體現在這一方面。新月派的新詩格律理論以聞一多爲代表。他指出「詩的實力不獨包括音樂的美（音節），繪畫的美（詞藻），並且還有建築的美（節的勻稱和句的均齊）。」〔註25〕聞一多在前人提出的詩行的音節（即後來所說的「頓」）和詩的語詞基礎上，又提出了建築美的觀點，這是一種不小的藝術發現。他所謂的建築美包括「節的勻稱和句的均齊」兩個方面，特別對音節是有所限制的。如果只講音節而不講「句的均齊」，很可能造成各詩行的音節之間在數量上的巨大差距，從而失去協調之感。而「節的勻稱」的最大效應除了詩的整體協調之外，還容易形成韻式變化的規律性，爲詩的外在音樂性的形成提供更多的可能。

聞一多還強調新詩格律與古詩格律相比所具有的獨特性。「律詩也是具有建築美的一種格式；但是同新詩裏的建築美的可能性比起來，可差得多了。律詩永遠只有一個格式，但是新詩的格式是層出不窮的。這是律詩與新詩不同的第一點。做律詩，無論你的題材是什麼，意境是什麼，你非得把它擠進這一種規定的格式裏去不可，……新詩的格式是相體裁衣。」「律詩的格律與內容不發生關係，新詩的格式是根據內容的精神製造成的。這是它們不同的第二點。律詩的格律是別人替我們定的，新詩的格式可以由我們意匠來隨意構造。這是它們不同的第三點。」〔註26〕在聞一多看來，新詩的格律並不是整齊劃一，而是與內容相匹配，以外在的音樂性來更好表達內在的情感。換句話說，新詩的格律是由詩人自己創造的與內容相一致的文體之美。

人們常常把聞一多的《死水》看成是他倡導的現代格律詩最標準的範本，事實上，詩人們（也包括聞一多）並不是完全受此一範本制約的，新月派的現代格律詩有多種變體，除了《死水》一類嚴整的現代格律詩之外，徐志摩、聞一多、朱湘、陳夢家等都創作了大量的每行音節（不是字數）大致相等、詩節大致勻稱、押韻並不完全模式化的半格律體。我們不在這裡舉例進行具體分析，但我們要承認，聞一多提倡的現代詩歌的格律理論是有很強的創作上的操作性的，他的目的只有一個：維護新詩文體的一個重要特徵——音樂性。

〔註25〕聞一多：《詩的格律》，方仁念編選《新月派評論資料選》，華東師範大學出版社 1993 年 6 月出版，第 286 頁。

〔註26〕聞一多：《詩的格律》，方仁念編選《新月派評論資料選》，華東師範大學出版社 1993 年 6 月出版，第 286 頁。

新月詩派的格律詩理論在當時詩壇上產生了很大影響，有響應者，更有攻擊者。這都是很正常的現象。響應者是本著詩的文體建設的必要，攻擊者則擔心剛剛解放不久的詩體又回歸到舊式束縛中去。不過，從歷史角度考察，在新月派的某些人文觀念受到批判、抵制的時候，他們提出的現代格律詩主張卻產生了良好的正面效應，自那以後，現代格律作為一種新詩樣式被人們承認，且現代格律詩自身的體式也在新月派詩歌的基礎上得到很大豐富，卞之琳、何其芳等人還在理論上進行了更為深入的研究與創造。單從這一點上看，新月詩派的功績便是不可小視的，朱自清在《中國新文學大系・詩集》的導言中以其詩體建設之功將其稱為「格律詩派」是十分合適的。

除了以新詩格律為主的詩體建設之外，新月派對外國詩體的引進也是功不可沒的。劉半農曾主張「增多詩體」，詩體的引進便是一種有效方式。

新月詩派引進的詩體主要是十四行詩。十四行詩（sonnet）起於意大利並傳到英、法等國，逐漸成為一種世界性詩體。十四行詩是一種嚴謹的格律詩體，它的基本特徵是：每首詩詩行相同，均為十四行；每行音步相同；韻式有一定規範。但也有不少變體：音步數目不同，可改變詩行長短；韻式的變化更是多種多樣。新月派詩人比較系統地介紹了十四行詩的特點與發展狀況。梁實秋在《談十四行詩》一文中有如下論述：

> 「十四行詩」即 Sonnet，有人譯音而為「商籟」。這個字源於意大利文之 Sonetto，原意為「聲音」。但丁與皮特拉克均採用此種詩體，而和以音樂。由意而法、由法而英，此種詩體遂成為最流行的一種抒情詩體。共十四行，不得多，亦不得少，每行有五重音，每行均有韻腳。依韻腳之配置，前八行成一節，後六行又成一節，前後二節內又各平分為二小節。其韻腳之配置，前八行為 abbaabba，後六行為 cdecde 或 cdcdcd。意思的結構亦有定章，恰似我們中國文章家所謂之「超承轉合」，第一段起，第二段承，第三段轉，第四段合，綜起來是一完整的單體。這是純粹的嚴格的皮特拉克式的十四行詩。〔註27〕

〔註27〕轉引自馬良春、張大明主編：《中國現代文學思潮史》上冊，北京十月文藝出版社 1995 年 11 月出版，第 398 頁。

在這篇文章中，梁實秋還引用了帕蒂孫在編選密爾敦十四行詩集之後所寫的序言裏爲十四行詩下的定義。聞一多的《談商籟體（與陳夢家論詩）》〔註28〕也對十四行詩進行了評價，其內容與梁實秋文的內容差不多。

在譯介十四行詩的同時，新月派詩人也開創作十四行詩。李惟建、孫大雨等是較爲突出的試驗者。徐志摩在《詩刊〉序語》中說：「關於稿件，……大雨的三首商籟是一個大貢獻！竟許從此奠定了一種新的詩體；李惟建的兩首『商籟』是他的『祈禱』全部七十首里選錄的；……」〔註 29〕孫大雨的三首十四行詩分別是《訣絕》、《回答》、《老話》，刊於該期卷首。徐志摩對十四行體的實驗是十分贊同的，並且估計會「從此奠定了一種新詩體」。李惟建在此之前已寫作了大量十四行詩，其詩集《祈禱》於 1933 年出版，是中國的第一部十四行詩集。

在《詩刊》第二期的前言中，徐志摩在談到孫大雨刊於該刊頭條的《自己的寫照》之後，又談到孫大雨的十四行詩（該期刊物並無他的十四行詩作品）。他說：「同時大雨的商籟體的比較的成功已然引起不少響應的嘗試。梁實秋先生雖則說『用中文寫 sonnet 永遠寫不像』，我卻以爲這種以及別種同性質的嘗試，在不是僅學皮毛的手裏，正是我們鈎尋中國語言的柔韌性乃至探檢語體文的渾成、緻密，以及別一單純『字的音樂』（word-music）的可能性的較爲方便的一條路：方便，因爲我們有歐美詩作我們的嚮導和準則。」〔註30〕對引進外國詩體，徐志摩乃至整個新月派都是積極的，且試圖以此作爲他們倡導的格律詩的一種補充，因而他們也充滿自信。

陳夢家編選的《新月詩選》是新月派詩歌創作的總成績的展示，在詩選序言中，陳夢家不但回顧了新月派對新詩格律的探索，而且還談到十四行詩：「十四行詩（sonnet）是格律最謹嚴的詩體，在節奏上它需求韻節在鏈鎖的關連中最密切的結合；就是意義上，也必須遵守合律的進展。孫大雨的三首商籟體給我們對於試寫商籟體增加了成功的指望，因爲他從運用外國的格律

〔註28〕載《新月》月刊第 3 卷第 5、6 期，1930 年出版。刊物上未注明出版年月，按推算應爲 1930 年 7～8 月間。

〔註29〕徐志摩：《〈詩刊〉序語》，原載《詩刊》創刊號，新月書店 1931 年 1 月 20 日出版，見方仁念編選《新月派評論資料選》，華東師範大學出版社 1993 年 6 月出版，第 306 頁。

〔註30〕徐志摩：《〈詩刊〉前言（第二期）》，方仁念編選《新月派評論資料選》，華東師範大學出版社 1993 年 6 月出版，第 233 頁。

上，得著操縱裕如的證明。」〔註 31〕同徐志摩的感受相似，陳夢家對十四行詩的前途是充滿信心的。

　　由於新月詩派的大力推介與一些詩人的創作試驗，十四行詩逐漸被中國新詩壇所接受，並且不少詩人在創作中根據漢語和漢語詩歌的特點對這種詩體進行了中國化改造，出現了因部分改造而形成的變格十四行體，全部改造而形成的自由十四行體。十四行詩的創作實績也不斷得到豐富，1942 年馮至出版的《十四行集》不論在詩體還是其它藝術手段的探索上都堪稱傑作。到了 80 年代，屠岸、唐湜等詩人則全力於十四行詩寫作，也取得了可觀的成績。

　　因此，在 20、30 年代活躍於中國詩壇的新月詩派對新詩藝術特別是新詩文體的建設上的貢獻是不可低估的。如果我們不忘記聞一多的提醒：「格律就是 Form」〔註 32〕，就是詩的形式，就是詩體，那麼，我們對新月派在詩體建設（和引進）上的貢獻就不會有什麼懷疑的了。

〔註31〕陳夢家：《〈新月派選〉序言》，方仁念編選《新月詩評論資料選》，華東師範大學出版社 1993 年 6 月出版，第 28 頁。

〔註32〕聞一多：《詩的格律》，方仁念編選《新月派評論資料選》，華東師範大學出版社 1993 年 6 月出版，第 285 頁。

第五章　象徵主義與新詩現代化之路的拓展

　　新詩的現代化問題一直是詩歌界所關注的課題。但是，直到 20 世紀末期，新詩現代化的內容界定也還沒有達成共識。我們認為，新詩現代化是相對於傳統而言的，它不完全是新詩現代主義化的同義語，雖然二者有一些內在聯繫。基於這樣一種出發點，我們認為，新詩現代化的探索自其誕生之日起便開始了。然而，面對日益開放的世界，我們又不能過分狹隘地理解新詩現代化的內涵，甚至不能僅僅拘泥於新詩來談現代化。從整個世界文化、藝術發展的歷程看，郭沫若所張揚的人的解放、人格獨立精神是與西方浪漫主義思潮相關聯的，甚至只是西方文藝復興、啓蒙主義時期所張揚的人文觀念，只是由於中國封閉得太久、歷史發展的步履太艱難，所在 20 世紀初期的時候才找到得以生根的土壤。因此，除了傳統文化的現代變革之外，新詩的現代化還面臨著與西方文化尋求同步發展的任務，在這一層面上，我們就不能不涉及到自十九世紀中期即開始出現於西方文壇的現代主義文學觀念。在這方面，新詩的探索者們一點也不落後，從郭沫若對浪漫主義觀念的歷時借鑒，到九葉詩派的創作與西方現代主義詩歌思潮的共時發展，這其中的進步是十分明顯的。而在這個過程中，對象徵主義詩歌思潮的譯介和中國詩人的創作實驗無疑扮演著十分重要的角色。我們甚至可以說，象徵主義詩歌思潮及其相關思潮是迄今對新詩現代化進程產生了最大影響的外國藝術思潮。

第一節　象徵主義及其在中國的譯介

　　作為一種寫作手法，象徵古已有之。作為一種文藝思潮的象徵主義則產生於十九世紀中葉的法國，主要代表人物是波德萊爾及其後繼者魏爾倫、馬拉美、蘭波、瓦雷里等。1886 年 9 月 15 日，詩人讓‧莫雷阿斯在巴黎的《費加羅報》上首先提出了「象徵主義」這一概念，這是對波德萊爾藝術思想的一種總結，也是對他同時代一批詩人的藝術觀念和創作的概括。

　　在波德萊爾之前的歐洲文壇上，浪漫主義思潮一直佔有統治地位。浪漫主義思潮以善與美為核心，以表達個人內心感受為目標，即使是揭露社會、人生之醜惡，它也往往不從正面的入手，而是以尋求某種新的境界為己任。正是在這種背景下，波德萊爾開始探索新的詩歌之路。1857 年他出版了詩集《惡之花》，引發了一場藝術觀念上的現代性革命。象徵主義摒棄浪漫主義的幻想、誇張等主觀抒情，也不滿純粹的客觀性描述，而是追求主客觀的契合，感覺的交替，尊重剎那間的不可捉摸的感受及情調，注重暗示、朦朧、混沌和藝術上的純粹。象徵主義還反對理性，看重靈肉衝突，把詩的音樂性看成是詩的超越詩意的境界。

　　波德萊爾一首題名《感應》（又譯《契合》等）的詩把世界看成是「象徵的森林」，以詩的方式對象徵主義提出的藝術宣言。他寫道：「自然是一座神殿，耶里有活的柱子／不時發出一些合糊不清的語音；／行人經過該處，穿過象徵的森林，／森林露出親切的眼光對人注視。／彷彿遠遠傳來一些悠久的回音，／互相混成幽昧而又深邃的統一體，／像黑暗又像光明一樣茫無邊際，／芳香、色彩、音響全在互相感應。／／有些芳香新鮮得像兒童肌膚一樣，柔和得像雙簧管，綠油油像牧場，／──另外一些，腐朽、豐富、得意揚揚，／／具有一種無限物的擴張力量，／彷彿琥珀、麝香、安息香和乳香，／在歌唱著精神和感官的熱狂。」（錢春綺譯）在這首詩中，感覺交織形成的通感和旋律是象徵主義詩歌的其義所在，以此為基礎，暗示、隱喻乃至人與外在世界、精神與物之間的神秘關係便構成了象徵主義詩歌的基本面貌。

　　象徵主義的哲學基礎可以從尼采和柏格森等人的哲學觀念中找到對應，更可以從神秘主義哲學那裡找到延續。瑞典哲學家安韋魯爾‧斯韋登堡曾提過一種「對應論」認為宇宙間萬物都存在著相互對應的神秘關係，可見的事物與不可見的精神之間存在著相互契合。這與象徵主義所追求的「契合」是一脈相承的。正是這種「契合」具有感覺性，因此難以言說，越到後來，象

徵主義詩人對無法言說的音樂性給予了越來越多的重視，這就更導致了象徵主義主客觀融合的藝術特色。象徵主義是對西方傳統藝術觀念的一次大突破，雖然波德萊爾的《惡之花》在出版之初曾受到保守者的大力攻擊以致於詩人因此而被推上道德法庭。但是，他的這種變革卻產生了很大影響，不僅在法國而且在其它一些國家的文學界特別是詩歌界產生了震動，成為後來現代主義文學的發難之聲。象徵主義詩人馬拉美曾指出，象徵主義詩歌是「一點一點地引出某物以便透露心緒」的藝術，「或者相反，選擇某物並從中抽取『情緒』的藝術。」他主張，象徵主義詩歌所採用的應該是純然暗示的手法，反對直率的抒情。英國評論家查爾斯‧查德咸克在此認識上進行了概括，認為象徵主義「是一種思想和感情的藝術，但不直接去描述它們，也不通過與具體意象明顯的比較去限定它們，而是暗示這些思想和感情是什麼，運用未加解釋的象徵使讀者在頭腦裏重新創造它們。」〔註1〕與傳統的象徵手法相比，象徵主義是一種思潮，它的象徵是「未加解釋的象徵」，其手法則主要是「暗示」，對於傳統詩歌藝術，這肯定是一種挑戰。在現代世界詩歌史上，象徵主義的影響甚為廣泛、龐德、艾略特、葉芝、里爾克等都遵從了象徵主義的某些原則，他們甚至被稱為後期象徵主義詩人。

　　五四時期，各種外國文化、哲學和文藝思潮都被介紹到中國來，其目的是引進外來新觀念以衝擊勢力強大的傳統觀念。象徵主義也是在這種氣候中被介紹到中國來的。魯迅、田漢、穆木天、徐志摩、聞一多、梁宗岱、劉延陵等人都在譯介和研究象徵主義詩歌方面做出了努力，致使這一思潮在中國現代新詩史上由譯介到創作，產生了廣泛影響，可謂蔚為大觀。

　　中國對象徵主義詩歌觀念的引進及闡釋基本上遵從了它的原貌。概括起來，大致有以下幾個方面。

　　其一，象徵主義是一定歷史時期與哲學思想的產物。穆木天從社會歷史變遷、時代精神、哲學思潮、文學思潮的演變等方面進行闡述，認為象徵主義是變革和動蕩時期的人們對現實生活感到空虛、絕望時的產物，他們到唯美的世界去追求心靈陶醉，同時對醜惡的社會現實產生厭惡與憎恨，他認為，「象徵主義，同時是惡魔主義，是頹廢主義，是唯美主義，是對於一種美麗的安那其境界的病的印象主義。這種迴避現實的無政府狀態，這種到處找不

〔註1〕　查爾斯‧查德咸克：《象徵主義》，周發祥譯，崑崙出版社1989年3月出版，第2～5頁。

著安慰的絕望的狀態，自然要使那些零畸落侶的人們到咖啡店酒場中去求生活，到神秘渺茫的世界上去求歸宿了。」〔註2〕就文學發展史來看，任何一種思潮的產生都不只是一種孤立的文學現象，它總是與當時的社會現實、時代精神乃至哲學思潮相關聯。穆木天分析象徵主義產生的原因是有一定道理的。正因為象徵主義的倡導者和實踐者無法在現實中找到自己的位置，當然也就無法找到個人生命的價值，所以，他們便以醜惡現實為基礎，在非現實的境界中去探尋生命理想，試圖擺脫一切理性制約，這就必然導致象徵主義詩歌的神秘特點和宗教色彩，在宇宙間的種種莫可名狀的聯繫中，用「未加解釋的象徵」──自創的象徵體──來暗示生命的意義。

其二，「融洽或無間」是象徵主義詩歌的基本性質。在談及象徵的特點時，梁宗岱認為，「不幸人生來是這樣，即一粒微塵飛入眼裏，便全世界為之改觀。於是，蔽於我們小我底七情六欲，我們盡日在生活底塵土裏輾轉掙扎。宇宙的普遍的完整的景象支離了，破碎了，甚至完全消失於我們目前了。」在他看來，「四周的事物，固已不再像日常做我們行為或動作底手段或工具時那麼匆促和瑣屑地擠過我們底意識界，因而不容我們有細認的機會；即當作我們認識底對象，呈現於我們意識界的事事物物都要受我們底分析與解剖時那種主，認識的我，與客，被認識的物，之間的分辨也泯滅了。我們開始放棄了動作，放棄了認識，而漸漸沉入一種恍惚非意識，近於空虛的境界，在那裡我們底心靈是這般寧靜，連我們自身的存在也不自覺了。……在這難得的真寂頃間，再沒有什麼阻礙或擾亂我們和世界底密切的，雖然是潛隱的息息溝通了：一種超越了靈與肉，夢與醒，生與死，過去與未來的同情韻律在中間充沛流動著。我們內在的真與外界底真調協了，混合了。我們消失，但是與萬化冥合了。我們在宇宙裏，宇宙也在我們裏：宇宙和我們底自我只合成一體，反映著同一的蔭影和反映著同一的回聲。」〔註3〕在梁宗岱看來，世界上的萬事萬物（包括詩人）之間都存在著相互的「象徵」，正是這種「象徵」構成一種生命的境界，而這種境界正是象徵主義詩歌所追求的境界。在詩中，詩人與象徵體，詩情與客體融為一體，不存在任何界限。從這一層面上，我

〔註2〕穆木天：《什麼是象徵主義》，收入《文學問題》，上海生活書店1935年7月出版。

〔註3〕梁宗岱：《象徵主義》，原刊《文學季刊》1934年4月1日第2期，見《詩與真·詩與二集》，外國文學出版社1984年1月出版，第74～76頁。

們可以說，象徵主義詩歌所試圖創造的是一個與現實世界對應且對立的另一個理念中的世界，那是詩人的精神避難所。

其三，注重暗示是象徵主義詩歌的基本手法。由於象徵主義詩歌所表現的是非現實世界，是事物之間難以言說的聯繫，是一種無法用理性把捉的「契合」，所以，暗示是它在創作中的主要手段。在談及這一問題時，穆木天引用馬拉美的表述：「直陳其事，這就等於取消了詩歌四分之三的趣味，這種趣味原是要一點一點兒去領會它的暗示，才是我們的理想。一點一滴地去復合一件東西，從而展示出一種精神狀態，必須充分發揮構成象徵的這樣神秘的作用。」〔註4〕在象徵主義詩人那裡，達成暗示手段的具體方式很多，通感、超常聯想等等均屬於此列。

與此同時，對旋律與色彩的重視也是象徵主義詩歌的特色之一，它們與詩的暗示密切配合。這裡所說的旋律不只是詩的外在節奏，還包括詩人情感的內在音樂狀態，旋律是無言的，它又與象徵主義詩歌的神秘性達成一致；對色彩的重視同樣是因為它們所具有的獨特的暗示作用，形成「物我之間同跳著一個脈博，同擊著一個節奏」。〔註5〕不過，象徵主義詩歌的暗示與聯想有時候確乎超出人們的意識之外，甚至使人的意識難以達到它們之間的種種深潛於表象之外的暗聯。自稱為「通靈人」的蘭波有一首被稱為交感（契合）理論的典範實踐品的十四詩《元音》，就具有這種特點。「A黑、E白、I紅、U綠、O藍：元音們，／有一天我要泄露你們隱秘的起源：／A，閃亮的蒼蠅身穿毛茸茸的黑背心，／追腥逐臭，圍著陰暗的海灣嗡嗡旋轉；／E，迷霧和帳幕的純潔心胸，冰川的長槍，／I，殷紅的吐出的血，美麗的朱唇上／在盛怒中或懺悔的醉態中的笑容；／U，碧海的周期和神奇振幅，／布滿牲畜的牧場的和平，那煉金術刻在勤奮的額上的皺紋中的和平；／O，崇高的口角，充滿奇異刺耳的音波，／擊穿塵世的寂靜和天使們的沉默；／哦，奧美國，她明亮的紫色的眼睛！」（飛白譯）〔註6〕詩人以法語中的五個元音字母為歌詠對象，將聽覺、視覺，交互穿錯，其想像是獨特的。詩人也許想以此達到他所謂的「未知」，但是，至少對於中

〔註4〕　見黃晉凱、張秉其、楊恒達主編：《象徵主義·意象派》，中國人民大學出版社1989年10月出版，第42頁。

〔註5〕　梁宗岱：《象徵主義》，《詩與其·詩與眞二集》，外國文學出版社1984年1月出版，第81頁。

〔註6〕　見冬淼編：《歐美現代派詩集》，中國青年出版社1989年6月出版，第114頁。

國讀者，這種暗聯是難以產生相應的震憾的。這恐怕與語言、文化的差異有一些關係。

其四，象徵主義詩歌注重病態之美的發掘並由此形成了以頹廢爲本質的格調。象徵主義詩歌的題材很廣泛，但主要是從病態的現實之中去發掘藝術之美，與中國人所說的化腐朽爲神奇有點類似。梁宗岱在分析了象徵主義詩歌的藝術旨趣之後，以總結的眼光對波德萊爾的《惡之花》進行了描述：「從題材上說，再沒有比波特萊爾《惡之花》裏大部分的詩那麼平凡，那麼偶然，那麼易朽，有時並且——我怎麼說好？——那麼醜惡和猥褻的。可是其中幾乎沒有一首不同時達到一種最內在的親切與不朽的偉大。無論是傴僂殘廢的老嫗，鮮血淋漓的兇手，兩個賣淫少女互相撫愛底親昵與淫蕩，潰爛臭穢的死屍和死屍上面喧哄著的蠅蚋與洶湧著的蟲蛆，一透過他底洪毫淒惶的聲意，無不立刻輻射出一道強烈，陰森，莊嚴，淒美或澄淨的光芒，在我們靈魂裏散佈一陣『新的顫慄』——在那一顫慄裏，我們等於重走但丁底全部《神曲》底歷程，從地獄歷淨土以達天堂。因爲在波特萊爾底每首詩後面，我們所發見的已經不是偶然或刹那的靈境，而是整個破裂的受苦的靈魂帶著它底對於永恒的迫切呼喚，並且正憑藉著這呼喚底結晶而飛升到那萬彙皆天樂，呼吸皆清和的創造底宇宙：在那裡，臭腐化爲神奇了；卑微變爲崇高了；矛盾的，一致了；枯澀的，調協了；不美滿的，完成了；不又言喻的，實行了。」〔註7〕這段描述是同梁宗岱所理解的象徵主義的本質相協調的，它從一個較高的視角對象徵主義的詩美轉化方式及其效果進行了較爲全面的概括。象徵主義源起於對現實醜惡的不滿與絕望，其基礎是現實之腐態，但他們通過對生命象徵的開掘，於病態中綻放出美的花朵，這花朵便是象徵主義詩歌的境界與藝術旨歸。

也有人正是基於這些特點，從不同角度著眼，認爲象徵主義是頹廢的，「其表現特徵就是悲觀情緒、非理性主義、變態心理、反傳統和反現實傾向等等，反映了因找不到出路而陷入苦悶的時代情緒，是資本主義精神危機的產物。它和通常意義上的人性淪喪和道德墮落的涵義不一樣。」〔註8〕

〔註7〕 梁宗岱：《象徵主義》，《詩與其·詩與其二集》，外國文學出版社 1984 年 1 月出版，第 83 頁。

〔註8〕 吳中傑、吳立昌主編：《1900～1949：中國現代主義尋蹤》，學林出版社 1995 年 12 月出版，第 296～297 頁。

這一評價也是符合事理的。正是因為這種格調與五四之後中國知識分子所面臨的苦悶、彷徨的時代情緒達成了某種一致，才使象徵主義特別是象徵主義詩歌是在中國找到了廣泛的生存土壤，成為領一時詩歌潮流的詩歌思潮。在魯迅的散文詩和聞一多的《死水》等詩中，我們可以很清晰地感受到象徵主義的影子。

第二節　李金髮：中國象徵主義詩歌第一人

作為一種文學思潮，象徵主義幾乎是同時與現實主義、浪漫主義思潮傳入中國的。在白話詩探索之初，有些詩人就對象徵主義詩歌的某些詩歌要素有所借鑒，周作人自稱他的《小河》與波德萊爾的散文詩有相似之處〔註9〕；沉默的《月夜》被認為「頗是代表『象徵意義』Symbolism」的作品〔註10〕；等等。不過，就總體而言，那時的新詩以破壞格律、倡導白話為宗旨，即使對象徵主義詩歌有所借鑒，也主要是技術層面上的，與象徵主義詩歌的本質特徵相去較遠。

第一個有意識試驗象徵主義詩歌的中國詩人是李金髮。李金髮的詩歌創作集中在 20 年代初期，與五四新詩在不同地域同時展開的，其代表詩集《微雨》、《食客與凶年》、《為幸福而歌》均完成於 1920 年至 1923 年在法國留學期間，出版於 1925 年至 1927 年間。與其它一些留學國外的詩人所具有的文化背景有所不同，李金髮只在大陸讀過私塾和小學，以後一直在香港、法國等地讀書，這就使他直接接受的傳統文化的影響不大。李金髮的詩歌寫作出於兩個原因，一是法國象徵主義詩歌的影響，二是個人內心表達的要求。客觀地說，他受五四新文學運動的直接影響幾乎是空白，他的作品所表達的也並非五四時代的精神或五四知識分子的苦悶，而是一個流落異鄉的中國人所感受到的人生思緒。

個人性是李氏詩歌的第一個特點。他說：「世界任何美醜善惡都是詩的對象。詩人能歌人詠人，但所言不一定真理，也許是偏執與歪曲。我平日做詩，不曾存在尋求或表現真理的觀念，只當它是一種抒情的推敲，字句的玩藝兒。」

〔註 9〕周作人：《小河・序》，《新青年》第 6 卷第 2 號（1919 年 2 月 15 日）。

〔註 10〕羅家倫：《駁胡先嘯君的〈中國文學改良論〉》，《新青年》第 1 卷第 5 號（1919 年 5 月 1 日。

〔註11〕「我作詩的時候，從沒有預備怕人家難懂，只求發泄盡胸中的詩意就是。……我絕對不能跟人家一樣，以詩來寫革命思想，來煽動罷工流血，不能希望人人能瞭解。」〔註12〕對「個人」的極端看重是李金髮詩歌的出發點也是最終旨歸，個人之外的世界不在他的視界之內，特別是那些理性的、觀念的東西是他所極力摒棄的。

由於對個人性的看重，李金髮的詩便以抒寫個人心態、無名狀的愁苦為主要內容。這是他的詩的第二次主要特點。李金髮不受外在制約，其創作也就難免走上個人感受之極端。他的詩的來源主要是象徵主義，「我雖然是受鮑特萊和魏爾倫的影響而做討，但我還是喜歡拉馬丁、繆塞、沙龐（Alberr Samain）等的詩，這也許因為與我的性格合適些。我不喜歡讀魏爾倫的詩咧。」〔註13〕不管怎樣，象徵主義追求詩的神秘色彩、於病態中發掘藝術之美的觀念對李金髮影響是很大的，《棄婦》、《有感》等詩都是在一種愁苦進行極度張揚，以使這種氛圍中能生發的象徵精神更具詩美特質。有人通過李金髮詩歌的慣用語詞對其作品進行打量，是一種頗具量化效果的學術觀照方式：「他所愛用的詞彙或意象：墓墳、死、靜寂、灰色的夢、金屬的靈魂、遊客、晚鐘、蒼苔、薔薇、慵惰的歲月、漂泊的牧人、淡死的灰、青銅的酒杯、瘋發的靈魂、憂鬱、惡魔、寒顫之晚冬、行商、獸商、裙裾、翼、襤褸之魂、地獄、天使、衰草、寒陰、游蜂、世紀的衰病、萎縻之魂、裸體的長林、戰慄、孀婦、死貓的尖叫、夜梟、紫黛、殘廢之乞丐、殘破之足印、殘道的泥污、殘冬的餘威、殘葉、殘光、殘鐘、殘陽的徘徊、殘雪、殘花、蘭桂之殘香、殘端、殘破之音、殘墓、殘凍、殘敗之花片、殘照之餘先、殘荷、殘年、殘燈等等。只舉出這些詞或意象，其實已可瞭解李金髮詩之一半。」〔註14〕這些語詞具有典型的象徵主義特色，所謂「病」的象徵體。李金髮將這些語詞組合成詩行、詩篇，表達的是「病態」之美，是個人憂鬱、苦悶的情緒。

〔註11〕杜靈格、李金髮：《詩答問》，《文藝畫報》第 1 卷第 3 期，1935 年 2 月 15 日出版。

〔註12〕李金髮：《是個人靈感的紀錄表》，《大路文藝》第 2 卷第 1 期（1935 年 11 月 29 日）。

〔註13〕杜靈格、李金髮：《詩答問》，《文藝畫報》第 1 卷第 3 期（1935 年 2 月 15 日）。

〔註14〕馬良春、張大明主編：《中國現代文學思潮史》上冊，北京十月文藝出版社 1995 年 11 月出版，第 476 頁。

　　李金髮的詩注重暗示，常常採用令人吃驚的象徵與聯想，這是他的詩在表達上的主要特點。暗示與象徵主義詩歌的藝術旨趣有關，它所包含的是一種不存在於表面的內在聯繫，這種聯繫神秘而又莫可名狀，因而只有通過主觀的暗示來加以表達。人們常常提到《微雨》卷首的《棄婦》：「長髮披遍我兩眼之前，／遂隔斷了一切羞惡之疾視，／與鮮血之急流，枯骨之沉睡。／黑夜與蟻蟲聯步徐來，／越此短牆之角，／狂呼在我清白之身後，／如荒狂風怒號，／戰慄了無數游牧。」這是詩的第一節。意象之豐富、之無依連，實在讓人吃驚。但是，對於象徵主義詩歌，索解任何單一意象所包含的所謂意義，都是徒勞的，象徵主義詩歌所創造的是一種氛圍，是情緒之流動，正是在這些意象的組合之中，李金髮表達了他對「棄婦」的感受，讓他覺出了美，覺出一種令他震驚的體驗。這還只是表層的。詩人所暗示的是個人的心緒，他所流露出的某種同情正是他的心緒與「棄婦」之間以及與萬事萬物之間達成的「契合」，正因為有這種「契合」的存在，詩才得以誕生。由此可以看出，象徵主義詩歌的情緒不是單線條的而是復合式的，它超越一般人的感受範疇而達到一種更高的層面。誠如李金髮自己所說：「詩是一種觀感靈敏的將所感到的所想像用美麗或雄壯之字句將剎那間的意象抓住，使人人可傳觀的東西；它所言人所不能言，感言人所言而未言的事物。詩人是富於哲學意識，自以為瞭解宇宙人生的人：任何人類的動向，大自然的形囊，都使他發生感歎，不像一般人之徒知養生送死而毫無解感。有時，詩人之所想像超人一等，而為普通人所不能追蹤，於是詩人遂為人所不諒解，以為他是故弄玄虛。」〔註15〕詩人的敏感多思以及具有全感性的特點往往使他的詩想像奇特而出人意料。李金髮的詩有時候就具有奇特的聯想而構成一種陌生性，達到詩意效果。《有感》有如下二節反覆於詩的首尾：「如殘葉濺／血在我們／腳上，／／生命便是／死神唇邊／的笑。」想像十分奇特，將「殘葉」與「血」、「生命」與「死神」置於同一高度，而這奇特的聯想又道出了某種生命哲學、這種哲學正是在對立的張力之中暗示出來的。這裡有抗爭、有無奈。詩人之所以把這二節在詩尾重複，除了他對這兩節的意蘊頗為重視之外，也與象徵主義詩歌重視音樂性（內在與外在）的特點有關。

　　對李金髮詩歌的特點，僅以上面的簡述自然是不夠的，但是，我們在這裡是要談論他在新詩史上的地位，也就只有如此這般了。

〔註15〕杜靈格、李金髮：《詩答問》，《文藝畫報》第 1 卷第 3 期（1935 年 2 月 15 日）。

　　由於與中國詩歌乃至中國五四時期的白話詩大相異趣，李金髮的詩一出現在 20 年代中期的中國詩壇，便掀起了一場前所未有的風暴。應該說，在李金髮出現之初，人們對他的評價還是比較公正的，只是到了後來，由於受到為政治服務思想的影響，人們才把李金髮當成一個頹廢的資產階級詩人加以完全的責難與否定。

　　有一個現象值得我們思考：不管是肯定還是否定李詩，當時的人們似乎都有一個共識：李詩給中國詩壇帶來了一種新氣象、新感覺。鍾敬文說，談李金髮的有些詩，「突然有一般新奇的感覺，潮上了心頭。」「像這樣新奇怪麗的歌聲，在冷漠到了零度的文藝界裏，怎不叫人頓起很深的注意呢？」〔註16〕最早常識李金髮的詩歌的有李璜、周作人、宗白華等，「他們有的比之囂俄早年的作品。范芩納的聲調，有的歎為國中詩界的星辰，有的稱之為東方之鮑特萊。」而黃參島則認為《微雨》「在我們的心坎裏，種下一種對於生命欲挪揄的神秘，及悲哀的美麗，」讀者有時不理解李金髮的詩，是因為李詩是「流動的、多元的、變易的、神秘化、個性化、天才化的，不是如普通的詩，可以一目了然的」；他堪稱「中國抒情詩的第一人。」〔註17〕

　　李金髮是在國外從事新詩創作的，與當時中國社會的關係並不十分密切，那麼，他的詩為什麼會有如此之大的影響？分析這一問題，我們可更好地理解李金髮對於中國新詩發展的功與過。

　　其一，李金髮第一次直接以象徵主義觀念與手法創作新詩，這是誰也無法否認的。由於李金髮在寫作時主要在國外，很少受到傳統文化乃至現實情緒的制約，才使他可以用漢語來創作中國的象徵主義詩歌，為新詩探索找到了另一條道路，從他以後，象徵主義詩歌在中國詩壇形成一股大潮。

　　李金髮在寫作之初，他並沒有考慮當時中國詩壇的現狀，但他也並不是對此一無所知。他曾在 1923 年 2 月寫道：「中國自文學革新後，詩界成為無治狀態，對於全詩的體裁，或使多少人不滿意，但這不緊要，苟能表現一切。」對五四詩壇流派迭起的「無治狀態」，李金髮並未作正面批評，他只追求「為所表現一切」，即自由自在地表達個人感受，這是與他追求詩的個人性密切相關的。也正是在這種氛圍之下，李金髮以其個人的、獨特的、西化的方式抒寫著個人的愁苦與悲哀。這雖然與郭沫若等人張揚個性的追求有內在聯繫，

〔註16〕鍾敬文：《李金髮的詩》，《一般》第 1 卷第 12 期（1926 年 12 月 15 日）。
〔註17〕黃參島：《〈微雨〉及其作者》，《美育》第 2 期（寫於 1925 年 12 月）。

但李金髮所走的道路是不同的，有人對此作過比較：「一者要力，從中國自然的語氣（短簡）尋找出所需要的形式；一者要深，從意象的聯結，企圖完成詩的使命；一者要宏大（主旨自然具有直接的關係），一者是纖麗；一者是流暢，一者是晦澀；一者是熱情的，一者是涵蓄的。不用說，前者是郭沫若先生領袖的一派，後者是李金髮先生領袖的一派。」〔註 18〕這一比較，甚可能為新詩的路向開拓帶來衝擊與生機。這也是李詩所在 20 年代詩壇產生廣泛影響的重要原因。

其二，五四新詩深受西方詩歌觀念與手法的影響，但是，詩人們所採用的多是手法之一部分或像郭沫若等人借鑒的是在西方已成為歷史的藝術觀念，換句話說，五四新詩主要是一種歷時性借鑒，並未奢求與西方詩歌藝術達成同一水平上的協調與共同發展。

李金髮所引進的象徵主義是原汁原味的，是西方現代主義詩歌之一部分，這就使新詩與西方詩歌藝術潮流臨近了一步。這種引進雖然給中國詩壇造成了一度混亂，但是，混亂之後的新詩人有了更開闊的眼界，開始把視野投入到當前的西方詩歌藝術思潮，也逐漸把西方藝術經驗進行本土化改造。這種現代詩歌觀念的引進無疑為新詩的現代化進程邁開了艱難的一步，使新詩在自身解放之後逐漸與現代社會的進程、現代人的觀念、意識、心態達成一致。

當然，李金髮詩歌對象徵主義的「搬用」也給新詩借鑒豎起了一塊路牌，提醒人們，外國藝術經驗只有融入本民族文化傳統，才具有強大的藝術生命力。對這一點，李金髮是有所思考的：「余每怪異於何以數年來關於中國古代詩人之作品，既無人過問，一意向外采輯，一唱百和，以為在文學革命後，他們是荒唐極了的，但從無人著實批評過，其實東西作家隨處有同一之思想，氣息，眼光和取材，稍微留意，便不敢否認，余於他們的根本處，都不敢有所輕重，惟每欲把兩家所有，試為溝通，或即調和之意。」〔註 19〕這一觀念是正確而辯證的。這說明，從思想和理論上，李金髮並不是不重視傳統，並不是視西方藝術為圭臬，我們過去談他的話，只談一面，有以偏概全之嫌。當然，實踐是另一回事，由於個人功力之不足，李金髮的詩確實有嚴重的西

〔註 18〕劉西渭（李健吾）：《魚目集——卞之琳先生作》，《李健吾文學評論選》，寧夏人民出版社 1983 年 3 月出版，第 83 頁。
〔註 19〕李金髮：《食客與凶年・自跋》，北新書局 1927 年 5 月出版。

化傾向。理論與實踐的錯位是李金髮個人詩歌創作的某種悲哀，但不能看成是新詩路向的迷失。

其三，李金髮的詩對當時詩壇的衝擊及校正是頗有力度的。五四詩人注重「白話」而不注重「詩」，這是十分明顯的，到了 20 年代初，新詩又處於一種無路、徘徊狀態。李金髮的象徵主義詩歌以其新麗怪異的聲音和獨特的話語方式給新詩文體的建設帶來了生機和希望。

朱自清說：「留法的李金髮氏又是一支異軍。……他的詩沒有尋常的章法，一部分一部分可以懂，合起來都沒有意思。他要表現的不是意思，而是感覺或情感；彷彿大大小小紅紅綠綠一串珠子，他卻藏起那串兒，你得自己穿著瞧。這就是法國象徵詩人的手法；李氏是第一個人介紹它到中國詩裏。許多人抱怨看不懂，許多人都在摸仿著。他的詩不缺乏想像力，但不知是創造新語言的心太切，還是母舌太生疏，句法過分歐化，教人像讀著翻譯；又夾雜著些文言裏的歎詞、語助詞，更加不像──雖然也可以說是自由詩體制。」〔註20〕朱自清的描述是準確的，但後來人們的評價常常強調李氏詩的歐化、文白夾雜，似乎只取其表象，並未作深層思考。

不管是「創造新語言的心太切，還是母舌太生疏」，李金髮的詩歌在語言上給中國新詩的「白話」追求所帶來的衝擊與警醒都是巨大的。新詩誕生以後，並沒有找到自己的話語方式和文體特徵，雖然也有不少人在思考在試驗。李金髮的詩歌語言以一種陌生化方式出現在詩壇，這自然是一個不小的進展。陌生化是詩歌語言的重要特徵之一，它源自詩歌在語言上的獨特構成方式。夾雜「夫」、「籲」等文言語詞於白話詩中，自然讓人覺得彆扭，似乎也同五四反傳統思潮不相協調，然而，正是這種文白夾雜、句式歐化的話語方式與當時的新詩語言形成了強調反差，引起了詩壇的關注。在這裡我們不能不注意朱自清在文中提到的「許多詩人卻在模仿著」這一事實。當然，李金髮的詩在這方面的效應也許不是出自他的本意，甚至可能是他意料之外的事情。然而，我們相信歷史事實，就像對李金髮主張繼承傳統而創作上並未真正實施這一對矛盾，我們也相信事實一樣。

由上述簡要分析，我們認為，李金髮的詩是一種複雜的藝術現象，它存在歐化傾向，存在對外國藝術經驗本土化不足的缺陷，但是，我們絕不能低估李金髮詩歌對中國新詩的貢獻，它是中國新詩中真正的象徵主義作品，也

〔註20〕朱自清：《中國新文學大學・詩導・導言》，上海良友圖書公司 1935 年出版。

是最早的現代主義正是他的探索，中國新詩的現代化之路又邁開了堅實的一步，在他之後，現代主義新詩與其它思潮下的新詩，幾乎都是分庭抗衡的，而且在很多時候，現代主義詩歌領導著詩歌的新潮流。當然，隨著新詩藝術經驗的不斷積累，新詩對現代主義詩歌的借鑒也越來符合新詩藝術規律，成爲中國式的現代主義詩歌或中國新詩的營養。

第三節　象徵主義詩歌成爲潮流

　　李金髮引進的象徵主義詩歌思潮對中國新詩的影響不只是李金髮本人的創作成果，而是由此形成了一種藝術風氣。這一風氣幾乎流行於新月詩派生成的同一時段，成爲二十年代中國詩壇一道亮麗的風景線。

　　象徵主義詩歌相對於五四時期的新詩而言，無疑是一種創新。創新是所有藝術探索者的共同追求，這恐怕是象徵主義詩歌能產生共鳴的原因。與此同時，李金髮詩中的迷茫、愁苦情緒也正是二十年代初期中國知識界的共有情緒，連魯迅也處於苦悶、彷徨之中，他的《野草》便是這種情緒的詩化。這就使象徵主義詩歌在情緒上與當時的詩界達成了共鳴效應。有這兩重因素爲基礎，象徵主義詩歌在中國詩壇流行，就是很自然的事。換句話說，象徵主義詩歌在中國找到了得以生根的文化、心理土壤，也正是這種土壤的作用，李金髮之後的象徵主義詩歌越來越與中國人的人文心態臨近，越來越在借鑒上提供了更多的正面經驗。

　　在象徵主義潮流中，最值得注意的當推由浪漫主義轉入象徵主義的創造社三詩人穆木天、王獨清、馮乃超和姚蓬子、胡也頻、石民等人。這些詩人的創作不一定是受了李金髮的直接影響或者他的啓示，但是，他們之加入象徵主義行列，是有其特殊的社會、藝術因由的。

　　創造社的藝術觀念在總體上是浪漫主義的，他們的詩歌創作在五四時期出現了以郭沫若爲代表的高潮。但是，隨著五四的落潮和當時社會環境的惡化，整個社會情緒開始走入低落和苦悶，浪漫主義式的直抒胸臆與狂飆突進精神已無法表達人們的內心思考，也就難以再引發人們心靈的共鳴。詩歌必須重新選擇自己的路向。

　　穆木天、王獨清等在轉入象徵主義時都是有所針對的，特別是針對當時詩壇上的弊端。

　　穆木天說：「中國現在的新詩，真是東鱗西爪；好像中國人，不知道詩文有統一性之必要，而無統一性為詩之大忌。」「中國人現在做詩，非常粗糙，這也是我痛恨的一點。」「中國的新詩的運動，我以為胡適是最大的罪人。胡適說：「作詩須得如作文。那是他的大錯。所以他的影響給中國造成一種 Pose in Verse 一派的東西。他給散文的思想穿上了韻文的衣裳。」〔註21〕王獨清則認為：「中國人近來做詩，也同中國人做社會事業一樣，都不肯認真去做，都不肯下最苦的工夫：產生出的詩篇，是些不倫不類的劣品，從前中國人有因苦思蹙脫了眉毛，又因沉吟而走入醋甕；……獨有我們中國現在的詩人粗製濫造，不願多費腦力：這真是一件最可痛心的事！」〔註22〕這些對當時詩界的批評出現於 1926 年初，正是李金髮的《微雨》出版不久，由此可以看出，擔憂詩壇現狀與新詩出路是當時不少詩人的共識。應該說，他們對詩壇的批評還是客觀的，他們特別指出的是新詩創作中的不看重藝術的傾向，這是詩歌之大忌。

　　正是在詩壇產生不滿的情形下，穆木天、王獨清等人開始尋求詩的新路，而他們找到的有力手段則是借鑒以象徵主義詩歌為主的西方詩歌，在這一方面，他們至少與當剛萌動了中國詩壇上的象徵意義思潮達成了一致，並最終融入這一潮流中。

　　在談到自己詩歌追求的目標時，穆木天說：「我們的要求是『純粹詩歌』。我們的要求是詩與散文的純粹的分界。我們要求是『詩的世界』。」〔註23〕這與象徵主義所主張的「純詩」說非常相近，而穆木天獲得這樣的詩歌觀念也的確是來對外國詩歌的感悟。他曾想以「月光」一詞的連續使用來表現月光的運動，而「給我這種的暗示，或者是拉法格。」他也愛維尼的詩：「我非常愛維尼的思想，而且因我似有點苦悶，在前年的夏期休假中，纖麗優美的伊東海岸上，我胡亂地讀了那位『象牙塔』中的預言者的詩集。」而不久之後，「他（鄭伯奇）來的那時，我正嗜談沙曼」〔註24〕，而王獨清則覺得穆木

〔註21〕穆木天：《譚詩——寄沫若的一封信》，《創造月刊》第 1 卷第 1 期（1926 年 3 月 16 日）。

〔註22〕王獨清：《再譚詩——寄給木天、伯奇》，《創造月刊》第 1 卷第 1 期（1926 年 3 月 16 日）。

〔註23〕穆木天：《譚詩——寄沫若的一封信》，《創造月刊》第 1 卷第 1 期（1926 年 3 月 16 日）。

〔註24〕穆木天：《譚詩——寄沫若的一封信》，《創造月刊》，第 1 卷第 1 期（1936 年 3 月 16 日）。

天「是完全受了古爾蒙派影響」〔註 25〕。曾留學法國的王獨清在談到自己的詩歌追求與轉向時，則說：「我很想學法國象徵派詩人，把『色』與『音』放在文學中，使語言完全受我們底操縱。……沫若說我愛上了象徵派底表現法，要算是一種變更：因爲我以前的詩做法全是拜倫式的，雨果式的，這話很不錯。」他還認爲「波特萊爾底精神，我以爲便是眞正底詩人底精神。」並且對拉馬丁、拉法格等詩人表示出了的特別欣賞〔註 26〕。

　　由此可以看出，穆木天、王獨清等人同李金髮一樣，直接接受了法國象徵主義詩歌的影響，但與李金髮不同的是，他們有自己以前的創作經歷作爲參照，對當時的詩壇現狀也有更多瞭解，因而在借鑒上就有較明確的目的性與針對性。對這一點，我們可以從他們的詩歌主張上找到一些佐證。

　　穆木天、王獨清對新詩的文體建設相當重視。穆木天主張詩的統一性與持續性，「一首詩是表一個思想。……一個有統一性的詩，是一個統一性的心情的反映，是內生活的眞實的象徵。心情的流動的內生活是動轉的，而它們的流動動轉是有秩序的，是有持續的，所以它們的象徵也應有持續的。」〔註 27〕僅從這一點看，穆木天就試圖擺脫象徵主義的某些神秘，非理性的藝術要索，但他同樣強調暗示：「詩的世界是潛在意識的世界。詩是要有大的暗示能。……詩是要暗示出人的內生命的深秘。詩是要暗示的，詩最忌說明。……用有限的律動的字句啓示出無限的世界是詩的本能。詩不是像化學的 $H_2 + O = H_2O$ 那樣的明白的詩越不明白越好。明白是概念的世界，詩是最忌概念的。」〔註 28〕這種對詩的暗示性的重視顯然是與象徵主義詩歌是一脈相承的，同時也與中國詩歌重含蓄的優秀傳統有一致的地方。王獨清在驚異於「何以你（穆木天）對於詩的觀念竟這樣和我相似」的同時，提出了對詩的「色」與「音」的看重，他將詩列出一個公式：「（情＋力）＋（音＋色）＝詩」，他認爲，拉馬丁「那種在沉默中求動律的手腕也可以使他底作品成爲『純粹的詩』」，所以他主張「我們應該向『靜』中去尋『動』」，所以他主張「我們應該向『靜』

〔註 25〕　王獨清：《再譚詩——寄給木天、伯奇》，《創造月刊》第 1 卷第 1 期（1936年 3 月 16 日）。

〔註 26〕　王獨清：《再譚詩——寄給木天、伯奇》，《創造月刊》第 1 卷第 1 期（1936年 3 月 16 日）。

〔註 27〕　穆木天：《譚詩——寄沫若的一封信》，《創造月刊》第 1 卷第 1 期（1936 年 3月 16 日）。

〔註 28〕　穆木天：《譚詩——寄沫若的一封信》，《創造月刊》第 1 卷第 1 期（1936 年 3月 16 日）。

中去尋『動』，向『朦朧』中去尋『明瞭』，我們唯一要入的是眞的『詩的世界』」〔註29〕。對音樂、色彩的重視也是象徵主義詩歌的主要特色之一。

穆木天、王獨清、馮乃超等人不但在理論上提出了新的主張，試圖爲新詩的文體建設有所作爲，而且在創作上也努力實行他們的主張。僅以《創造月刊》爲例，在所刊發的新詩作品中，上述三人以及段可情、許幸之等人的作品就佔了絕大部分，可以說，在象徵主義詩歌思潮的廣泛實踐上傳播方面，創造社的幾位詩人是起了重要作用的。

朱自清說：「後期創造社三個詩人，也是傾向於法國象徵派的。但王獨清派所作，還是拜倫式的、雨果式的爲多；就是他自認爲仿象徵派的詩，也似乎豪勝於幽，顯勝於晦。穆木天氏託情於幽微遠渺之中，音節也頗求整齊，卻不致力於表現色彩感。馮乃超氏利用鏘鏗的音節，得到催眠一般的力量，歌詠的是頹廢、陰影、夢幻、仙鄉。他詩中的色彩感是豐富的。」〔註30〕朱自清善於用點睛之筆談詩，他對這些詩人的評價是中肯的。也正是從這種多樣化的演化之中，象徵主義詩歌在中國不斷呈現出新的面貌，說明新詩藝術探索開始走出自己的路向，也暗示著象徵主義詩歌在一定時候還會發生新的變化，爲別的詩歌思潮所取代或演化、轉換爲別的詩歌思潮。這種轉向大致有二種情形值得我們關注，一是像戴望舒，他領會象徵主義思潮之精髓而採用中國式的表述方式，是中國象徵主義詩歌最典型的代表；二是像穆木天、艾青等詩人，在接受象徵主義詩歌觀念之後，又很愉發現象徵主義的情緒不適於中國，而在接受象徵主義詩歌的某些技法的同時，把目光投向苦難深重的中國土地，拋棄了法國象徵主義詩歌所具有的那種低迷、頹廢的精神境界，從而在另一方面開拓了中國詩歌的新地。應該說，自象徵主義詩歌的引進開始，中國新詩逐漸步入了自覺探索的多元化時代，雖然這種多元在有時候因爲種種外在干擾而顯得並不完美，但它在現代詩壇上始終是存在著的。

第四節　象徵主義與戴望舒詩歌的生成

談論中國的象徵主義詩歌，不能不提到一生只寫了九十餘首詩但卻贏得了極高聲譽的詩人戴望舒。他的重要貢獻在於把象徵主義和其它一些外國詩

〔註29〕 王獨清：《再譚詩——寄給木天、伯奇》，《創造月刊》第 1 卷第 1 期（1926年 3 月 16 日）。
〔註30〕 朱自清：《中國新文學大學・詩集・導言》，上海良友圖書公司 1935 年出版。

歌思潮與中國詩歌傳統進行了出神入化的融合。就詩歌借鑒來說，戴望舒為我們提供的主要是正面經驗。

　　戴望舒的詩歌創作與外國詩歌有著密切的聯繫。他的摯友施蟄存曾多次談到此事。他說：「望舒譯詩的過程，正是他創作詩的過程。譯道生、魏爾倫詩的時候，正是寫《雨巷》的時候；譯果爾蒙、耶麥的時候，正是他放棄韻律，轉向自由詩體的時候。後來，在四十年代譯《惡之花》的時候，他的創作詩也用起腳韻來了。」〔註31〕在另一處，施蟄存談得更為具體：「初期的戴望舒，從翻譯英國頹廢派詩人道生和法國浪漫派詩人雨果開始，他的詩創作也有些道生和雨果的味道。中期的戴望舒，偏愛了法國的象徵派詩，他的創作就有些保羅·福爾和那麥的風格。後期的譯詩，以西班牙的反法西斯詩人為主，尤其熱愛洛爾迦的謠曲，我們可以在《災難的歲月》中，看到某些詩篇具有西班牙詩人的情緒和氣質。」〔註32〕施蟄存之所以強調這一現象，是要說明戴望舒詩歌創作與外國詩歌的互相印證。同時，我們也可以看到，戴望舒所接受的影響並非是單一的，而只是以法國象徵派詩歌為主。他把翻譯與創作納入同一層面，借翻譯來表達個人對詩的認知，用創作來體現個人內心的思索，這二者的協調，實在出於詩人對藝術的發自內在的某種認同。我們常常把戴望舒的詩歌創作劃分為三個時期，而這正好也是他譯詩的三個階段。翻譯與創作的同步且能在創作上取得成就，戴望舒對外國詩歌及中國新詩的領悟是深刻而獨特的。

　　早期的戴望舒並非取法外國詩，而是「有很濃厚的中國古詩影響。」〔註33〕道生和雨果的浪漫主義詩歌，特別是道生詩歌的頹廢情緒與中國古詩的旋律在戴望舒身上達成了協調，他的詩注重音韻節奏，對外在音樂性有特殊偏愛，外在的和諧旋律與內在的哀怨情緒在詩篇上獲得了巧妙融合。這一時期，他詩中的意象是典型的中國化的。應該說，當時的外國詩並未在藝術精神上對戴望舒產生巨大的震動，他所鍾愛的外國詩主要是在情緒上與他的心靈的「契合」。《雨巷》是他早期的代表作。

〔註31〕施蟄存：《〈戴望舒譯詩集〉序》，見《文藝白話》，華東師範大學出版社1994
　　　　年4月出版，第226頁。
〔註32〕施蟄存：《〈戴望舒詩全編〉引言》，《文藝白話》華東師範大學出版社1994年
　　　　4月出版，第323頁。
〔註33〕施蟄存：《〈戴望舒詩全編〉引言》，《文藝白話》華東師範大學出版社1994年
　　　　4月出版，第323頁。

　　雖然《雨巷》獲得很大成功，戴望舒也由此被稱為「雨巷詩人」。但是，戴望舒對此並不滿足。「就是望舒自己，對《雨巷》也沒有像對比較遲一點的作品那樣地珍惜。望舒自己不喜歡《雨巷》的原因比較很簡單，就是他在寫成《雨巷》的時候，已經開始對詩歌底他所謂「音樂的成份」勇敢地反叛了。」〔註34〕事實上，問題並不這麼簡單。就詩歌文體探索來看，《雨巷》並沒有對當時的詩壇有多少超越，這恐怕是不斷求新的戴望舒最惑苦惱的事情。後來者對這首詩有著十分尖銳的批評，卞之琳說：「《雨巷》讀起來好像舊詩名句『丁香空結雨中愁』的現代白話版的擴棄或者『稀釋』。一種迴蕩的旋律和一種流暢的節奏，確乎在每節六行，各行長短不一，大體在一定間隔重複一個韻的一共七節詩裏，貫徹始終。用慣了的意象和用濫了的詞藻，卻使這首詩的成功顯得淺易、浮泛。」〔註35〕顯而易見，戴望舒本人對這種輕易的成功並不感到滿意。

　　戴望舒的《雨巷》連同《殘花的淚》、《靜夜》、《自家傷感》、《夕陽下》、《Fragments》等詩刊發於1928年8月10日出版的《小說月報》第19卷第8期上。而在這前後創作的《我的記憶》就是另一種面孔了。這首詩可以說是一種現代意義上的象徵主義詩歌，它拋開了前期的古典的、整體的象徵，而採用大跨度的跳躍，以流動的情緒來營構詩的整體架構，詩的整一性淡化了，同西方的象徵主義更加切近。並且，戴望舒放棄了前期追尋的詩的音樂性，而主張「詩不能藉重音樂，它應該去了音樂的成分。」〔註36〕這也就是他的詩歌散文美階段的開始。1933年8月，《望舒草》出版，這是戴望舒的第二部詩集。這本詩集代表了戴望舒詩歌風格的變化，誠如施蟄存所說：「在《我底記憶》時期，望舒作詩還很重視文學的音韻美，但後來他自我否定了。……他編《望舒草》的時候，才完全淘汰了以音韻美見長的舊作，甚至連那首膾炙人口的《雨巷》也不願保留下來。這樣，《望舒草》就成為一本很純粹、很統一的詩集。」〔註37〕《望舒草》是戴望舒中期創作的主要成果。

　　在這一時期，戴望舒直接受到了法國象徵主義的詩人的影響。他翻譯了

〔註34〕蘇汶（杜衡）：《〈望舒草〉序》，見《中國現代文論選》第二冊，貴州人民出版社1982年8月出版，第141頁。
〔註35〕卞之琳：《〈戴望舒詩集〉序》，四川人民出版社1981年1月出版。
〔註36〕戴望舒：《望舒詩論》，《現代》第2卷第1期（1932年11月1日出版）。
〔註37〕施蟄存：《〈戴望舒詩全編〉引言，《文藝白話》，華東師範大學出版社1994年4月出版，第320頁。

果爾蒙、保羅、福爾、耶麥（亞默）等人的詩歌，他們主要是後期象徵主義詩人。他之所以喜愛這些詩人的作品，恐怕是因爲他們的鄉土情緒以及由此引發的表達上的敏感、細膩。杜衡曾說過：「從一九二七到一九三二年去國爲止的這整整五年之間，望舒個人的遭遇可說是比較複雜的。……在苦難和不幸底中間，望舒始終沒有拋下的就是寫詩這件事情。這差不多是他靈魂的蘇息、淨化。」〔註38〕我們可以把《望舒草》看成是戴望舒那一階段心靈歷史的記錄。「空洞的心」、「虛無的色彩」〔註39〕是這部詩集的主要情緒流向，而這些，正與果爾蒙、保羅・福爾、耶麥等後期象徵主義詩人達成一致。因而，他們的手法也成了戴望舒詩歌創作上的借鑒對象。由古爾蒙的《西芙萊集》的「心靈的微妙與感覺的微妙」〔註40〕引發出了戴望舒的《發》、《霧》、《河》、《雪》等作品，這些作品既對詩人選擇的客體進行了細膩描繪，也表達了內在情緒的輕靈飄逸。保羅・福爾的《我有幾朵小青花》、《曉歌》等詩則爲戴望舒的《路上的小語》、《煩憂》等詩提供了選材、意義組合等方面的啓示。耶麥的《膳行》、《少女》等詩則啓發了戴望舒的《我的記憶》、《村姑》等作品的寫作。這些象徵主義詩人對戴望舒的影響是直接的，而戴望舒對他們的選擇則是出自心靈的，並且，他把外國詩歌總是當成一個整體來看待，既受其內容的啓發，也採納與這種內容的表達密不可分的形式，只是在轉換之中，戴望舒是以自己的中國式的表達手段來傳達自己當時的心緒。因此，在詩歌借鑒之中，心靈感受作爲一種藝術選擇的標準是十分重要的，沒有感動，即使借用，也無法在詩的創作過程中與創造者達成神形一致。施蟄存說：「生長於農村的作家到了上海，無法接受都市的生活，他（劉吶鷗）雖然人在上海，所寫的仍是農村題材。都會並不是指所有在都市的人都是都市人。爲什麼戴望舒喜歡法國幾個象徵主義詩人像耶麥、保羅・福爾等，他們用象徵的手法，但是思想感情的基礎是田園的，他們並不描寫巴黎，他們都描寫平靜的教堂、牧牛等，但是他們用象徵的手法。」〔註41〕我們可以看出，戴望舒對他喜歡

〔註38〕 蘇汶（杜衡）：《〈望舒草〉序》，《中國現代文論選》第一冊，貴州人民出版社1982年8月出版，第142頁。

〔註39〕 蘇汶（杜衡）：《〈望舒草〉序》，《中國現代文論選》第一冊，貴州人民出版社1982年8月出版，第142頁。

〔註40〕 戴望舒：《西苓納集・譯後記》，《現代》第1卷第5期。

〔註41〕 施蟄存答問：《中國現代主義的曙光》，《沙上的腳跡》，遼寧教育出版社1995年3月出版，第170頁。

的外國詩人，不只是單從表層上出發的，而是從內心裏面接受，正因為這樣，他才能對別人的情緒，情感乃至與眾不同的藝術手法獲得真正的理解。僅從這一點上講，戴望在中國新詩向外國詩歌借鑒方面就堪稱楷模。

在《望舒草》之後，戴望舒基本上停止了寫作，1937 年 1 月出版的《望舒詩稿》除了五、六首新作之外，實際上是《我的記憶》與《望舒草》的合集。他後期的創作也不多。1938 年至 1947 年，戴望舒旅居香港，1948 年回上海後才出版了包括 25 首詩的《災難的歲月》。與前期、中期相比，這些詩又有一些新的特點。在詩的外形上，詩人又對音韻有所重視，彷彿回到了前期的路子上。在詩的內容上，《災難的歲月》的寫作時間正是中國多災多難的歲月，所以，作品與以前的相比有更開闊的意識，對國家、民族命運的關注代替了對個人迷茫、失望情緒的表達。特別是其中《獄中題壁》、《我用殘損的手掌》等詩，抒寫詩人被捕入獄的感受和對祖國大地的關切。他後期的詩有延續《望舒草》時代的藝術技法，甚至借用了意識派等手法，不過其本質還是象徵主義的，只不過拋棄了象徵主義詩歌所具有的頹廢情調，從這一點上看，戴望舒對外國詩歌的借鑒並不是搬用，而是有所選擇，有所創造的。戴望舒的作品雖然不多，但他的作品幾乎沒有劣品，這與詩人投入的創造不無關係。

在概括戴望舒的創作歷程時，施蟄存說：「在望舒的五（應為「四」）本詩集中，我以為《望舒草》標誌著作者藝術性的完成，《災難的歲月》標誌著作者思想性的提高。望舒的詩的特徵，是思想性的提高，非但沒有妨礙他的藝術法，反而使他的藝術手法更美好、更深刻地助成了思想性的提高。即使在《災難的歲月》裏，我們還可以看到，像《我用殘損的手掌》，《等待》這些詩，很些阿拉貢、艾呂雅的影響。法國詩人說：這是為革命服務的超現實主義。我以為，望舒後期的詩，可以說是左翼的後期象徵主義。」〔註 42〕戴望舒是一個真正的詩人，他的借鑒，創作都以自己認定的藝術旨趣為目標，即使是關心當時現實，他也是發自內心的，絕不損害藝術本體的建設。這是值得後來者加以總結和弘揚的。

戴望舒一生的幾個創作階段是不斷自我否定的階段。在談及《雨巷》時，施蟄存說：「在三十年代初期，望舒已不滿意他這一種創作方法。不滿意的理

〔註42〕施蟄存：《〈戴望舒詩全編〉引言》，《文藝白話》，華東師範大學出版社 1994 年 4 月出版，第 322 頁。

由，就是卞之琳所說的，『顯得淺易，浮泛。』從此之後，望舒的詩作中，不再出現《雨巷》這樣的音調和低徊情緒。在《望舒草》中刪掉了這首詩，標誌著詩人已進入一個新的時代。」〔註43〕詩人的每次自我否定都是在推動他的詩歌藝術步上一個新的臺階，而他向外國詩歌的種種借鑒都是有助於這種藝術上的進步的。

　　到戴望舒為止，中國的象徵主義詩歌創作可以說到達了頂峰，而就是戴望舒本人，在其後期創作中，也融進了一些象徵主義之外的藝術營養。就詩歌借鑒而言，在戴望舒之後，由於外國的詩歌藝術思潮的引進也出現了多樣化，特別是引進了一些在當時看來完全是對立的外國文藝思潮，從而形成了多元化的詩壇格局。但是，自三十年代初期開始，由於中國處於多災多難的戰火之中，關注時代、民族命運的呼聲，逐漸佔據了主導地位，詩歌為政治服務的主潮逐漸形成，對中國詩歌的借鑒逐漸退居於次要和不受重視的地位。

第五節　象徵主義與新詩的進步

　　1935 年 8 月，朱自清在《中國新文學大系‧詩集》的導言的末尾總結說：「若要強立名目，這十年來的詩壇就不妨分為三派：自由詩派、格律詩派、象徵詩派。」〔註44〕有人當對此提出過質疑，認為他這種劃分法是形式與內容不分。但是，如果我們進一步分析，這裡面包含著作者對新詩發展的某種評價。「自由詩派」、「格律詩派」可以看成是以形式為標準劃分的，其實「象徵詩派」的表徵也在很大程度上體現於形式上，即詩體建設上，至少對於當時的中國詩壇來說是如此。並且，從前二者只新形式為標準到後者兼顧形式與內容，說明作者對後者更多地看重。

　　1936 年，朱自清又談到這篇導言：「在《〈中國新文學大系‧詩集〉導言》末尾，我說：若要強立名目，這十年來的詩壇就不妨分為三派：自由詩派、格律詩派、象徵詩派。有一位老師不贊成這個分法，他實在不喜歡象徵派的詩，說是不好懂。有一位朋友，贊成這個分法，但我的按而不斷，他卻不以為然，他說這三派一派比一派強，是進步著的，《導言》裏該指出來。他的話

〔註43〕施蟄存：《談戴望舒的〈雨巷〉》，《文藝白話》，華東師範大學出版社 1994 年 4 月出版，第 302 頁。
〔註44〕朱自清：《中國新文學大學‧詩集‧導言》，上海良友圖書公司 1935 年出版。

不錯，新詩是在進步著的。」〔註45〕這篇文章的題目是《新詩的進步》，正好道出了新詩發展的某種軌跡。

這種進步，至少有兩個層面。

其一，由單一走向多元。這是就大的範疇而言的。新詩誕生，雖然受著外國文藝思潮與詩歌藝術觀念的影響，但是，在當初，人們關注的是語言方面的「白話」和詩體的「解放」，並未把建設提上議事日程。因此，借鑒對新詩的影響是雜亂而缺少章法的，並沒有形成一些對新詩文體建設產生決定性與引導性的詩潮或流派。自從象徵主義介紹到中國之後，中國詩壇開始出現多元格局，除了白話詩、小詩等詩歌思潮之外，新詩又多了一種選擇向度，並且，象徵主義在當時是介紹得最為完善、對新詩創作產生整體影響的詩歌思潮，因而能讓人們在全面理解其觀念和創作的同時進行學習和選擇。多元標誌著繁榮。多種藝術思潮的共同作用，藝術上的「進化觀」就會在此發揮其特殊功能。

象徵主義對中國新詩的影響不是單線條的，除了由李金髮到戴望舒等詩人這一條主線之外，其它流派的詩人也或多或少地借鑒了它的藝術因素。聞一多的《死水》毫無疑問地是受到了象徵主義詩歌發掘「病態之美」這一觀念的影響，化醜為美是聞一多表達他內在苦悶的重要手段之一。經過這種整體的或切取式的轉化，象徵主義詩歌在中國詩歌的轉型中發揮了其它思潮與流派無法替代的作用，也啟發了後來的詩人：外國詩歌藝術經驗可以為中國新詩發展提供動力與營養。

其二，具體到新詩文體建設上，除了新月詩派的現代格律詩主張，象徵派詩歌也同樣功不可沒。中國詩歌歷來重「隱」而輕「顯」，而到了新詩誕生之初，人們的這一觀念發生了裂變，一方面是因為對「白話」的詩學特質尚缺乏更深的認識，二是由於詩人們因為狂飆精神的召喚而對中國詩歌的這一傳統進行了主動放棄。這樣的結果是，新詩缺乏餘味，缺乏獨特詩美綜質，與通常所說的「文」沒有什麼質的區別。連郭沫若的《女神》這樣的詩集也出現了「美的失落伴隨美的獲得而來」的不是：「失落點就在於過分注重情感的熱在詩歌創造中精神傳達的作用，而忽視了美感傳達的作用。郭沫若《女神》崇高的美學原則是以情感人。詩人首先注意的是情感的真而不是傳達感

〔註45〕朱自清：《新詩的進步》，《新詩雜話》，作家書屋 1947 年出版。

情手段的美。」〔註 46〕「這種『自我失控』後半生的詩篇就表現了一種感情渲泄與藝術表現的不平衡。《鳳凰涅槃》在戰慄中奮筆疾書，結果就出現了連作者後來都要感到空洞而泛濫的歌唱。」〔註 47〕可以說，初期新詩都或多或少地存在這類文體上的不足。當新詩發展到一定時段；需要尋找新路的時候，這些不足自然成爲人們首先改進和彌補的要素。

　　象徵主義詩歌的主要特點之一就是重暗示，這在一定程度上與中國詩歌重「隱」輕「顯」的特色是一致的，因而，它被中國詩人採納之後就必然爲新詩壇所關注。雖然李金髮的詩歌存在著或多或少的生吞活剝的痕跡，並且，他開始創作之時身處國外，也就不一定帶有針對性，但他的作品出現在中國詩壇之後的震動說明人們渴求新詩進步的願望。而在他之後，特別是戴望舒，在創作上盡量拋棄了象徵主義詩歌的神秘性，並與中國當時的現實融合起來，成爲中國式的象徵主義詩歌，從而把中國新詩提升到一個新的藝術臺階。

　　對於中國新詩而言，打破舊詩束縛是極爲關鍵的一步。但是，我們不能忘記，舊詩有舊詩獨特的規範。採用白話之後，新詩應該在現代語言中重建這種規範，否則，新詩將難以獲得生存權利。一方面，我們要總結舊詩中獨特的富有生命力的藝術要素，並將其轉化到用現代語言寫作的新詩之中；另一方面，我們要尋找新的參照，這種參照主要來自成功的外國詩歌。我們不能說象徵主義詩歌是中國新詩的唯一可選的參照物，也不能說象徵主義就可以完全啓發新詩的新生，但至少，象徵主義對詩的「隱」的重視是符合中國詩歌的需要的，而且它又恰好在中國新詩最需要的時候被介紹進來，對新詩的藝術進步、對新詩文體的不斷完善是產生了重要作用的。在象徵主義詩派之後，由象徵主義引發的對外國詩歌藝術經驗，特別是對共時的外國詩歌藝術經驗的重視，也是它引發的對新詩進步的更深更廣的探索。

〔註 46〕孫玉石：《〈女神〉藝術美的獲得與失落》，《中國現代詩歌藝術》，人民文學出版社 1992 年 11 月出版，第 168 頁。

〔註 47〕孫玉石：《〈女神〉藝術美的獲得與失落》，《中國現代詩歌藝術》，人民文學出版社 1992 年 11 月出版，第 170 頁。

第六章　新詩藝術探索的艱難掙扎

第一節　蘇聯文藝思潮與新詩的政治化方向

　　早在新文化運動的醞釀期，馬克思及其學說就開始被介紹到中國。1902年，梁啓超在《新民叢報》上撰文介紹說：「麥喀士（馬克思），日耳曼人，社會主義之泰斗也。」在那以後，中國的許多報刊均刊文介紹馬克思與恩格斯，還翻譯出版了日本福井準造的《近世社會主義》、幸德秋水的《社會主義神髓》等書，介紹馬、恩學說。在 20 世紀初，中國對馬克思主義的一些重要觀點如剩餘價值學說、階級鬥爭學說、唯物史觀、科學社會主義理論有了新的瞭解，劉師培主辦的《天義報》還譯載了《共產黨宣言》第一章。但是，在辛亥革命之前，馬克思主義在中國還只是當成一般學說加以介紹的，並未產生廣泛影響，其中還存在諸多誤解與曲解。

　　十月革命的成功，馬克思主義才開始爲中國一部分先進知識分子所接受、信仰和主動傳播。不過，當時的引進還是十分複雜的，與其它所謂「新說」混雜在一起，並且，這些譯介的文章主要來自日本，很少有人讀過馬克思的原著。同時，人們當時對馬克思主義的引進是與中國現實的需要相結合的，主要吸收了他的革命學說與階級鬥爭學說，至於馬克思主義的文藝思想則極少有人專門談及。在這一時期，李大釗的《法俄革命之比較觀》、《俄國革命與文學家》、《俄國某詩人對於青年的訓語》、《我的馬克思主義觀》等文章產生了十分重要的影響。

　　「五四」以後，中國對馬克思主義進行了更爲廣泛的傳播，李大釗、鄧

中夏、陳獨秀、瞿秋白等均站在馬克思主義立場上，並努力運用馬克思主義理論來表達自己對文藝的見解。因此，在「五四」之後，中國翻譯界的最大變化就是由過去譯介歐洲資產階級文學轉向了主要翻譯俄國文學，對俄國文藝理論的譯介也受到普遍重視，鄭振鐸、郭紹虞、周作人、張聞天等還出版了研究、介紹俄羅斯文學的專著。對這一情形，瞿秋白有過如下論述：「俄國布爾什維克的赤色革命在政治上、經濟上、社會上生出極大的變動，掀天動地，使全世界的思想都受他的影響。大家要追溯他的遠因，考察他的文化，所以不知不覺全世界的視線都集中於俄國，都集中於俄國的文學；而在中國這樣黑暗悲慘的社會裏，人都想在生活的現狀裏開闢一條新道路，聽著俄國的社會崩裂的聲浪，真是空谷足音，不由得不動心。因此大家都來討論研究俄國。於是俄國文學就成了中國文學家的目標。」〔註1〕中國共產黨的一批早期理論家鄧中夏、惲代英、蕭楚女等，不斷通過黨、團刊物發表文章，提倡「革命文學」的主張。1924年，蔣俠僧（蔣光慈）的《無產階級革命與文化》把「革命文學」推向了真正的理論建設階段。他提出：「無產階級既成為政治上的一大勢力，在文化上不得不趨向於創造自己特殊的，而與資產階級相對抗。」〔註2〕在中國最早打出了無產階級革命的旗號，把馬克思主義學說運用於文藝理論上的倡導。不過，蔣光慈的主張接受的是以民爾、劉列維高、羅多夫等為代表的「崗位派」（1923年因創辦《在崗位上》雜誌而得名）的《現代中國社會與革命文學》一文中在呼喚革命文學的同時，對葉紹鈞、郁達夫、冰心等作家給予了強烈指斥。

　　與蔣光慈觀點相近的是郭沫若。1926年前後，投身北伐戰爭的郭沫若發表了《文藝家的覺悟》,《革命與文學》等文學，從政治傾向上把文學分為革命文學與反革命文學，極力倡導革命文學和無產階級的文學。這在當時的中國來說是必要的，因為受到國際無產階級文學運動大潮的推動，其出現也是必然的。但我們可以清楚地看到，以階級論為基礎的政治化傾向從一開始就存在著嚴重的弊端，對文學開展來說，潛隱著左傾幼稚病的病根。

　　茅盾也參與了這場對蘇俄文藝思想的介紹，他與其它人不同，一方面，茅盾熟悉蘇俄文藝發展狀況，另一方面，作為一位有成就的中國作家，他也熟知中國社會與中國文學的狀況，因此，他的觀點與蔣光慈等人的觀點有所

〔註1〕見《瞿秋白文集》第3卷，人民文學出版社1954年出版，第54頁。
〔註2〕蔣俠僧：《無產階級革命與文化》,《新青年季刊》第3期（1924年8月）。

不同，他在肯定無產階級文藝重要性的同時，也冷靜地指出：「無產階級藝術實在只是正在萌芽。」「一個年齡幼稚而處境艱難的階級之初生的藝術，當然不免有內容淺狹的毛病。而所以不免於淺狹之故，一因缺乏經驗，二因供給題材的範圍太小。」〔註3〕應該說，茅盾是十分清醒的，如果人們當時能對他的這種觀點加以足夠的重視，無產階級文學的發展之初定會有更為平坦的道路。

1925年以前，人們對蘇俄文學的瞭解主要是通過單篇文學的介紹為主的，缺乏全面性與系統性，這恐怕是導致片面與激進的一個原因。1925年8月，伍國楨編輯的《蘇俄文藝論戰》出版，書中選刊「列夫派」諸沙克的《文學與藝術》、「崗位派」阿巴赫的《文學與藝術》、沃隆斯基發表於《紅色處女地》上的《認識生活的藝術與今代》等三篇文章，魯迅寫了前記，對自己的文學傾向和文學思想作了簡要介紹。魯迅之所以是一位思想家，就在於他從來不隨波逐流，而是從各種文藝思想中吸取有益的因素。比如對蔣光慈所承繼的「崗位派」極力反對的托洛茨基文藝理論，他就有不同評價，「在中國人的心田中，大概還以為托羅茨基是一個喑嗚叱咤的革命家和武人，但看他這篇，便知道他也是一個深解文藝的批評者。」〔註4〕值得注意的是，魯迅對「深解文藝」比較看重，與蔣光慈他們以政治觀念來強調文學之功用有較大區別。

對於現代文學思潮的演化來說，1927年是個值得注意的年份。大革命的失敗，革命本身轉入低潮，但革命的另一側面即意識形態領域的活動與宣傳都形成更加強大的態勢，甚至導致了嚴重的「左」傾現象，這一方面是因為國際無產階級文學運動本身的「左」傾路線的影響。另一方面則是因為國內知識界某些激進思想的引導。1927年底到1928年初，由日本歸國的李初梨、彭康等人挑起了一場「革命文學」大論爭。論爭的雙方是創造社和魯迅，而在此之前，魯迅、茅盾早已與蔣先慈、郭沫若等人在理解無產階級文學上產生過不同意見。這次討論的針鋒相對更導致了新文學陣營的大分裂。

後期創造社的理論來源十分駁雜，有蘇俄的，也有日本的。李初梨認為：「文學，與其說是社會生活的表現，毋寧說是反映階級鬥爭的實踐與意欲。」「文學的任務在它的組織能力。」他還對「文學是自我的表現」、「文學的任

〔註3〕 沈雁冰：《論無產階級藝術》，《文學周報》第172期（1925年5月11日出版。
〔註4〕 魯迅：《十二個‧後記》，《魯迅全集》第七卷，人民文學出版社1981年出版，第301頁。

務是描寫生活」這兩種主張大加指責，認爲「一個是觀念論的出靈，個人主義者的囈語，一個是小有產者意識的把戲，機會主義者的念佛。」〔註5〕彭康也極大強調文學的階級性與宣傳性，將波格丹諾夫的觀點搬進中國，認爲「文藝不僅是現實社會底熱烈的直接的認識機關，還是文藝家對於現實機會的一定的見解及最期望的思考，把文藝理解爲「工具」，這在一定程度上違反了文藝發展的自身規律。但是，在當時，他們對此是難以自覺的，甚至以此爲標準，對一大批作家進行嚴厲指責，乃至進行人身攻擊。成仿吾就提出要清理的作家，他認爲：「一般地，在意識形態上，把一切封建思想、布爾喬亞的根性與它們的代表者清查出來，給他們一個正確的評價，替他們打包，打發他們去。特殊地，在文藝的分野，把一切麻醉我們的社會意識的迷藥與讚揚我們的敵人的歌辭清查出來，給還它們的作家，打發他們一道去。」〔註6〕而他們要清查和打發的作家包括魯迅、茅盾、葉聖陶、冰心等等，認爲這些作家「小資產階級的根性太濃重了，所以一般的文學家大多數是反革命。」〔註7〕這些主張和俄蘇文壇上的「崗位派」宣佈「同路人」作家是反無產階級革命的這一觀念在本質上是如出一轍的。將任何觀念極端化，必然導致幼稚和辯證性的缺乏，也必然帶來惡劣的後果。

在這場討論中，與創造社並肩戰鬥的是太陽社作家。太陽社的作家大多是年輕作家，大多是共產黨員，他們有時代革命感，卻缺乏現實鬥爭經驗和對文學的深入理解，所以他們的理論更是咄咄逼人，甚至目空一切。但他們對文學的理解，十分偏頗，只注重內容，而不注重形式，而他們強調的內容又只是無產階級的鬥爭，而不是全部的現實與人生。錢杏邨指出：「在革命的現階段，標語口號文學，在事實上還不是沒有作用，這種文學對於革命的前途是比任何種類的文藝更具有力量的。」〔註8〕這種極端化的理論對後來的文學發展埋下了可怕的種子。特別是在太陽社的創作中，它已顯出了與文學相疏離的惡劣傾向。錢杏邨還把攻擊的矛頭直接對準魯迅，認爲「魯迅終究不是這個時代的表現者」，「不足以代表十年來的中國文藝思潮。」〔註9〕這種不

〔註5〕 李初梨：《怎樣地建設革命文學》，《文化批判》第2號（1928年2月15日出版）。
〔註6〕 成仿吾：《打發他們去》，《文化批判》第2號（1928年2月15日出版）。
〔註7〕 麥克昂：《桌子的跳舞》，《創造月刊》第1卷第11期（1928年5月1日）。
〔註8〕 錢杏邨：《幼滅動搖的時代推動論》，《海風周報》第14、15號合刊（1929年）。
〔註9〕 錢杏邨：《死去了的阿Q時代》，《太陽月刊》第3期（1928年3月1日出版）。

問歷史與現實，而以蘇俄及日本文藝界「左」傾思想爲標準的批判是不符合歷史事實和藝術發展規律的。

在接下來的一段時間裏，特別是到 30 年代初，蘇俄的「唯物辯證法的創作方法」在中國得到介紹，但由於當時的不少作家既不瞭解蘇聯實際情況，又缺乏較高的馬克思主義水平，因而對這種方法的理解缺乏深度與科學性，其目的是清除公式化概念化創作傾向，而事實上並沒有達到預期目的。

在中國現代文學史上，太陽社是一個無產階級文學團體，但是，由於「左」傾思想的嚴重影響和對文學規律的忽視，他們在創作上並未形成多少有價值的成果，其作品由於生活基礎薄弱，觀念化、口號化、概念化傾向十分嚴重。我們可以把它們稱爲中國文學政治化傾向的最早期代表。到 30 年代初，「左聯」成立，人們開始比較系統地介紹馬克思主義理論，探討無產階級文學發展的特殊規律，推動了無產階級文學的發展。

對蘇俄文藝思想的引進在本世紀是一個重要的文學現象。它的功勞是不可磨滅的。但是，我們也不能忽略它對中國文學發展的負面影響。

其一，蘇俄文藝思潮對中國文學的影響主要是在觀念上的影響。而開初，人們所引進的思潮中有嚴重的「左」傾傾向，並未觸及文學發展的內在規律，這勢必在文學創作上產生誤導。

其二，在引進蘇俄文藝思潮的時候，人們是把它作爲馬克思主義思想方法看待的，而馬克思主義是中國共產黨的指導思想，由於官方的不斷引導，其中的一些非藝術的因素不但沒有被消除，反而因爲中國現代的多災多難和民族利益的需要而有所強化。

基三，蘇俄文藝思潮在當時強調的是階級鬥爭，把文藝看成鬥爭的工具，這必然忽略鬥爭之外的其它人文因素，加上這種鬥爭是有理論與觀念的，這就勢必造成文學創作的概念化、公式化、政治化傾向。

第四，現代中國多災多難，外敵入侵，國內黨派之間的鬥爭，等等，使中國一直處於動蕩不安之中。因此，人們渴望和平與新生，這就從現實處境上決定了鬥爭的必要性。再加上中國共產黨在鬥爭中成長、壯大，在鬥爭中宣傳和鼓動文學家投筆於鬥爭生活。這一切都導致了鬥爭性在現代文學中的決定作用。這一觀念一直延續到當代。1942 年毛澤東發表《在延安文藝座談會上的講話》，以政策的方式肯定了「文藝爲政治服務」的方向，1949 年以後，共產黨又成爲中國的執政黨，共和國的新生又面臨多方面考驗，所以階級鬥

爭的煙火一直沒有熄滅過。本來將文學界定爲爲政治、爲階級鬥爭服務就存在理論上的誤區，而在中國當代，階級鬥爭又不斷擴大化，所以政治化成爲文學發展的一大趨向。

基於上述種種因素，中國新詩自太陽社開始直至七十年代中期，一直與政治糾纏不清，這裡的政治不是廣泛的民族概念，而是一種狹隘的政治：以階級、鬥爭爲核心，甚至在人民內部矛盾的處理上亦是如此。

蘇聯文藝思潮的引進使中國新詩找到一條建設無產階級詩歌的道路，這無疑是功不可沒的。然而，由於政治觀念的加入，不少詩人忽略主體的創造性，詩中的「我」更成了面孔相似的「大我」，其所主張的「眞實、眞誠」等等也只是政治層面之下的眞實或眞誠，這就必然壓制其它文藝思潮的正常發展，導致詩歌發展的單調與枯燥。這裡面的經驗與教訓都是值得我們認眞總結與吸取的。

第二節　戰爭詩歌的洪流與一些詩人的藝術堅持

這裡所說的「戰爭詩歌」比人們常說的「抗戰詩歌」具有更寬泛的內涵。中國現代遭受外敵入侵始自 1931 年的「九一八事變」。自那時起，一批關心民族命運的作家詩人即試圖用筆來喚醒國人，痛斥侵略者。雖然這思潮還未在全國普及開去，外敵的戰火還未燒到中國的大部分地方，但是與戰爭相關的詩歌創作都如火如荼。中國詩歌會是這一潮流較早的代表。

中國詩歌會成立於 1932 年 9 月，1933 年 2 月開始出版會刊《新詩歌》（旬刊、月刊），主要參與者有楊騷、穆木天、任鈞：「一九三二年，正如大家所知道的一般，乃是『九一八』事變的第二年，『一二八』事變的當年。這時候，由於橫蠻的日本帝國主義的瘋狂侵略，整個中華民族業已踏上了內憂外患危急存亡的最嚴重的困難時期。在這種情勢下面，全體中華兒女，只要他或她不是冷血動物，只要他或她『還多少』有點民族觀念，可以說，都在胸中懷著一顆炸彈，隨時可以爆發！」〔註 10〕另一個動因是有意對當時詩壇進行反拔，他們對「新月派」和「現代派」極爲不滿。應該說，中國詩歌會關心民族命運、關心時代處境的目標與指向是正確的，任何一種藝術，如果沒有與民族命運的血肉相連，就不可能取得大的成功。

〔註10〕 任鈞：《關於中國詩歌會》，王永生編《中國現代文論選》第一冊，貴州人民
　　　　 出版社 1982 年 8 月出版，第 233 頁。

　　基於以上的觀念，中國詩歌會提出了如下的藝術宗旨和目標：「壓迫剝削，帝國主義的屠殺， ／反帝，抗日，那一切民眾的高漲的情緒， ／我們要歌唱這種矛盾和他的意義， ／從這種矛盾中去創造偉大的世紀。 ／／我們要用俗言俚語， ／把這種矛盾寫成民謠小調教詞兒歌， ／我們要使我們的詩歌成為大眾歌調， ／我們自己也成為大眾的一個。」〔註11〕這首署名為「本刊同人」的《發刊詩》實際上是由中國詩歌會「發起人之一的穆木天執筆的，但無疑地，它是完全能夠代表同人們的意見的。」〔註12〕我們特別需要注意的是，穆木天就是象徵主義詩歌的大力提倡者，曾在《譚詩——寄沫若的一封信》這篇著名的詩論中提出過這樣的論點：「詩越不明白越好。明白是概念的世界。詩是最忌概念的。」而在這篇《發刊詩》中，他的觀點幾乎來了個徹頭徹尾的大變化。這一方面說明現實的變化對詩人的創作往往會產生極大的影響，另一方面也說明新詩已由過去的個人沉思開始轉向對全民族命運的關心。

　　中國詩歌會極力提倡詩的大眾化和詩的現實性，甚至不惜犧牲新詩業已取得的成就而提倡「民謠小調鼓詞兒歌」，以實現「詩歌成為大眾歌調」的藝術目標。這種追求至少有幾個方面值得我們反思：

　　其一，詩歌開始成為宣傳品，成為一種缺乏詩人個人參與而只關注大眾情緒的文體，在一定程度上於新的社會環境下回覆到五四時期詩歌缺乏含蓄性的弊端上去了，而對象徵主義詩歌和新月派詩歌在這方面的糾偏成就卻毫不顧及。這是一種歷史的失誤。詩歌絕不應該成為某種觀念或思想的缺乏個性的解釋或翻譯。

　　其二，「大眾歌調」可以成為新詩的一種藝術格調，但是，詩是創造性極強的藝術樣式，創造性有時甚至是與個人性相聯繫的。極力提倡「大眾歌調」，以大眾化來消解詩的文體個性和詩人的獨創性，這必然導致對業已取得成就的新詩文體探索的忽視。

　　事實也正是如此，中國詩歌會的作品大多以口號、宣言為特徵，大多缺乏藝術獨創性。有人在肯定中國詩歌會繼承五四詩歌現實主義傳統的同時，指出了它存在的嚴重不足：「帶來了普羅詩派中概念化的弊病」、「造成了反映

〔註11〕《發刊詩》，《新詩歌》（旬刊）第1卷創刊號（1933年2月1日出版）。
〔註12〕任鈞：《關於中國詩歌會》，王永生主編《中國現代文論選》第一冊，貴州人民出版社1982年8月出版，第236頁。

方式的簡單化，偏於對客觀事物的描摹，意象感性不強，缺乏激情。」「詩人們也因之逐漸沒入現實世界的黏滯中，喪失了獨特的藝術個性。穆木天、楊騷早期為象徵派詩人，在意象選擇，暗示、象徵手法運用上，各有特色。但由於追求大眾化，過分強調通俗，詩作不免產生直白淺露的毛病，失去早期抒情度的藝術風格。……他們不重視抒情，對生活多停留在表面的概括和敘述上，構思平庸，有的以直白說教代替含蓄，令人惑到枯燥乏味，往往粗獷有餘，深婉不足。」〔註13〕

　　中國詩歌會的主張與創作並不是沒有來源和根基的。他們主要受到蘇聯文藝思潮的影響，直接承續了太陽社等開創的無產階級詩歌創作風潮。由於這種詩在當時具有很大的鼓動作用，特別是具有超越其它人生要素的政治鼓動性，因此不能說沒有很大的影響。事實上，自中國詩歌會之後，中國社會的現實處境越來越惡劣，外敵入侵不斷加劇，1937 年爆發了抗日戰爭。在全民抗戰的氛圍之下，政治鼓動更甚於其它一切藝術構成要素，所以，中國詩歌會的主要詩歌主張在後來不是被削弱而是不斷以各種方式被強化，在七月派詩歌、解放區詩歌等作品中，我們都可以找到它的影子。雖然在當時，也有一些置身其中的詩人如穆木天、胡風、艾青、臧克家等在詩的文體建設方面提出過一些校正意見，新詩文體建設在這一路向的詩人中並沒有取得令人滿意的效果。

　　在戰爭詩歌洪流之中，並不是所有詩人都不關心和實驗詩的文體建設，只是這些詩人的人數不多並且不像新月派詩歌和象徵主義詩歌那樣形成了群體式的大氣候。在注重新詩文體建設的詩人中，我們應該特別提到戴望舒、馮至、卞之琳與何其芳等。在三十年代乃至四十年代的詩壇上，這批詩人是名符其實的「少數派」，但他們對新詩文體建設的貢獻卻不能以這種人數之比來確定，在他們身上正好印證了這樣一種說法：真理有時是掌握在少數人手中。

　　當我們站在二十一世紀的潮頭，回頭打量中國新詩歷史的時候，我們會驚奇地發現，那些在一時間的政治氣氛下大紅大紫的詩人有不少已漸漸為人淡忘，他們給詩歌史所留下的主要是教訓，而那些在當時不為詩界所肯定卻默默耕耘的詩人卻不斷被人們從歷史的故紙堆裏「挖掘」出來，閃射出異樣的光彩。歷史與時間就是這般殘酷：時風會轉，政治會演進，純粹以當前政

〔註13〕柯文溥：《中國新詩流派史》，海峽文藝出版社 1993 年 2 月出版，第 264 頁。

治、時風而熱情泛濫的詩歌，自然會隨時間的流逝而失去其依存的背景，失去其藝術生命力。與此相反，一些堅持文體探索，堅持寫自我認識（哪怕是對當時政治的認識）和詩歌則會因爲藝術創造上的收穫而具有較爲長久的生命力。

第三節 《現代》與新詩的現代性尋求

在談到中國三十年代新詩創作，特別是現代主義詩歌時，人們都要提到《現代》，並將其認定爲現代主義詩歌的肇始。

《現代》創刊於 1932 年 5 月 1 日，先由施蟄存一人主編，後改由施蟄存、杜衡合編，最後由汪馥泉編輯，到 1935 年 5 月 1 日後停刊，共出版 34 期。施蟄存在創刊號上發表了《創刊宣言》，稱「本志是文學雜誌，凡文學的領域，即本志的領域。……因爲不是同仁雜誌，故本志所刊載的文章，只依照編者個人的主觀爲標準。至於這個標準，當然是屬於文學作品的本身方面的。」按照施蟄存本人的說法：「我在爲《現代》編選來稿的時候，對作品的風格和思想內容，盡量尊重作者，只要是我認爲有相當藝術性的，無不採用。我沒有造成某一種文學流派的企圖。」〔註14〕但是，事實上，「編者個人的主觀」和「文學作品的本身方面」即告知我們，《現代》在無意識地聚結一種流派，並且這個流派是看重文學本體的，它所依託的是西方的現代主義思潮及其作品。

《現代》既發表翻譯作品，又發表創作作品。對翻譯作品的要求是「現代」，是「美國剛剛流行的作家。」〔註15〕這是就小說而言的。其實，在詩歌翻譯上亦是如此。《現代》刊發了安簃選譯的《夏芝詩鈔》七首、《美國三女流詩鈔》（陶立德爾、史考德、羅慧兒）七首、劉吶鷗譯的《日本新詩人詩鈔》6 首，戴望舒譯的果爾蒙《西萊納集》八首、徐霞林、施蟄存譯的《桑德堡詩鈔》9 首及簡介、李金髮譯的《鄧南遮詩鈔》8 首等等，這些詩人大多是屬於現代主義的詩人。同時刊發了高明翻譯的《英美新興詩歌》、徐遲的《詩人 Vachel Lindsay》（詩人林德賽）、高明的《未來派的詩》等論文對西方現代主義詩歌

〔註14〕施蟄存：《〈現代〉雜憶》，《沙上的腳跡》，遼寧教育出版社 1995 年 3 月出版，第 34 頁。

〔註15〕施蟄存答新加坡作家劉慧娟問《爲中國文壇擦亮「現代」的火花》，《沙上的腳跡》，遼寧教育出版社 1995 年 3 月出版，第 178 頁。

給予了廣泛的評議和介紹。1934 年 10 月 1 日出版的《現代》第 5 卷第 6 期更是《現代美國文學專號》，在詩歌方面，除刊發了邵洵美的《現代美國詩壇概觀》、徐遲的《哀茲拉‧邦德及其同人》等論文之外，還譯有弗洛斯特、E‧A‧羅賓遜、A‧羅厄爾、C‧愛肯、S‧蒂絲黛爾、C‧桑德堡、E‧龐德、H‧D、J‧G‧弗萊契等詩人的大量作品，是對美國現代主義詩歌為主的詩人的一次集中介紹。因此，施蟄存也認為，「到了三十年代，我們這一批青年，已丟掉了十九世紀的文學了。我們受的影響，詩是後期象徵派，小說是心理描寫這一類都是 Modernist，不同於十九世紀文學。」〔註 16〕

　　由於一種潛在的求新意識的作用，《現代》從創刊起就有一種獨特的風貌，其詩不同於當時流行的新月派詩歌，並且是有意與新月派對抗而另尋一條出路的。而「現代派」這一稱號的來歷也正是源於對《現代》上所刊發的詩歌的討論而引發的。《現代》創刊號刊發了戴望舒的《過時》、《印象》、《前夜》、《教步》、《有贈》等五首詩。第 2 期又刊登了施蟄存以《意象抒情詩》為題的五首詩，在讀者中產生廣泛影響，也有不少讀者提出批評意見。1933 年 9 月第 3 卷第 5 期以《關於本刊所載的詩》為題刊發了讀者來信和施蟄存的回信，1933 年 11 月第 4 卷 1 期又刊出了施蟄存寫的《又關於本刊中的詩》一文。一位叫吳霆銳的讀者在信中說：「『詩的形式與內容』，這個問題自從拜讀了你詩的大作後，直到現在沒有解決下來，就是對於詩人戴望舒先生的作品也拖著同樣的懷疑。……明明像散文般的一首詩，又沒有古典作弄讀者，但是談上去毫沒有詩的節奏，又起不起情惑上的作用……簡直可說是一首未來派的謎子。唯物文學我並不反對，但是——這一類未來派的新詩，使人玄妙，玄妙——如入五里霧中。」施蟄存在答覆中說：「詩的從韻律的束縛中解放出來，並不是不注重詩的形式，這乃是從一個舊的形式換到一個新的形式。……散文是比較的樸素的，詩是不可避免地需要一點雕像的。易言之，散文較為平直，詩則較為曲折。沒有腳韻的詩，只要作者寫得好，在形似分行的散文中，同樣可以表現出一種文字的詩情的節奏。」〔註 17〕他對讀者提出的意見顯然是不能接受的，雖然他承認有些詩是因為作考技巧不夠成熟。這裡有很明顯的「個人的主觀」的堅持。讀者在來信中把《現代》的詩與未

〔註 16〕施蟄存答新加坡作家劉慧娟問《為中國文壇擦亮「現代」的火花》，《沙上的腳跡》，遼寧教育出版社 1995 年 3 月第 1 版，第 179 頁。
〔註 17〕《關於本刊所載的詩》，《現代》第 3 卷第 5 期（1933 年 9 月 1 日）。

來主義詩歌並爲一談，不一定有道理，但它確實透露出一種信息，《現代》的詩與西方的現代主義是密切相關的，是中國詩人借用現代主義的某些藝術手段創作的中國現代詩，它不同於以前的新詩，亦不同於當時其它詩人所創作的作品，因而是獨特而新鮮的。

對於這種詩的共同特徵，施蟄存在《又關於本刊的詩》中有詳盡闡述：

《現代》中的詩是詩，而且是純然的現代詩。它是現代人在現代生活中所感受的現代情緒，用現代的詞藻排列成的現代的詩形。〔註18〕

在這裡，他用「現代人」、「現代生活」、「現代的情緒」、「現代的詞藻」、「現代的詩形」等一系列與「現代」有關的語詞來界定「現代詩」。關於「現代的生活」他指出：「這裡面包含著各式各樣獨特的形態：彙集著大船舶的港灣，轟響著噪音的工場，深入地下的礦坑，奏著 Jazz 的舞場，摩天樓的百化店，飛機的空中戰，廣大的競馬場……甚至連自然景物也與前代的不同了。這種生活所給與我們的詩人的感情，難道會與上代詩人們從他們的生活中所得到的感情相同嗎？」由此可以看出，在施蟄存看來，不同時代、不同處境下的詩人有不同的悲情，因而要用不同方式來表達。他所謂的「現代生活」不是單一的，浮淺的，而是包容廣泛且與現代工業文明，都市文明相關的，因而在意識層面上它與傳統詩歌理論中所說的「生活」要複雜、廣闊得多。在這裡，顯然作者沒有直接引用西方現代主義詩論中的某些觀點，但我們還是可以明確地感受到西方給現代主義藝術現象的影子，以嘈雜代替單純。以不和諧替代協調，這是現代主義詩歌的主要特點之一，詩人正是在這樣一種處境中去表達現代人的心靈世界與沉思。施蟄存在同一篇文章中還指出：「《現代》中的詩，大多是沒有韻的，句子也不很整齊，但它們都有相當完美的『肌理』（Texture），它們是現代的詩形，是詩。（有一部分詩人主張利用『小放牛』、『五更調』之類的民間小曲作新詩，以期大眾化，這乃是民間小曲的革新，並不是新詩的進步）。」他所追求的「新詩的進步」乃是新詩應徹頭徹底地新的面貌來對應變化著的新的時代與人生，而不僅僅是以舊形式的革新來進行表面上的探索。這種觀念是新詩進步的一種標誌：只有不斷否定和不斷創新，新詩才能真正找到自己的藝術出路。而正是這一批居於少數地位的詩人清醒

〔註18〕施蟄存：《又關於本刊的詩》，《現代》第 4 卷第 1 期（1933 年 11 月 1 日出版）。

而又沉默地承擔著這一使命,「現代派」也因為施蟄存的文學和《現代》這一雜誌的名稱而廣為人知和接受。

施蟄存從四個方面概括了《現代》刊發的詩歌的特點:「(1)不用韻。(2)句子、段落的形式不整齊。(3)混入一些古字或外語。(4)詩意不能一讀即瞭解。這些特徵,顯然是和當時流行的『新月派』詩完全相反。」〔註19〕這一概括並不是十分清晰的,但其要點在第(4)上,由於詩人們注重營造,注重詩的內部張力的建構,注重感覺與理性的加入,詩的意象之間往往形成極大跳躍,並且,一些在一般人看來不能入詩的語詞乃至個別古文、外語字也被用於詩中,從而形成某種「梗阻」,不讓情緒像流水般直接顯現出來,這是現代詩歌將複雜體驗化入詩歌的重要方式。

為了更詳盡地瞭解《現代》在新詩現代化歷程中所起的作用,我們將在《現代》上刊發過詩作的重要詩人進行一番統計,恐怕並不是沒有益處的。《現代》除了由汪馥泉主編的最後三期因改為無所不談的綜合性刊物之外,其餘時間幾乎都堅持其純文學主張,大部分期次都刊發詩歌。在《現代》上刊發過詩作的作者共計90人,其中刊發數量較多的有戴望舒15首、施蟄存8首、艾青(莪伽)11首、金克木9首、玲君8首、宋清如7首、林庚7首、楊世驥6首,每期詩歌作者幾乎都出現新面孔,但主要以以上詩人為主體。刊發作品較少的詩人中有朱湘、侯汝華、徐遲、柳倩、何其芳、郭沫若、臧克家、朱金、路易士、吳奔星、錢君陶等等。從這個基本格局,我們可以看到,《現代》雖然是一個相對開放的、非同人性質的刊物,但它所引導的還是以現代主義為主的詩歌潮流,有些詩人如艾青,雖然在後來的創作中有所轉向,但在當時,艾青所看重的是象徵主義詩歌和印象派繪畫,他所發表的作品諸如《當黎明穿上了白衣》、《那邊》、《陽光在遠處》、《蘆笛》、《病監》、《滄影》、《黎明》、《遼闊》等等是深受象徵主義詩歌和印象派繪畫影響的,有些作品還成為他的名作並對他後來的創作產生過很大影響。如果以當時的作品為範,稱艾青為現代主義詩人是不為過的。

《現代》在文壇上堅持的時間並不太長,它所堅持和倡導的新詩現代化路向也未能走得太遠,「抗戰以後,我們這一批人的文學沒法子發展。三十年代到了後期,就是一九三五年至一九四〇年,我們這一批人的文學,被政治

〔註19〕施蟄存:《現代》雜憶》,沙上的腳跡》,遼寧教育出版社1995年3月出版,第35頁。

的需要、抗戰的需要壓住了。這時左翼作家勢力在大起來了。」〔註20〕但是，《現代》所產生的影響並沒有因此而消失，它在政治的夾途中為文學為詩歌求取自身生存之路的努力由另外一些詩人所延續與拓展，中國新詩的現代化之路又以另外的方式在新的時代環境下繼續開展著。

第四節　現代主義詩歌的藝術收穫

　　進入三十年代以後，中國新詩創作顯得尤其複雜，象徵主義、新月派等的影響尚在延伸，普羅詩歌、抗戰詩歌也大量出現。特別是現代主義詩歌的出現使新詩裏露出更多的面孔。實際上，象徵主義詩歌已是現代主義詩歌的一個支流，或者說是前驅。這裡所說的現代主義不是與西方的現代主義完全對應的概念，而是指在象徵主義基礎上發展起來的更為複雜的詩歌思潮。它在政治化詩歌的夾縫中尋求生存，擔當著政治化詩歌所無法承負的藝術使命。換句話說，三十年代的現代詩歌有著比單純的象徵主義與新月派詩歌更豐富的藝術來源，因而也有更為深遠的藝術拓展。

一、戴望舒的第三個時期

　　戴望舒 1924 年至 1929 年 5 月所寫的詩作收入《我底記憶》，是他詩歌生活的第一個時期；129 年後至 1932 年留法之前，所寫的詩轉入《望舒草》，是他創作上的第二個時期，即象徵主義時期。1934 年 5 月至 1945 年 5 月所寫的 25 首詩收入《災難的歲月》，是他詩歌生涯的第三個時期，也即是由象徵主義轉入現代主義的時期。

　　《災難的歲月》中的作品在時間跨度上是很大的。在這些作品中，詩人擺脫了過去詩歌中以個人哀怨、彷徨為主的格調，將自己投入到更廣闊的空間，詩的視野為此而大大拓展，也形成了一種新的藝術境界。戴望舒後期詩歌拓展的一個重要側面就是對眼前中國現實的關注和思考，同時在藝術上延續和昇華了《望舒草》時期業已取得的成功，在詩的音樂性上還給予了較多的重視。因此，我們可以說，戴望舒後期創作在藝術上是前兩個時期創作的「迭加」，這種「迭加」不是數學式的，而是化學式的──生成了一些新的特點。

〔註20〕施蟄存答新加坡作家劉慧娟問《為中國文壇擦亮「現代」的火花》，《沙上的腳跡》，遼寧教育出版社 1995 年 3 月出版，第 179 頁。

　　在談到文學與政治的關係時，施蟄存說：「我一直深知政治歸政治，文學歸文學，我也不反對文學爲政治服務，但是必須作家出諸自願。事實上，文學時常不知不覺的在爲政治服務的，一個作家是無法逃離政治氛圍的。」〔註21〕這可以看作包括戴望舒在內的那一批現代主義作家共有的觀點。戴望舒後期的詩與當時的現實是密切相關的，說它們具有政治性，也未嘗不可。在民族災難日重的歲月，這並不定過錯，相反，是一種崇高品德的體現。也正是這種轉向使戴望舒放棄了早期、中期寫作中的個人哀怨與彷徨，透露出新的思想光芒。

　　關鍵問題是用怎樣的方式去表現現實與政治。戴望舒沒有放棄詩歌作爲一種獨特文體的特質，沒有與自己過去的藝術探索「決裂」，而是通過「我」的心、「我」的眼光去關心現實，去思索民族命運，這一切都與詩人自己的體驗水乳交融。與那些依觀念、口號寫詩的詩人相比，戴望舒的確要高明許多，他絕不以外在觀念或進步的思想損害藝術的獨立性。

　　《我用殘損的手掌》是戴望舒後期創作中的代表作。詩中寫道：「我用殘損的手掌 ／摸索這廣大的土地： ／…… ／無形的手掌掠過無限的江山， ／手指沾了血和灰，手掌黏了陰暗， ／只有那遠遠的一角依然完整， ／溫暖，明朗，堅固而蓬勃生春。 ／在那上面，我用殘損的手掌輕撫， ／像戀人的柔髮，嬰孩手中乳。 ／我把全部的力量運在手掌 ／貼在上面，寄與愛和一切希望， ／因爲只有那裡是太陽，是春， ／將驅逐陰暗，帶來蘇生， ／因爲只有那裡我們不像牲口一樣活， ／螻蟻一樣死……那裡，永恒的中國！」全詩構思巧妙，「手掌」這一意象貫穿始終，它是詩人全部身心感受的凝聚點，而這種凝聚點又與一張中國地圖發生關係，於是，中國的現實，詩人的感受與期盼都由此流瀉出來。全詩沒有口號，沒有宣言，但詩人的沉痛深切可感，各種象徵意象的並列，衝突構成一個巨大的情緒空間，再加上節奏的鮮明和諧，跳躍中注入凝視，感性中加入沉思，使全詩顯示出一種宏大的體式。

　　這首詩是象徵主義詩歌的中國化典範，但詩人並不止於象徵主義，他還把艾呂雅、阿拉貢等人的超現實主義手法也揉和其間，因此，在詩體結構上比他以前的作品更爲複雜——爲了表達複雜心態的需要。這實際上已超出了單片的象徵主義而步入了現代主義之列。

〔註21〕施蟄存答臺灣作家鄭明娳、林燿德問：《中國現代主義的曙光》，《沙上的腳跡》，遼寧教育出版社 1995 年 3 月出版，第 171 頁。

戴望舒從象徵主義詩歌的引進到象徵主義手段的改進創造，其功勞是巨大的，特別是在政治化詩歌泛濫的時代，他仍然堅持詩歌文體的特性，思想改變而藝術上並不衰頹，這是新詩史上少有的例子，因而也為我們留下了許多值得進一步思索的話題。

二、何其芳：夢中的真性情

在新詩史上，何其芳是一個頗多爭議的詩人。人們常常以延安時代為界，將其創作劃分為兩個時段，認為他前期的作品具有很高的藝術成就，而後期作品在藝術上降低了。人們將這一種現象概括為思想進步、藝術退步的「何其芳現象。」我們不管這種概括是否準確，何其芳詩歌在前後兩階段的確存在顯著差異，並且，前期的作品也的確更多地傳達了何其芳作為一個詩人的真性情。

唯美是何其芳《預言》時期所極力追求的詩的境界。這種追求有多方面營養，除了詩人獨特的體驗之外，外國藝術和中國古代詩歌對他的影響也是十分明顯的。在早年的時候，他就「讀著許多時代許多國土的詩歌。」〔註22〕在大學時代，「我那時溫柔而多感地讀著克利斯丁娜‧喬治娜‧羅塞諦和阿爾弗烈‧丁尼生的詩。一種悠揚的俚俗的音樂迴蕩在我心裏。我曾在一日夜間以百餘行寫出一個流利的平庸的故事，博得一位朋友稱許它的音節，又一位朋友從遼遠的南方致我以過分的讚賞。那種未成格調的歌繼續了半年。那些脆薄的早落的黃葉只能在爐火裏發出一次光亮。直到一個夏天，一個鬱熱的多雨的季節帶著一陣奇異的風撫摩我，搖撼我，摧折我，最後給我留下一片又淒清又豔麗的秋光，我才像一塊經過了磨琢的璞玉發出自己的光輝，在我自己的心靈裏聽到了自然流露的真純的音籟。陰影一樣壓在我身上的那些十九世紀的浮誇的情感變為寧靜，透明了，我彷彿呼吸著一種新的空氣流，一種新的柔和，新的美麗。當清晨，當星夜，我獨自憑倚在長長的白石橋上，躑躅在槐蔭下，或者瞑坐幽暗的小窗前，常有一些微妙的感覺突然浮起又隱去。我又開始推敲吟哦了。這才算是我的真正的開始。然而我沒有天賦的匠心和忍耐，從這開始便清楚我許多小小建築的傾斜，坍倒，不值一顧。我自知是一道源頭枯窘的溪水，不會有什麼壯觀的波瀾，而且隨時都可乾涸。我僅僅希望製作一些娛悅自己的玩具。這時我讀著晚唐五代時期的那些精緻的

〔註22〕何其芳：《刻意集‧序》，文化生活出版社 1946 年出版。

冶豔的詩詞，蠱惑於那種憔悴的紅顏上的嫵媚，又在幾位班納斯派以後的法蘭西詩人的篇什中找到了一種同樣的迷醉。」〔註23〕這一切不能不在何其芳的創作中產生影響，而這種影響是綜合性的，並非以某一人某一思潮爲主。因而在何其芳早期詩中，外國詩的影子總是若隱若現，似有似無的。

何其芳曾在《雲》中寫過如下詩行：

> 「我愛那雲，那飄忽的雲……」
> 我自以爲是波德萊爾散文詩中
> 那個憂鬱地偏起頸子
> 望著天空的遠方人。

這可以看成是何其芳早期創作心態與藝術路向的自白。其一，他喜愛波德萊爾，這是毋庸顯疑的，還將自己比作其品中的形象；其二，「飄忽的雲」與「天空」是何其芳早期詩歌的立命之解，那是一種超越大地（即現實）的幻美之境；其三，「遠方人」暗示著飄零、孤獨的無所依託，這是詩人當時的心態，他無法投入現實之中，更無法溶入他鄉之土，其矛盾、彷徨之心境由此可見端倪。「獨語」是何其芳早期詩歌的獨特面孔。

唯美是何其芳《預言》的主要特點之一。「美」是何其芳早年詩歌的最高境界，理想的人生境界。他早期的詩以愛情詩爲主，但不乏其它類別的詩，特別是在大自然的學觀中，詩人隨處都可以感受到美的存在，甚至連死亡也是美的。《花環》是一首悼亡詩，詩人卻寫道：「開落在幽谷裏的花最香。／無人記憶的朝露最有光。／我說你是幸福的，小玲玲。／沒有只過影子的小溪最清亮。」「你有美麗得使你憂愁的日子，／你有更美麗的夭亡。」何其芳的詩的唯美追求總是在寂寞、憂愁之中獲得的，或者說是詩人對這種境界的藝術昇華，由此而構成充滿純眞的詩意世界，那便是詩人空虛但卻並不是沒有期待的世界。正是在這樣一種夢幻情調中，何其芳的詩獲得了一種超然物外的境界，一種與詩人當時的心態，處境相一致卻與混沌的現實保持著距離的情狀。但在另一方面，我們可以認爲，詩人並不是在迴避現實，他是以唯美的眼光提升現實，這是詩的至境。也正因爲如此，何其芳的詩所畫的「夢」才與眾不同，形成獨立於群體之外的「我」的形象；也顯示了新詩藝術探索的別一路向。

〔註23〕 參看何其芳：《夢中的道路》，《何其芳文集》第二卷。

　　意象繁複是何其芳《預言》的第二個特點。這顯然是受了象徵主義詩歌乃至意象派詩歌的影響。象徵主義詩歌同樣具有唯美傾向，但它們往往於「病」中求美。如果我們不把《惡之花》的「惡」理解爲「罪惡」而理解的「病態」的話，我們就可以清晰地感覺到何其芳詩中的「惡」的因素：「孤獨、憂鬱、彷徨。這一切都是極爲個人化的感受，與詩人的眞性情有最緊密的關聯。對意象的營造是何其芳從象徵主義和意象派那裡獲得的最重要的藝術啓示。但這也僅僅是啓示而已。何其芳詩歌的意象不像波德萊爾那般都市化、直接「病態化」，而是以柔和爲主調，這恐怕與詩人的東方人的審美道德觀念又有很深的姻緣。「你青春的聲音使我悲哀。／我忌妒它如流水聲睡在綠草裏，／如星群墜落到秋天的湖濱，／更嫉妒它產生從你圓潤的嘴唇。／你這顆有著成熟的香味的紅色果實／不知將被齧於誰的幸福的嘴。」(《贈人》)這裡的意象不是波德萊爾筆下的「垃圾」、「蒼蠅」、「妓女」等等，而是「流水聲」、「綠草」、「星群」、「秋天」、「湖濱」、「香味」、「果實」等等，大多是自然之物，而且是一些靜態的物象，這是與何其芳的東方式的唯美觀相一致的。同時，詩人也通過這種意象將心中的「動」凝定爲詩篇的「靜」，「動」「靜」合一，構成一種既區別於中國古代詩歌也區別於西方現代詩歌的獨特的詩意境界。

　　意象的營造構成了詩意的朦朧，這是現代主義詩歌的特點之一。詩人絕不以直白方式把心中的感受告知讀者，而是讓這種感受隱身於詩行之間，形成一種迷朦隱含、若隱若現的情形，這也正好構成了詩的含蓄與余味。《病中》有這樣的詩行：「想這時湖水／正翻著黑色的浪，／風掠過灰瓦的屋頂，／大街上沙土旋轉著／像輪子，遠遠的郊外／一乘驛車在半途停頓，／四野沒有人家……／／四個牆壁使我孤獨。／今天的牆壁更厚了／一層層風，一層層沙。」這裡寫的是「病中」的孤獨，但詩人並沒有直接落筆這一意念，而是借幾幅跳動的場景來暗示。在這裡，場景與意象的隱含意義是十分明確的。

　　在意象營構中，何其芳很注意意象的整一性，這是與中國其它一些象徵主義詩人或現代主義詩人有所不同的。在他的詩中，意象的柔和是一致的，絕不在一大堆柔和意象中加入某一個或幾個「刺眼」、「刺耳」的意象。由此可以看出，整一性也是何其芳唯美思想的一個方面，他所追求的唯美還是正面的，並不同波德萊爾乃至中國的李金髮、聞一多等詩人相似。協調與和諧是何其芳生命的最高追求。

　　正因爲和諧與協調的需要，所以，在詩體建議上，何其芳的《預言》十分強調外在音樂性。《預言》中的作品，大多數都具有韻腳，詩行也相對整齊，這在當時的現代主義詩人中是很少見的，戴望舒甚至提出了散文美追求，極力反對詩的音樂性。因此，單從這一角度講，我們認爲何其芳就是一個獨立的，有個性，不隨波逐流的詩人，他在新詩文體建設方面爲我們提供了值得學習與借鑒的經驗。

　　基於上述分析，我們認爲，《預言》時期的何其芳是一個主要受象徵主義影響同時又注重個人藝術創造的詩人，他詩中的唯美、孤獨、憂鬱都顯得眞實而又親切，他營構意象的整一性與他的唯美追求協調配合，表達了一個處於孤獨、彷徨中的青年詩人唯美的眞性情。

　　而有些論者對何其芳早期詩歌多有批評，凡尼認爲：「何其芳同志在北京大學學習的生活，不僅養成了他孤僻的性格，更主要的是形成了他對革命鬥爭，對政治生活長久的冷漠，以至時代、形勢在發生急劇變化的時候都沒有能夠激起他的反響和震動。」〔註24〕這完全是從庸俗社會學的角度在談詩與詩人，我們不禁要問：爲什麼詩中就一定要表現政治與鬥爭？難道人的性情，性靈與個人內心思考就不是詩的歌詠對象嗎？正是這種庸俗社會學思想的長期制約，我們對不少詩人給予了不恰當的批評或拔高，這是不符合歷史和藝術事實的。

　　這種思想的另一種表現，就是極力從詩中去尋找革命的、反抗的、進步的思想，這實際上也是對詩歌的一種誤解。何其芳的《秋天》中寫道：「震落了清晨滿披著的露珠，／伐木聲丁丁地飄出幽谷。／放下飽食過稻香的鐮刀，／用背簍來裝竹籬間肥碩的瓜果。／秋天棲息在農家裏。……／／草野在蟋蟀聲中更寥闊了，／溪水因枯涸見石更清洌了。／牛背上的笛聲何處去了，／那滿流著夏夜的香與熱的笛孔？／秋天夢寐在牧羊女的眼裏。」這首詩寫得很美，是何其芳唯美思想的藝術呈示：對農家生活和諧，寧靜的歌贊表達了詩人對這種人生境界的嚮往與欽羨。而有人卻對此作了如下評價：「這首勾勒秋天農家的詩，把農、牧、漁都描繪得詩意盎然，顯然是美化了國民黨反動統治下的中國農村。」〔註25〕這簡直可以說是無稽之談，爲什麼總要把詩與

<hr>

〔註24〕《文學評論叢刊》，1979 年卷。
〔註25〕周忠厚：《啼血畫夢　假骨詩魂——何其芳創作研究》，文化藝術出版社 1992年 5 月出版，第 21 頁。

政治、鬥爭在一起並且聯繫得那麼牽強附會呢？難道詩人的心靈就不能有一刻超然、純美的時間嗎？創作自由應該是作家最起碼的權利。

在山東萊蕪的時期，何其芳的詩風有所變化，由過去的寧靜開始轉向較多的衝突。詩人開始反思自己，用更多的心智關心當前的處境，「雲」與「天空」的幻美在詩中漸漸消失。但是，詩人對自我的解剖、對當時現實的關照並不是像有些人所說的那樣是階級鬥爭觀念的加強，同樣是出自詩人內在的衝突與矛盾。在《送葬》中，詩人寫道：「燃在寂靜中的白蠟燭／定從我胸間壓出的歎息。　／這是送葬的時代。……／／我看見訥伐爾用藍色絲帶，／牽著知道海中秘密的龍蝦走在大街上，　／又用女人圍裙上的帶子／弔死在每晚一便士的旅館的門外。　／最後　／的田園詩人正在旅館內／用刀子割他頸間的藍色靜脈管。」因此，詩人說「我埋葬我自己」，這裡有詩人人生向度的重新思考，但與郭沫若表達鳳凰集香木自焚又從火中再生的詩篇不同，何其芳採用的是現代主義式的自剖，不是空洞的宣言，這是敏感、內向的詩人與激情噴發的詩人的最大區別之一。

不過，這一狀況並沒有延續多久。到延安之後，何其芳的詩開始轉向另一個路向，即關心大眾、關注現實，並且接受了革命思想的引導。在談到自己的創作時，何其芳有一段自我批判式的總結：「我開始受了一些中國新詩作者的影響，後來又受了一些外國的詩作者的影響，也曾經有過專心一意地去寫的時期。然而，不用說那些早期的作品，就是抗戰以後寫的一些詩，我最近有機會再找來翻了一下，它也給了我一個如何可慨歎的失望啊。這個時代，這個國家，所發生過的各種事情，人民和他的受難、覺醒、鬥爭，所完成著的各種英雄主義的業績，保留在我的詩裡面為什麼這樣少呵。這是一個轟轟烈烈的可歌可泣的世界。而我們歌聲在這個世界中卻顯得何等的無力，何等的不和諧！地於這個世界，我實在是知道得太少了，而且就是我窺見這樣一個角落，我過去也不能正確地去理解。」〔註26〕這一批評說明何其芳對自己要求十分嚴格，但另一方面，我們發現何其芳已與《預言》時期判若兩人。

在這裡，我們暫且撇開人們時常談論的思想上進步，藝術上退步的「何其芳現象」不談，但是我們不得不承認，何其芳在《預言》之後的詩雖然不像《預言》那般迷蒙、充滿夢幻與華美，而是顯得樸素、明朗，但某些詩也

〔註26〕何其芳：《談寫詩》，王永生主編《中國現代文論選》第一冊，貴州人民出版社1982年8月出版，第221頁。

在一定程度上失去了早期作品的豐富。《預言》中的作品充滿迷離情調，表達了詩人的眞性情，而後來的作品則受到當時政治觀念的影響，情緒流向相對單一，詩人似乎變成了一個觀念的人，少了性情的人，這顯然有著「文藝爲政治服務」的影子。不過，與其它一些詩人相比，何其芳還是在努力堅持詩歌文體的特性，比如，他提出：「中國的新詩我覺得還有一個形式問題尚未解決。從前，我定主張自由詩的。因爲那可以最自由地表達我自己所要表達的東西。但是現在，我動搖了。因爲我感到今日中國的廣大群眾還不習慣這種形式，詩不大接受這種形式。而且自由詩的形式本身也有其弱點，最易流於散文化。恐怕新詩的民族形式還需要建立。」〔註27〕他的這一觀念中也許這包含著當時詩歌大眾化思潮的影響，但是他對詩體建設的重視與敏感還具有詩學價值的，在一定程度上，我們也可以看出他對以前創作中體現出來的詩的音韻美有所延續。

何其芳詩歌的轉向說明當時詩歌政治化觀念是十分強大的，但我們不可否認，何其芳《預言》時期的作品是具有現代主義特點的。卞之琳對此有過較公允的評價，在談到自己第一個階段的創作（1930～1932）時，卞之琳說：「同時我和同學李廣田、何其芳交往日密，寫詩也可能互相契合，我也開始較多寫起了自由體，只是我寫的不如他們早期詩作的厚實或濃鬱，在自己顯和不顯的憂鬱裏有點輕飄飄而已。」〔註28〕在這裡，「厚實」主要指李廣田的詩，而「濃鬱」則主要指何其芳的詩。何其芳早期詩歌的濃鬱即是他詩歌的豐富，這種豐富性探索對新詩發展是起過重要作用的，事實上，何其芳對後來者的影響主要是《預言》及同時期散文集《畫夢錄》而不是他後來的作品。

三、卞之琳：現代主義的堅持者

在何其芳詩歌轉向的同時，他的同學兼摯友亦之琳則不同。卞之琳一直堅持著現代主義詩歌的艱難探索。

卞之琳與新月派有一段較爲密切的關係。這不僅是因爲他的詩首先是由徐志摩介紹給沈從文並拿到《詩刊》等刊物去發表的，而是因爲卞之琳直接接受過聞一多等詩人的藝術啓發。他本人多次談到這一情況。「這階段（指1930

〔註27〕何其芳：《談寫詩》，王永生主編《中國現代文論選》第一冊，貴州人民出版社1982年8月出版，第222頁。
〔註28〕卞之琳：《雕蟲紀曆·自序》，人民文學出版社1979年9月出版。

～1932 年）寫詩，較多表現當時社會的皮毛，較多寄情於同歸沒落的社會下
層平凡人、與小人物，這（就國內現代詩人而論）可能是多少受到寫了《死
水》以後的師輩聞一多本人的薰陶。」〔註29〕「平心而論，我在寫詩『技巧』
上，除引從古、外直接當來的一部分，從我國新詩人學來的一部分當中，不
是最多就是從《死水》嗎？」〔註30〕但是，卞之琳並沒有完全順著聞一多等
詩人開闢的道路順勢延展自己的藝術之路，而是在此基礎上尋找新的「開
端」。在這裡，我們暫且不去從具體作品分析中尋找證據，僅從詩人對作品的
自我評價中便可以獲得些微信息「……詩人不斷選編出版的詩集、詩選往往
就是在自我選擇、增刪中顯示著自我藝術評價。卞之琳總在《詩刊》（徐志摩
主編）上發表不少新詩及譯詩，該刊自 1931 年至 1932 年共出版 4 期，其中
有 3 期刊發了卞之琳的詩，包括《群鴉》、《噩夢》、《魔鬼的 SERENADE》、《寒
夜》、《望》、《黃昏》、《小詩》、《遠行》、《長的是》等 9 首，這些詩大多受新
月派詩人的影響，但在詩人選編的可謂詩作精選的《雕蟲紀曆》中，只收入
了《寒夜》一首。這其中原因恐怕是因為，在那以後，詩人選擇了更為獨特
的藝術之路，而那種道路更適合詩人自己，也更具獨特性。

　　事實上，卞之琳的詩歌探索所受到的影響是很寬泛的，除了古代李商隱、
姜白石等詩人和現代聞一多等詩人之外，他還直接接受了不少外國詩人的影
響。他說：「我前期最早階段寫北平街頭灰色景物，顯然指得出波特萊爾寫巴
黎街頭窮人，老人以至盲人的啟發。寫《荒原》以及其前短作的托‧斯‧艾
略特對於我前期中間階段的寫法不無關係；與同樣情況是在我前期第三階
段，還有葉慈（W‧B‧Yeats）、里爾克（R‧M‧Rilke），瓦雷里（Paul Valery）
的後期短詩之類；後期至解放後新時期，對我也多少有所借鑒的還有奧登（W‧
H‧Auden）中期的一些詩歌，阿拉貢（Aragon）抵抗運動時期的一些詩歌。」
〔註31〕從這個長長的名單中可以看出，卞之琳幾個時期的寫作都與外國詩歌
有很密切關係，每個時期雖有側重，但不能說沒有交叉，這就使卞之琳的詩
不可能同於單純的象徵主義或別的什麼主義，而是一種綜合體的原因。這是
一種更為複雜的情形，致使他的詩與以前的中國新詩乃至他後來的詩人的探
索都有極大不同，而是形成了獨具特色的現代主義詩風。

〔註29〕卞之琳：《雕蟲紀曆‧自序》，人民文學出版社 1979 年 9 月出版。
〔註30〕卞之琳：《完成與開端：紀念詩人聞一多八十生辰》，《人與詩：憶舊說新》，
　　　　北京生活‧讀書‧新知三聯書店 1984 年 11 月出版，第 10 頁。
〔註31〕卞之琳：《雕蟲紀曆‧自序》，人民文學出版社 1979 年 9 月出版。

　　當然，卞之琳之所以成為中國的現代主義詩人，是與中國的某些因素相關的，一方面他關注的是中國的現實與心態，另一方面，他也接受了中國文化精神的浸潤。他說：「我寫白話新體詩，要這是『歐化』（其實寫詩分行，就是從西方如魯迅所說的『拿來主義』），那麼也未嘗不是『古化』。一則主要在外形上，影響容易看得出，一則完全在內涵上，影響不易著痕跡。一方面，文學具有民族風格才具有世界主義。另一方面，歐洲中世紀以後的文學，已成為『世界的文學』，現在這『世界』當然也早包括了中國。就我自己論，問題是看寫詩能否『化古』，『化歐』。」〔註32〕這段話很精彩，一方面，詩人對中國傳統文化精神有所繼承，在借鑒西方詩歌時，實際上也把中國劃入其「世界文學」的範圍之內，這二者有內在關聯；另一方面，卞之琳對外國詩歌的借鑒主要是在表達方式上。這二者相比較，當然是前者傾向「隱」，後者傾向「顯」，也就是說，作為一種獨特的藝術模式，詩歌的話語方式比其內容更具有生命力，它往往成為左右詩美流向上的主要因素。事實上，卞之琳對詩的傳達手段，話語方式更為看重。在選編《雕蟲紀曆》的時候，詩人有過如下的入選標準：「思想感情上太頹唐、太軟綿綿、太酸溜溜的，藝術表現得實在晦澀、過分離奇、平庸粗俗、缺少回味；無非是一種情調的『變卷』來得太多的，或者成堆刪去，或者刪去一部分。相反，個別內容雖無甚意義，手法上還有些特色的，我卻加以保留，聊備一格。」〔註33〕「手法上還有特色」，實際上是詩人對詩的文體的特殊看重。

　　卞之琳把自己的詩歌創作分為三個時期，1930年至1937年為第一階段，「最初談到二十年代西方『現代主義』文學，還好像一見如故，有所和無不共鳴。」〔註34〕這段時期可以稱為詩人的「非個人化」時期；1938年到1939年為第二個時期，這段時間主要受時代風氣的影響，以半格律體或格律體寫真人真事，美德「邦家大事」；1950年以後為第三個時期，「詩風基本上用格律體而不易為讀者所注意，同樣求精練而沒有能做到深入淺出，同樣要面對當前重大事態而又不一定寫真人真事而已。」〔註35〕從這三個階段的特點來看，卞之琳的詩對新詩歷史所產生的效用首先不是在思想文化層面上，而是

〔註32〕卞之琳：《雕蟲紀曆·自序》，人民文學出版社1979年9月出版。
〔註33〕卞之琳：《雕蟲紀曆·自序》，人民文學出版社1979年9月出版。
〔註34〕卞之琳：《雕蟲紀曆·自序》，人民文學出版社1979年9月出版。
〔註35〕卞之琳：《雕蟲紀曆·自序》，人民文學出版社1979年9月出版。

在詩體建設上，而詩體建設是中國新詩一直沒有找到規範的課題，因而，卞之琳的詩歌在新詩史上一直爲人所關注。

如果我們打破詩人自己劃分的三個時期，而把他的詩作爲一個整體來看待，可以清楚地概括出他詩歌的主要藝術特徵，即冷抒情。所謂冷抒情，即詩人雖然是「情感動物」，但他從來不直接地把內心的情感表達出來，「總傾向於克制，彷彿故意要做『冷血動物』」〔註36〕。本來的「情感動物」與詩中的「冷血動物」是同一個人，之所以顯現出不同面孔，這就是詩人冷抒情方式造成的，要眞正認識「情感動物」，首先就得透過「冷血動物」的「面孔」而深入把握其內裏，這裡的「面孔」即是卞之琳詩歌的文本。

在卞之琳以前，新詩文體探索大致有兩種情形，一是直白、明朗，情感自然流露而無所遮掩；二是晦澀化，像李金髮那樣，其來源是詩篇內部組織上的零亂與隨意。這兩種情形都帶有極端性質，特別是前者，情感的泛濫讓詩歌失去了自身的特殊魅力。當然，也許還有第三種情形，即像徐志摩、戴望舒、陳夢家等人那樣，既注重情感流露，又注意詩的含蓄，但他們的詩在表達上過於纖細，缺乏一種內在的生命的力度，這種有點婉約特點的詩與現代人複雜的內心世界是並不完全協調的。作爲一位學貫中西知識分子詩人，我們有理由相信，卞之琳對這種種情形卻有所深思，這就使1933年以後的詩人在接觸和接受了廣泛影響之後產生了「詩思、詩風的趨於複雜化。」〔註37〕不論是詩人「用冷淡蓋深摯或者玩笑出辛酸」，還是「趨於複雜化」，都是詩人在廣泛的參照之中對新詩文體建議上的新探索。相比於以前的新詩或者他同時期詩人的創作，這都是一種具有開拓性、獨特性的探索。

冷抒情只是一種創作傾向，落實到具體寫作中，又有多種多樣的不同方式，就卞之琳而言，則以戲劇化手法爲主。而這也只是龐大的方向而言的，因爲戲劇化手法又包括敘述性、小說化、非個人化等具體表現。

敘述性與情節化是卞之琳詩歌常用的方法，這是西方現代主義詩歌將主觀情緒客觀化的主要手段之一。《酸梅湯》以對白方式寫成，像一篇小說的省略，沒有情節的細節化，卻用言、行表達了一種戲劇化場景，這在以前的新詩中是極少見的，而在西方現代主義詩歌中，如艾略特、葉芝等人作品中卻很常見。

〔註36〕卞之琳：《雕蟲紀曆・自序》，人民文學出版社1979年9月出版。
〔註37〕卞之琳：《雕蟲紀曆・自序》，人民文學出版社1979年9月出版。

　　戲劇化場景的創立主要靠「省略」，即省去一些連貫的言行或情思，只剩下一些看似客觀的片斷，《尺八》、《距離的組織》等詩卻屬於這種情形。這就使詩篇的各個場景之間留下多種可能的聯繫方式，留待鑑賞者去填補，換句話說，詩篇由此而具有了內在張力，具有了人們常說的含蓄的詩味。

　　省略還帶來了詩的另外一些特徵。比如詩的精練。省略掉一些必要的聯接，也便省略了一些冗詞濫句。卞之琳在詩歌話語營造上是個典型的「潔癖」。詩人在《白螺殼》中有如下詩句：「掌心裏波濤洶湧；／我感歎你的神工，／你的慧心啊，大海，／你細到可以穿珠！／可是我也禁不住：／你是個潔癖啊，唉！」卞之琳對詩的精練是極爲看重的，「詩要精練。我自己看重含蓄，寫起待來，就和西方有一路詩的看重暗示性，也自然容易合拍。」〔註38〕省略於是又與詩的暗示聯繫在了一起，這是象徵主義詩歌乃至意象派詩歌都十分看重的詩歌要素。

　　在卞之琳詩中，還有一個十分值得注意的現象，就是幾乎完全使用白話，他的詩中沒有一個詞不是可以在日常生活中找到的。但是，由於「省略」手段的使用，白話之間的自然聯繫被打破了，對於讀者而言，也就是打破了日常生活中的思維模式，甚至打破了解讀其它類型的詩篇的思維模式。「省略」使白話陌生化，詩意化，也主觀化，使白話具有了一種特殊的張力效果，這就使卞之琳的詩具有很深的內涵，而這種內涵是隱藏在詩的敘述與省略背後的，絕非一下子可以明瞭。這便是爲什麼卞之琳的詩與其它白話詩相比具有長久藝術魅力的主要原因。

　　規範白話散漫特點的另一個方法就是對詩的外在音樂性的強化，卞之琳的大部分詩篇都是現代格律詩，而對現代格律詩，他首先關注的不是詩的韻腳，而是詩行的組織。他說：「我們用白話寫新詩，自由體顯然是最容易，實際上這樣寫得象詩，也最不容易，因爲沒有軌道可循。」「我們說詩要寫得大體整齊（包括勻稱），也就可以說一首詩念起來所顯出內在的像音樂一樣的節拍和節奏。……用漢語白話寫詩，基本格律因素，像我國舊體詩或民歌一樣，和多數外國語格律詩相類似，主要不在於腳韻的安排而在於這個『頓』或稱『音組』的處理。」〔註39〕（著重號係原文所有——引者），他對「頓」或「音組」理論的探索與實踐既是對中國古代詩歌藝術和聞一多等人的現代格律詩

〔註38〕卞之琳：《雕蟲紀曆·自序》，人民文學出版社 1979 年 9 月出版。
〔註39〕卞之琳：《雕蟲紀曆·自序》，人民文學出版社 1979 年 9 月出版。

理論的發展，同時又融合了外國詩歌藝術經驗，對推動我國詩歌文體規範的形成產生了重要影響。這一事實也告訴我們，現代主義詩歌並不都是散漫無章的，它們也可以在一定的外在規範之中獲得良好的藝術創造。

冷抒情造成詩的客觀化，使熱情的「情感動物」顯現爲「冷血動物」，使這同一層面的兩種相同「動物」之間形成巨大的張力，詩人彷彿是一個「向外人」，這就使中國新詩增加了一種與以前所不同的外來的藝術傾向。這是典型的現代主義，與李金髮相比，它又暗示了另一個層次的藝術提升，即在戰爭詩歌、政治化詩歌中洪流之中進行新詩的文本探索。

與他的摯友何其芳不同，卞之琳在藝術探索上是極爲困難的，即使他到了延安，寫《慰勞信集》和解放以後抒寫新時代，他們堅持詩歌作爲一種獨特藝術的文體個性，絕不以先進的思想來抵銷他在藝術上的探索。在《慰勞信集》中，詩人可謂熱情似火，但他並沒有讓這種熱情在字面上流露出來；詩人也關心當時的政治，但他是以詩的方式來關心，與當時那些充滿炮火、硝煙味的空洞詩篇相比，這部詩集無疑是具有更高文體價值的作品：即記錄了歷史，又保持了藝術。在抗戰詩歌中，這種情形並不多見。

在新詩史上，卞之琳同戴望舒一樣，都是作品不多但影響很大的詩人，不過，他們的影響又各不相同，後者的影響主要在詩的情調上，卞之琳的影響主要在詩體建設上。而卞之琳在詩體建設上所提供的啓示是多方面的，對後來的中國新詩文體探索鋪墊了厚實的基礎。卞之琳的內在精神是典型的中國的，而他的詩歌形式則主要取自國外，他把這兩者融合得極好，對於中國新詩藝術的拓展、對於中國新詩與西方現代藝術的接軌無疑是具有深遠意義的。他所謂的「古爲今用，洋爲中國」實際上不只在格律探索上，而且也在詩的藝術精神上。他的詩由單純走向複雜，由別人的熱情似火走向自己的冷抒情，是對新詩藝術現代化進程的有力推動。

四、馮至：十四行中的沉思

馮至的創作始於二十年代的淺草社、沉鐘社時期。在談到當時的情形時，他曾說過：「我在晚唐詩、宋詞、法國浪漫詩人的影響下寫抒情詩和敘事詩。」〔註40〕實際上，他除了寫詩，還寫散文、歷史小說、夢幻劇，還從事翻譯和

〔註40〕馮至：《詩文自選瑣論〈代序〉》，《馮至選集》第 1 卷，四川文藝出版社 1985 年 8 月出版。

外國文學研究。不過，他在創作上的主要成就體現在詩歌上，前期的作品結集爲《昨日之歌》（1927，北新書局）出《北遊及其它》1929年，自費出版）。

沉鐘社並不是一個有組織的文學社團，「其實我們之間，不僅不曾有過組織，甚至於連組織的『意識』，也從來不曾有過。……很簡單，即是我們的結合，是先有『友情』的存在，然後才從這種友情出發，以共同發表文章。」〔註41〕換一個角度說，這群年輕的作家是因爲志趣相投而成爲文學上的知音的，沒有一個固定的目標。他們敏銳多思，講求眞誠：對藝術與對友情的眞誠。陳煒謨說：「我們自信：我們都是不知世故的青年，應該留守地獄」，但另一面我們卻未沾染文丐的陋習。我們自信：我們都還年青，幼稚固所不免，但虛僞卻一毫也無，我們說的都是自己不得不說的話，既不想在假面具上討好人家，亦不願在長光鏡上欺騙自己。我們自信：對生活的要求無論怎樣不奢，但對藝術的希望都一點也不儉，所以我們節衣縮食的來辦我們的《沉鐘》。」〔註42〕他們特別看重個人內心和藝術本身，他們認定的藝術實際上就是表現自己的感受而沒有什麼社會功利目的。恰如楊晦所說：「因爲我們覺得能以藝術地生活固然是非常美滿的事，但是事實上在我們這是一個不可能，我們所需要的是就在這樣的生活裏，爲的避免被生活活埋起見，雖然不能建立起藝術來，卻也不願意整個地就在生活裏去輾轉掙扎，不留出一點餘裕，在人間另去追求一點足以安慰自己心情的東西。」〔註43〕他們把藝術看成是生活中的安慰，尊重藝術與心靈自然成爲沉鐘社所有作家的共同趨向。因爲這樣一種追求，傾訴主觀情緒便成爲沉鐘社作品的主要內容，而在這一藝術旨趣上，詩歌具有與其它文體所無法比擬的先天優勢。

馮至早期的詩歌深受中國古典詩歌及歌德等人的浪漫主義詩歌影響，在詩體建議方面又受當時自由詩詩風的浸染，注重表達內在細膩的體驗，因而與郭沫若等人的浪漫主義詩歌有所不同。他的詩是內省的，其意象選擇往往出奇不意，看似平凡，卻新奇而別致，他早期最著名的作品應算是《蛇》，「我的寂寞是一條長蛇，／──冰冷地沒有言語──」，以「蛇」喻寂寞，喻內心火熱而表情冷淡的愛情，貼切而超乎常人想像。抒情性是馮至詩歌的重要特

〔註41〕陳翔鶴：《關於「沉鐘社」的過去現在及將來》，《現代》第 3 卷第 6 期（1933 年 10 月 1 日）。

〔註42〕陳煒謨：《與友人書》，《沉鐘》週刊第 4 期（1925 年 10 月 31 日）。

〔註43〕楊晦：《附記》，《沉鐘》第 13 期「復刊號」（1932 年 10 月 15 日出版），署名「晦」。

色，其強烈的藝術感染力是少有人能與之相比的，被魯迅稱為中國最優秀的抒情詩人。

早期馮至的詩歌主要是愛情詩，他所歌唱的寂寞而熱烈的愛情實際上對人的生命意緒的表達。生命，是馮至終生關注的主題。1941 年，在差不多有十年很少寫詩的詩人在昆明寫出了 27 首十四行詩。他說：「有些體驗，永久在我們腦裏再現，有些人物，我不斷地從他們那裡吸收養分；有些自然現象，它們給我許多啟示：我為什麼不給他們留下一些感謝的紀念呢？由於這個念頭，於是從歷史上不朽的精神，到無名的村童農婦，從遠方的千古的名城，到山坡上的飛蟲小草，從個人的一小段生活，到許多人共同的遭遇，凡是和我的生命發生深切的關連的，對於每件事物我都寫出一首詩。」〔註 44〕詩人關注的是「我」，即「我的生命」，但又不是一個孤獨的「我」，而是將「我」置身於廣大的宇宙與歷史之中，一來為「我的生命」定位，二來尋找「我」與宇宙的關係。因此，《十四行集》的 27 首詩，所包含的思之廣闊，是當時的詩人少有所比的。

《十四行集》時期的馮至深受里爾克詩歌和存在主義思想的影響。說到底，存在即是生命，馮至所關注的是生命的本質與流向。在清理生命這一宇宙命題的時候，詩人找到許多啟示，找到許多支持，這種支持是一種內在的動因，而非外在的現實。當然，這並不是詩人不關心現實，其實，他的一切體認都是由現實觸發起來的，只是有的取順勢，有的取逆勢，有的只從中尋求某種覺悟。在馮至詩中，「自然」是最高的境界，當「自然」的自然狀態被扭曲的時候，生命便遭到劫難。而在現代社會中，這種劫難是隨處存在的。所以詩人呼喚「給我狹窄的心 ／一個大的宇宙」（第 22 首）。唐湜說：「這是一個寧靜中強烈的屹立，本世紀每一個偉大的思想家與詩人都會有的感覺：這世界容不下人類的心，由於太多的思想與社會的束縛，也由於一種如古代觀看星辰的哲人的高揚的意志；生命的深調的充沛，如山川般的綿延不絕，卻給現代生活的窒息與市儈主義的庸俗包圍住了。」〔註 45〕馮至對生命處境的沉思因此而有些沉重，因此而不得不充滿掙扎。

〔註 44〕 馮至：《十四經集·序》，見王永生主編《中國現代文論選》第一冊，貴州人
　　　　民出版社 1982 年 8 月出版，第 229 頁。
〔註 45〕 唐湜：《沉思者馮至──讀馮至《十四行集》，《新意度集》，北京生活·讀書·
　　　　新知三聯書店 1990 年 9 月出版，第 115 頁。

　　里爾克認爲：「詩不如人們所想像的只是情感而已，它是經驗。爲了寫一行詩，人得訪問許多城池、人物和事情；他得熟悉動物，善觀禽類的飛翔和小花在清晨如何開放……人得將它們遺忘，有很大的耐心等它們重現……那時，它們就成了我們的血肉與光耀與姿態，……於是，第一次，在一個稀有的時辰，一首詩的第一個字會躍出，而且跨向前去」。〔註46〕一切與生命有關的東西，即使再小，如一根草，馮至也予以悉習觀照，而對沒有生命的東西，即使再龐大或轟轟烈烈，詩人也不會將其攝入詩中，這是馮至的固執，也是他沉默十年去體驗生命之後的更深刻認識。馮至以其作品對里爾克的藝術觀念進行了切實的演化。

　　在馮至詩中，關注生命是滲透著同情與博愛的。這不是在現實中個人感情的表達，而是在巨大的時空中形成的某種生命哲學的底蘊。在馮至那裡，一切短暫的、生命之外的東西都沒有實際意義。生命是一個整體，「有多少面容，有多少語聲 ／在我們夢裏是這般親切， ／不管是親密的還是陌生， ／是我自己的生命分裂，／／可是融合了許多的生命， ／在融合後開了花，結了果。」（第20首）任何一個個體生命總是與另外的生命聯繫著，這種聯繫與象徵主義詩人所堅持的神秘的「突合」有著同一性，但在里爾克和馮至那裡，這種聯繫更爲純粹：那是生命的本質的聯繫，不是雜亂無章的聯繫。與早期象徵主義詩歌相比，里爾克等人找到了更多的本質上的因素。

　　正因爲對本質的深入，所以馮至對任何表象或與生命關係不大的東西都不很看重，他是透過表象看本質。他十分欣賞里爾克的「沉默」，不過，那不是眞正的沉默，而是在尋覓過程中的堅持與等待。我們應該注意到，馮至寫《十四行集》是在一個特殊時代，戰火紛飛，民不聊生，他沒有去把烽火連綿的現實寫入詩中，並不是因爲他不關心現實，而是因爲他在尋找表層之下的本質，即對生命的關心。他說，里爾克在第一次世界大戰前後的沉默，包含著關懷，並且「他當時對於人類所有的關懷並不下於指揮三軍統帥在戰場上所用的心機。」〔註47〕他由此而想到中國現實：「這五年來，我們有成功，也有失敗。成功，是我們當時所熱望的，所想像的，如今有些事漸漸具體化

〔註46〕轉引自唐湜：《沉思者馮至——讀馮至《十四行集》，《新意度集》，生活·讀書·新知三聯書店 1990 年 9 月出版，第 115～116 頁。

〔註47〕馮至：《工作而等待》，《馮至學術論著自選集》，北京師範學院出版社 1992 年 6 月出版，第 490 頁。

了，把握得住了，失敗，我們不能不承認，在一般的社會裏顯露出道德崩潰的現象。在這局面下，有人過分樂觀，覺得一切都會隨著抗戰勝利而得到解決；有人在悲觀，幾年的流血並沒有把人心洗得清潔一些，一切反倒越攪越混亂了，他們看到這情形，感到激憤，他們擔心戰後的社會裏有許多事怕會更難拾，恐怕需要比抗戰還要艱巨的努力。」〔註 48〕在馮至看來，這一切都只是表面上的現象，並且，一切的悲觀與樂觀都是不需要的，從長遠眼光看，穿透現象來看，我們不應該失去希望。他看重那些默默無聞地沉默工作的人們，因爲他們代表著某種生命，只要有他們存在，希望就不會消亡。「我們應該相信在那些不顯著的地方，在不能蔽風雨的房屋裏，還有青年──縱使是極少數──同些簡陋的儀器一天不放鬆地工作著；在陋卷包還有中年人，他們承襲著中國的好的方面的傳統，在貧乏中每天都滿足了社會對他提出的要求。他們工作而忍耐，我們對於他們應該信賴，而且必須信賴，如果我們不對於中國斷念。」〔註 49〕在馮至看來，生命無所謂大與小，大與小是合而爲一的，偉大有時正是渺小，反之亦然。這與《十四行集》中對生命的沉思是一脈相承的，因此，我們絕不能說它與中國現實毫無關係，相反，它是詩人深入穿透中國現實乃至中國歷史、人類歷史而獲得的哲學性思考。哲學是普遍的，也是深刻的，除卻表象而深入本質。這也正是馮至詩歌的特點之所在。

　　與當時某些感傷的、濫情的詩相比，馮至的《十四行集》是獨特的，它的特點是離開現實而抒寫對包括現實在內的生命體驗，它是超越現實的，冷靜但不缺乏主觀性。與卞之琳的詩在表象上有點類似：即都使用較爲淺近的語言。只不過馮至試圖在詩中加入更多的個人抒情，因而詩意更爲濃烈一些。這還不足以說明馮至詩歌的特點。如果我們把《十四行集》看成一般抒情詩，只從表象上去理解它，那就是可怕的誤解。由於哲學精神的滲透，由於對廣泛的生命的思考，《十四行集》的底蘊是深厚的，27 首詩可以說表達了生命的種種形態以及深化過程，類似一部巨大的生命哲學著作，「開始與終結中間有著一片心理的戲劇，意象的戲劇的層層開展與步步追尋，二者的的交錯與凝結：一處小小的生命的火焰，正如李廣田先生說到的它的形式：『它的層層上

〔註 48〕馮至：《工作而等待》，《馮至學術論著自選集》，北京師範學院出版社 1992 年 6 月出版，第 490～491 頁。

〔註 49〕馮至：《工作而等結》，《馮至學術論著自選集》，北京師範學院出版社 1992 年 6 月出版，第 491～492 頁。

升而又下降，漸漸集中而又解開，以及它的錯綜而又整齊，它的韻法，之穿來而又插去。』我們得如詩人所要求的，準備著領受那些意想不到的奇蹟，那些生命的意象的凝定。」〔註 50〕這樣一種詩歌境界在現代詩歌中是很少見到的。因此，我們絕不認爲文字上的淺顯就代表馮至詩歌好讀，其實，馮至的詩歌是難以談透的。這正是它的魅力之所在。

十四行詩是新月詩派在 20 年代引進中國的，馮至《十四行集》將這一詩體完全中國化，並且取得了頗爲輝煌的成就。他說：「至於我採用了十四行體，並沒有想把這個形式移植到中國來的用意，純然是爲了自己的方便。我用這形式，只因這形式幫助了我。……它正宜於表現我所要表現的事物。它不曾限制了我活動的思想，只是把我的思想接過來，給一個適當的安排。」〔註 51〕詩人選用這一詩體也許是出於偶然，但這一詩體所具有的繼承轉合的複雜特徵與詩人在複雜與眞實的處境中清理生命的意緒的企圖正好達成一致，當然也可能是受到了詩人所崇拜的里爾克的影響，——里爾克寫過不少十四行詩。不過，馮至的創造性在於將別人的東西拿來爲我所用，他的十四行體是經過詩人改造的，每一節並不保持英體、意體十四行詩的五個音步，韻式也相當自由，並且各首詩也自成體系，與另外的詩篇在體式上表現出差異。可以說，在外來詩體的引進方面，馮至的詩歌探索也具有重要的啓示作用。

〔註50〕 唐湜：《沉思者馮至——讀馮至〈十四行集〉》，《新意度集》，北京生活‧讀書‧
　　　　新知三聯書店 1990 年 9 月出版，第 109 頁。
〔註51〕 馮至：《〈十四行集〉序》，王永生主編《中國現代文論選》，第一冊，貴州人
　　　　民出版社 1982 年 8 月出版，第 230 頁。

第七章　九葉詩派與西方現代主義詩歌

第一節　九葉派詩歌的現代主義特徵

　　九葉詩人群成為流派的重要標誌之一，是他們在藝術上與西方現代主義詩歌保持著密切的關係。要真正瞭解和理解九葉詩人的藝術追求與成就，一個重要角度就是對現代主義詩歌的特徵及其在中國現代詩歌中的轉化有較為清晰的認識。

　　關於現代主義，中國文學界和學術界的看法並不統一，而且，由於文化、時代語境的歷史變遷，人們在不同時期對現代主義文學的評價也有所不同。我們之所以強調中國文學界、學術界存在的這種特點，是因為對現代主義文學觀念與作品的不同評價往往會影響不同時期的不同創作者在學習與借鑒時對待它的態度。

　　1980 年版的《辭海》對「現代主義」（或稱「現代派」）的解釋是：「十九世紀下半葉以後，資產階級文學藝術各種頹廢主義、形式主義的流派與傾向（立體主義、未來主義、達達主義、超現實主義、抽象主義等）的總稱。」撇開其中的階級觀點和貶義評價不談，僅就其在時間和構成上的界定來看，它認為現代主義始於「十九世紀下半葉以後」，不是某一種單一的潮流或傾向，而是由多個流派、多種傾向共同構成的文學、藝術潮流。

　　在現代主義文學的形成時間和構成方面，文學界、學術界就存在不少分歧。

　　袁可嘉認為「它（指現代主義——引者）確立於本世紀二十年代，但溯

其根源，卻早在十九世紀中葉的唯美主義文學中就已萌芽。」並認爲愛倫・坡與波德萊爾是它的遠祖〔註1〕。錢春綺的看法基本與此相同，他說：「波德萊爾給現代派詩歌開創了一個新時代，他成了法國象徵派詩歌的先驅，被尊爲現代派詩歌的鼻祖。」〔註2〕鄭敏在其論述中對現代主義的產生時間至少有兩種不同說法，一是認爲現代派始於 20 世紀 30 年代，她有一篇論文《意象派詩的創新、局限及對現代派詩的影響》，僅從這個題目中就可以看出，作者沒有把意象派劃歸現代派之列，她還指出：「它的理論有很大的部分一直到二十世紀三十年代以後現代派詩成長起來時才得到發展和運用。」〔註3〕在此觀點中，現代派是出現於 30 年代；二是將現代主義的誕生確定在 1910 年：「一九一〇年由於西方資本主義工業化的急劇發展，社會上的矛盾對維多利亞時代僵化、空洞、近乎虛僞的正統道德進行了衝擊，文學領域內又發生了激烈的震動，誕生了現代主義。從那時起現代主義以各種類別、品種出現在文學藝術的花園內。」〔註4〕從時間上看，這顯然又把意象派包括在現代主義之內了，她還把龐德、艾略特稱爲「二十世紀初英美現代派詩人和理論家」〔註5〕。這些前後不一的說法，可能是作者觀念的變化，也可能是因爲作爲學者的鄭敏所關注的主要是英美等國的詩歌，而對此之外的法國等的詩歌則較少進行理論打量，象徵主義自然就不在她的學術視野之內。

上述說法都出自外國文學研究者，而中國文學研究者也有他們自己的看法。吳中傑等人就認爲現代主義「肇始於 19 世紀中葉」，並將中國現代文學受到的西方現代主義文學的影響歸納爲精神分析學、唯美主義、未來主義、表現主義、象徵主義、新感覺派等幾種思潮，而且認爲「40 年代中後期崛起的『九葉詩派』是象徵主義的一支殿軍」〔註6〕。他們顯然把象徵主義歸於了現代主義之列。

〔註1〕 袁可嘉：《略論西方現代派文學》，《半個世紀的腳印》，人民文學出版社 1994 年 6 月出版，第 200 頁。

〔註2〕 錢春綺：《惡之花 巴黎的憂鬱・譯本序》，人民文學出版社 1991 年 4 月出版。

〔註3〕 鄭敏：《意象派詩的創新、局限及對現代派詩的影響》，《英美詩歌戲劇研究》，北京師範大學出版社 1982 年 11 月出版，第 8 頁。

〔註4〕 鄭敏：《探索與尋找——十九世紀末到二十世紀初英美詩歌的一些變化》，《英美詩歌戲劇研究》，北京師範大學出版社 1982 年 11 月出版，第 94 頁。

〔註5〕 鄭敏：《詩的魅力的來源》，《英美詩歌戲劇研究》，北京師範大學出版社 1982 年 11 月出版，第 88 頁。

〔註6〕 吳中傑、吳立昌主編：《1900～1949：中國現代主義尋蹤》，學林出版社 1995 年 12 月出版，第 1、384 頁。

　　那麼，哪一種觀點更符合藝術發展的事實呢？

　　袁可嘉曾經就人們對現代主義的理解進行過簡要總結與界定：「關於西方現代派文學的起點，目前有三種說法。一種以十九世紀法國象徵主義先驅波德萊爾的《惡之花》（1857）出版或巴黎公社成立（1871）算起；另一種以十九世紀八十年代法國象徵派發表宣言（1886），成為自覺的文學運動算起；再一種則以第一次世界大戰（1914）或十月社會主義革命（1917）算起。這三種見解有一個共同點：即是確認象徵主義為現代派的起點。這是符合歷史事實的。……象徵派的基本理論和創作方法對整個一百多年來的文學運動以及整個現代資產階級文學有極大影響，可以說奠定了現代主義文學的基礎。」〔註7〕前兩種看法所涉及到的歷史時間和歷史事件都可以表明象徵主義的誕生，而第三種看法所涉及的歷史時間和事件則是在象徵主義誕生之後，以此作為起點並不能說明持此觀點的人把象徵主義看成是現代主義的起點。但袁可嘉所得出的結論具有合理性和代表性。世界近代文學的真正裂變肇始於波德萊爾，在他之後，作為文學思潮的象徵主義便廣泛傳播開去。僅以詩歌為例，除了法國之外，龐德、艾略特、葉芝、里爾克等都是象徵主義思潮在不同民族、不同時期的承傳者，而他們又被認為是現代主義的代表詩人。我們之所以接受象徵主義是現代主義的起點這一看法，一是因為近現代詩歌發展的事實如此，意象派等的詩歌在一定程度上從正面延續了象徵主義的某些追求；二是因為，對於中國現代文學尤其是新詩來說，第一個直接受到西方現代主義文學思潮影響並出現了創作成果的現代主義文學流派是象徵主義，朱自清說，對於「法國象徵派詩人的手法」，「李氏（金髮）是第一個人介紹它到中國詩裏」〔註8〕的。在象徵主義之後，西方現代主義文學觀念和創作得到了很大很快的發展，不斷有新的思潮誕生，「後期象徵主義由法國遍及歐美，以德國為中心的表現主義，以意大利為中心的未來主義，以法國為中心的超現實主義和以英國為中心的意識流文學幾乎是同時興起的現代派文學的新品種。」〔註9〕西方現代主義文學的基本發展脈絡是由單一思潮、流派走向思潮、流派

〔註7〕　袁可嘉：《西方現代派文學的創作和理論》，《半個世紀的腳印》，人民文學出版社1994年6月出版，第240頁。
〔註8〕　朱自清：《中國新文學大系·詩集·導言》，上海良友圖書公司1935年出版。
〔註9〕　袁可嘉：《略論西方現代派文學》，《半個世紀的腳印》，人民文學出版社1994年6月出版，第201～202頁。

的多元，再不斷走向多種思潮、流派之間的綜合。這也正是中國現代文學特別是新詩向西方現代主義借鑒而形成的基本發展輪廓。

中國文學界在五四新文化、新文學運動中就開始大量譯介西方文化、哲學理論和文學作品，但當時「不是系統地介紹西方哲學史，而是借取外國思想來針砭本國的頑疾。」〔註10〕人們譯介外國文學「具有強烈的目的性和針對性。他們是『借別人的酒杯澆自己的塊壘』。因此，當他們介紹某一家文化思想時，未必完全同意此家的觀點，更不想照本宣科，而往往是擷取對自己有用的一點加以發揮。……他們並不想成為某一流派的傳人，只是為現實鬥爭的需要而汲取它們的某些思想，為加強主題的表現力而借鑒它們的某種手法。所以，我們不難從五四時期作家身上看到某些現代主義的影響，但很難指稱某位作家就是某派現代主義者。」〔註11〕魯迅的不少作品就採用了精神分析手法（如《阿Ｑ正傳》等）或超現實主義手法（如《野草》中的有些作品），但很難說魯迅屬於精神分析派或超現實主義派。中國新詩誕生的情形也如此。梁實秋說：「我一向以為新文學運動的最大成因，便是外國文學的影響；新詩，實際就是中文寫的外國詩。……最早寫新詩的幾位，恐怕多半是無意識的接收外國文學的暗示，並不曾認清新詩的基本原理要到外國文學裏去找。」〔註12〕早期的有些新詩人並不一定全面瞭解、理解了自己所借鑒的外國詩歌觀念或手法，只是認為它們新穎，對中國的文言詩可以產生衝擊，便借用過來作為反舊倡新的一種手段。我們不能把他們看成是某一個現代主義思潮的詩人。這些做法的好處在於，在借鑒的同時可以對中國文學、語言所具有的優勢與特色給予較好的保護。但由於對借鑒對象的整體特點缺乏介紹與引進，也就可能失去了一些更具推動、參考價值的藝術因素，也可能並未借鑒到西方現代主義文學的某些最實質的藝術因素。

在新詩中第一個將西方現代主義文學觀念和手法引進中國的是被稱為「詩怪」的李金髮，他以象徵主義的手法創作了中國的第一批象徵主義詩歌，雖然為中國新詩的發展設下了一些障礙，卻也開闢了一片新天地，從者甚眾。另一個較早受到法國象徵主義詩歌影響的詩人是戴望舒，雖然同出一源，結果卻與李金髮大不相同。戴詩對象徵主義詩歌觀念與手法進行了「消化」和

〔註10〕吳中傑、吳立昌主編：《1900～1949：中國現代主義尋蹤》，第2頁。
〔註11〕吳中傑、吳立昌主編：《1900～1949：中國現代主義尋蹤》，學林出版社 1995 年 12 月出版，第 3～4 頁。
〔註12〕梁實秋：《新詩的格調及其它》，1931 年 1 月《詩刊》（徐志摩主編）創刊號。

中國式拓展。到了 30 年代的《現代》雜誌時期，戴望舒、施蟄存、卞之琳等詩人則更看重後期象徵主義，從龐德、艾略特、葉芝、里爾克等詩人的觀念和作品中獲得了豐富的營養。馮至還專注於里爾克式的沉思。這些詩人大多師從某一位現代主義詩人或某一個詩歌流派，表現的也主要是個人化的體驗，尤其是彷徨、迷茫的生命感受。他們在探索中也不斷體現出新變化，一方面是綜合地借鑒西方的現代主義詩歌藝術經驗，另一方面是在個人體驗的基礎上加入較多的經驗因素，體現出一種轉型的趨向。

　　從 20 年代中後期到 30 年代，西方現代主義詩歌本身也發生了一些變化。有的靠向革命力量，有的靠向保守勢力甚至支持法西斯主義和宗教力量，也有的居於中間，堅持自我的人生觀察與思考。而「紅色的三十年代」的主潮則是傾向革命和進步的，其創作由「向內」轉而「向外」，用較多的熱情與心力關注廣泛的社會現實。也就是說，西方現代主義詩歌在這個階段開始由單一思潮或流派轉向多種思潮、觀念的綜合，並在對社會生活的關注方面表現出較強的責任感。而走向綜合的西方現代主義詩歌在中國所引發的主要就是「九葉詩派」的誕生。九葉詩派「從以往的歷史中汲取經驗與教訓，在繼承象徵主義的傳統的同時又有所突破與超越；在與現實主義的交融中汲取豐富的營養。」〔註 13〕袁可嘉認爲，新詩現代化的取向就是「現實、象徵、玄學的新的綜合傳統」〔註 14〕。這種綜合特色使九葉詩派在借鑒西方現代主義詩歌方面形成了它作爲流派的一些特色。

　　其一，走向現代主義與現實主義的綜合是九葉詩派的總體藝術追求。在西方，由波德萊爾到瓦萊里、龐德、艾略特、葉芝、里爾克再到「紅色的三十年代」詩人群，現代主義詩歌逐漸由單一的思潮走向了多種藝術、思想的融合；在中國，從李金髮到戴望舒、施蟄存、馮至、卞之琳再到「九葉詩派」，也走過了近似的藝術探索歷程，只是在這個過程的完成時間上稍短一些。九葉詩派在藝術上的「綜合」是很複雜的。簡單地說，至少包括兩個方面，一是藝術本體上的綜合，將現代主義和現實主義的多種藝術手段雜合起來；二是在觀照對象上，將對個人生命的關注和對現實的關注融爲一體。袁可嘉提出的新詩現代化是「新的綜合傳統」，唐湜呼喚現代主義與現實主義兩種藝術

〔註 13〕吳中傑、吳立昌主編：《1900～1949：中國現代主義尋蹤》，學林出版社 1995
　　　　年 12 月出版，第 348 頁。
〔註 14〕袁可嘉：《新詩現代化的再分析——技術諸平面的透視》，天津《大公報·星
　　　　期文藝》1947 年 5 月 18 日。

追求「自然的與自覺的現代化運動的合流與開展」〔註15〕等都是對現代主義詩歌的綜合特徵的看重。在這種綜合中，九葉詩派比較明確地提出了對外在現實的關注，袁可嘉說：「絕對肯定詩應包含，應解釋，應反映的人生現實性，但同樣絕對肯定詩作爲藝術時必須被尊重的詩的實質。」〔註16〕這與西方現代主義詩歌和以前的中國新詩都有所不同，到80年代，袁可嘉進一步稱之爲「中國式現代主義」，「原因就在思想傾向和藝術方法兩個方面，它與西方現代主義有同更有異，具有中國自己的特色。」〔註17〕在進行藝術綜合的過程中，九葉詩派對西方現代主義有著較爲全面的瞭解和理解。在他們的觀念和創作中，可以找到自波德萊爾以降的幾乎所有現代主義詩歌思潮的影子，他們將這些思潮具有的創造性因素都有所選擇地吸收過來，結合中國語言和當時的現實情景、人文心態加以融彙和創造。因爲對人生、現實的關注，九葉詩派的詩歌創作在堅持詩歌的藝術特性的同時，具有較多的「向外轉」的傾向，在總體上更近於奧登等詩人。

其二，九葉詩派向西方現代主義詩歌藝術經驗的借鑒採取了直接汲取與間接採納相結合的方式。李金髮之前的中國沒有象徵主義詩歌，他的詩觀念和手法，都是直接從法國象徵主義詩人那裡搬用過來的，再加上他對中國文化、語言的特質缺乏必要的瞭解，缺乏藝術借鑒時的取捨標準，給新詩藝術探索帶來了一些負面影響〔註18〕。九葉詩派具有直接向西方現代主義詩歌汲

〔註15〕 唐湜：《詩的新生代》，《詩創造》第1卷第8輯（1948年2月）。

〔註16〕 袁可嘉：《新詩現代化——新傳統的尋求》，天津《大公報‧星期文藝》1947年3月30日。

〔註17〕 袁可嘉：《半個世紀的腳印‧自序》，人民文學出版社1994年6月出版。

〔註18〕 卞之琳說：「李金髮應該說不是沒有詩才的，對法國象徵派詩的特殊風味也不是全不能領略，只是對於本國語言幾乎沒有一點感覺力，對於白話如此，對於文言也如此，而對於法文連一些基本語法也不懂，偏要譯些法國象徵派詩，寫許多所謂法國式的象徵派詩，結果有過一個時期，國內讀者竟以爲象徵派詩就是如此，法國象徵派詩就是如此。」孫席珍說：「李金髮我認識。要說引進象徵派，李金髮是第一個，後來還有穆木天、馮乃超、戴望舒。李金髮原來學美術，在德國學的，法文不大行。他是廣東人，是華僑，在南洋群島生活，中國話不大會說，不大會表達。文言書也讀了一點。雜七雜八，語言的純潔性就沒有了。二十年代我到北大讀書，他來找孫伏園，我也認得他。引進象徵派，他有功，敗壞語言，他是罪魁禍首。」他們是在1981年由中國社會科學院文學研究所主持召開的現代文學討論會上說這番話的，孫席珍是在卞之琳的發言中插話，均見卞之琳：《新詩和西方詩》，《人與詩‧憶舊說新》，北京三聯書店1984年11月出版，第189～190頁。

取營養的一面，他們之中的多數人都是學習西方文學、哲學的，對西方現代主義詩歌有過直接接觸，現代主義詩人兼批評家燕卜蓀曾到西南聯大教授英國現代詩，而辛笛則在英國留學期間與艾略特、史彭德等詩人有過交往，這些都是他們直接接受現代主義詩歌營養的重要途徑。另一方面，在詩歌探索的過程中，九葉詩人也從馮至、卞之琳乃至戴望舒等詩人那裡獲得過影響。馮至、卞之琳等詩人兼學者，不僅在西南聯大擔任過教職，而且他們的創作所產生的影響也十分廣泛。早期的成就不說，卞之琳轉向社會關懷的《慰勞信集》和馮至長期沉默之後奉獻的《十四行集》在當時的詩歌創作中都是頗受關注的。他們的教誨與創作不僅使九葉詩人瞭解到外國現代主義詩歌的一些特點，更主要是啓發了年輕詩人如何向現代主義詩歌學習和借鑒。馮至、卞之琳等詩人不同於李金髮，他們的詩歌既具有濃厚的現代主義特色，又包含著獨特的藝術創造，特別是由個人哀怨的抒寫轉向社會關懷、生命關懷，在當時的現代主義詩歌中更是具有開拓性的。杜運燮回憶說：「當時覺得，卞之琳先生從寫《距離的組織》改爲寫《慰勞信集》，給我們做出了榜樣。馮至先生的《十四行集》也是如此。……反正就是在那麼個時代，那麼個地方，那麼個校園，在那麼些影響下，開始學寫詩，開始追求現實主義與現代主義的結合。」〔註19〕對外國詩歌的直接學習使九葉詩人比較全面地瞭解和理解了西方現代主義詩歌，而中國詩人對外國詩歌借鑒所展示出來的經驗教訓又爲他們在寫作中汲取現代主義的藝術營養提供了有益的啓悟，使他們意識到「絕無理由把『現代化』與『西洋化』混而爲一」〔註20〕，「不能把新詩現代化與西化混爲一談。」〔註21〕這種來自內外的雙重「合力」使九葉詩派在汲取西方現代主義營養和新詩藝術的創造兩方面都體現出與眾不同的特色：既注重詩的藝術性又注重詩的現實性，既注重表達內在生命體驗又注重對外在現實的關注。

　　其三，關注外在現實與注重內在深化是九葉詩人在詩藝探索上的共同取向。在關注重大現實問題方面，九葉詩派顯然受到了奧登等30年代的現代主義詩人的影響，也受到卞之琳等中國詩人的啓發。與當時的現實主義詩人相比，他們對現實的關注不是以某種觀念爲先導，而是從自我的、自由的心靈

〔註19〕杜運燮：《在外國詩影響下學習寫詩》，《世界文學》雙月刊1989年第6期。
〔註20〕袁可嘉：《新詩戲劇化》，《詩創造》第1卷第12輯（1948年7月）。
〔註21〕杜運燮：《在外國詩影響下學習寫詩》，《世界文學》雙月刊1989年第6期。

感受出發。他們所關注的現實是廣泛的現實，既包括自我的現實，又包括時代的現實；既包括生命的現實，又包括生活的現實。在他們的詩中，自我的現實和生命的現實佔據著更主要的位置，因而比現實主義詩歌更傾向於內在、深刻，他們的最終目的是揭示生命、現實的深層本質及可能的流向，所以在本質上更傾向於現代主義而不是現實主義，在 40 年代中後期的詩壇上以群體的特色顯示出與眾不同的藝術姿態。

其四，共時借鑒使九葉詩派的藝術探索更臨近當時世界現代詩最先鋒的潮頭。李金髮和戴望舒的詩受到的法國象徵主義詩歌的影響主要是一種歷時的借鑒。在當時，象徵主義作為一種思潮在西方已經成為歷史，世界詩歌已經開始進入綜合化的現代主義階段。這種歷時借鑒的優點是可以在一定的距離之外較為準確地理解借鑒對象的特徵並作出比較符合詩歌藝術發展規律的選擇，但它也常常形成中西詩歌發展上的時間差——在中國詩歌中看來十分新奇的東西，在西方詩歌中卻已經相對過時，這就可能使新詩只跟在別人後面追趕而無法走到世界現代詩歌藝術發展的前列。在新詩史上，這種情形不少，梁實秋說胡適的《人力車夫》「這首詩當然算不得好詩，這是誰都承認的，但是這首詩的取材命意，以至於格局，誰能說在當時是不新穎可喜？新穎，在中國文學裏新穎；這樣的詩若譯成外國文便不新穎了。」〔註 22〕在談到郭沫若的《女神》的藝術失落時，孫玉石說：「《女神》作者把浪漫主義詩潮在新詩中推向峰巔，這無疑是一個巨大的功績。但是在他接受並實踐浪漫主義的時候，出現的兩個時間差異未被認識。」其中之一便是：「西方文學的浪漫主義潮流，經過巴那斯派的反動之後，已經被以象徵派代表的現代主義潮流所代替，純然浪漫主義的原則已經消解，新的美學原則表現了更適用於詩的傳達情感審美需要的特徵。……他的浪漫主義的詩作《女神》，理想的色彩多於現實的人生之味，空泛的叫喊多於內含的蘊美，口號和概念多於意象和暗示，就是必然的結果。《女神》在思想意識上集中體現了二十世紀的、反抗的、科學的精神，在美學意識上卻停留於十八、十九世紀的浪漫主義範疇。……因而當《女神》獲得了廣大青年的思想精神共鳴的同時，卻失去了不少讀者對它的審美的更高的需求。」〔註 23〕上述情形的出現當然有

〔註 22〕 梁實秋：《新詩的格調及其它》，1931 年 1 月《詩刊》（徐志摩主編）創刊號。
〔註 23〕 孫玉石：《中國現代詩歌藝術》，人民文學出版社 1992 年 11 月出版，第 173～174 頁。

一些客觀原因——中國從五四新文化、新文學運動開始才大量引進西方文化、文學，對現代主義文學的整體介紹也剛剛起步，人們還難以跟上世界詩歌發展的潮頭。從 30 年代開始，一批作家開始追逐西方現代主義文學發展的潮頭。施蟄存說，他們在 30 年代翻譯美國文學時的選擇標準就是「現代」，「我們辦《現代》，所以我們要選擇美國剛剛流行的作家。」〔註 24〕這種關注的結果是使當時借鑒外國文學的「新感覺派」在創作上處於先鋒地位，而「同一時期的新詩，在戴望舒的推動下，仍然停滯在十九世紀前期象徵主義的階段；而新感覺派已經和當時世界文壇藝術潮流的發展有密切的關係。」〔註 25〕這是就詩與小說的比較而言的。事實上，後期的戴望舒和馮至、卞之琳等詩人已經開始接近西方現代主義詩歌的最新潮流，而九葉詩派則以群體形象追隨著世界詩歌的發展。我們並不否定九葉詩派在借鑒現代主義詩歌時所具有的歷時性因素——詩歌藝術的發展一般都具有漸進性，每一種後來的思潮總是或多或少地發展了早期現代主義詩歌的某些藝術因素。雖然陳敬容否定了浪漫派、象徵派在 40 年代詩歌借鑒中的價值〔註 26〕，而事實上，她和其它一些九葉詩人的作品中仍然顯示出了象徵主義詩歌的某些影響。但就總體來看，他們循著西方現代主義詩歌和中國現代主義詩歌的發展脈絡，共時地跟隨著世界詩歌發展的新潮流。他們所推崇的龐德、艾略特、葉芝、里爾克等詩人在 30、40 年代都還是國際詩壇上的當紅人物，而奧登、史彭德等詩人在 30 年代才開始出現，甚至奧登在抗戰初期寫於中國的十四行詩也是他們直接借鑒的對象。

　　我們並不是說，中國詩歌只要追趕上世界詩歌發展的潮頭就能夠為世界詩壇所承認，但如果抓住了潮頭並能以此為契機展開中國詩人獨特的藝術探索，新詩在國際詩壇的地位肯定會高一些。九葉詩派在 40 年代的詩歌探索已經向這一目標臨近了一步，「他們的創作基本上和世界詩歌發展的潮流保持了

〔註 24〕施蟄存答新加坡作家劉慧娟問《為中國文壇擦亮「現代」的火花》，《沙上的腳跡》，遼寧教育出版社 1995 年 3 月出版，第 178 頁。

〔註 25〕（臺灣）鄭明娳、林燿德：《中國現代主義的曙光・前言》，見施蟄存《沙上的腳跡》，遼寧教育出版社 1995 年 3 月出版，第 164 頁。

〔註 26〕陳敬容說：「你以為中國新詩受外來影響太大，其實，如果是受到真正的、好的外來影響，倒也不無幫助，可惜目前中國新詩所受的外來影響大都是不徹底的、間接的，而且陳舊的。對於現代西洋詩歌主潮，有多少人注意！無怪已到了 20 世紀中葉，中國新詩還在撿拾浪漫派、象徵派的渣滓。」見《和方敬談詩》，《詩創造》第 12 輯（1948 年 6 月）。

同步的態勢。」〔註27〕如果按照這種探索路向由他們或另一批新起的詩人繼續深入下去，中國當代詩歌歷史所積澱下來的詩學成果要比如今厚實得多。只可惜這中間斷開了三十年，這段時間使我們耗損了許多，遺忘了許多，到了新時期又才重新起步。這其中的教訓是很深刻的。

　　儘管對於每一個具體的詩人而言，九葉詩派所接受的外國現代主義詩歌影響在對象和程度上均有所不同，每一個詩人所體現出來的創造性也有所不同，但從總體上看，在西方現代主義詩歌走向綜合、融合的時候，九葉詩派也把中國新詩推向了綜合與融合的道路。從詩歌藝術的發展來看，他們在詩歌觀念與創作上都代表著現代中國詩歌的一個高峰。

第二節　九葉詩派對浪漫主義追求的自我超越

　　西方現代主義詩歌誕生於對浪漫主義詩歌的反叛。

　　「一七八九年法國大革命給整個西方文明一次強烈的震動，在詩的國土裏誕生了浪漫主義詩歌。」〔註28〕浪漫主義文學思潮的產生與西方政治、經濟、文化的變革密切相關，這種思潮中的詩歌強調主觀抒情，突出「自我」形象，大多具有外向抒情的特點。在其流行之時，浪漫主義詩歌在語言、觀念等方面都體現了新的創造，雨果、拜倫、雪萊、柯勒律治、華茲華斯、濟慈等詩人的佳作成爲了西方文學寶庫中的優秀財產。但藝術總是在不斷發展。當社會生活發生變化，一種詩歌思潮無法適應社會變革的需要時，詩歌藝術探索就會尋找新的突破口。在 19 世紀中期，資本主義進入壟斷階段之後，各種社會矛盾日趨尖銳複雜，人的異化程度不斷加深，浪漫主義詩歌直抒胸臆的藝術追求已經難以適應人們表達複雜的內心體驗的需要。

　　在談到波德萊爾的詩歌寫作時代時，瓦雷里說：「在他達到成人的年齡的時候，浪漫主義正是在全盛時期；一代的才華佔領著文學的王國：拉馬丁（Lamartine），雨果，繆塞（Musset），維尼（Vigny），就是當時的諸大師。……在他看來，這些人似乎塞滿了名譽的整個空間，而且一個人使他絕了形式的世界的路；另一個人使他絕了畫境的路；另一個人使他絕了深度的路。」如

〔註27〕文學武：《杜運燮與中國 40 年代的現代詩》，《詩探索》1996 年第 2 輯。

〔註28〕鄭敏：《探索與尋找──十九世紀末到二十世紀初英美詩歌的一些變化》，《英美詩歌戲劇研究》，北京師範大學出版社 1982 年 11 月出版，第 94 頁。

果他要獲得榮譽與地位，就不得不「否定，推翻，代替」他們，「由於他的心靈狀態以及種種論據，他便勢必至於，便逼不得已，日益明顯地去反對那人們稱爲『浪漫主義』的系統，或無系統。」〔註29〕

這種對作家創作心態的主觀推測因爲沒有波德萊爾的表述做印證，並不一定可信。但浪漫主義詩歌在19世紀中期已經體現出來的局限性，的確是波德萊爾追求藝術新變的主要動因。瓦萊里說：「也許浪漫主義的缺點只是那和自信的不可分離的過分吧？……新奇的青春時期是誇大的。智慧，籌算，以及總之一句話，完美，是只在精力之節省時期才顯現出來的。」因此，「一般地說來，浪漫主義的作品是不大經得起一個苛刻而精練的讀者的緩慢而處處有抵抗的閱讀的。」在一個懷疑的時代業已開始的時候，過分的「自信」很容易成爲人們所厭惡的對象，或者如瓦雷里所言：「在一個科學正將有異常的發展的時代，浪漫主義卻顯露出一種反科學的精神狀態，熱情和靈官自信它們只需要它們自己就夠了。」〔註30〕在19世紀中葉，浪漫主義詩歌已經有些不適應社會變化和表達人們的心靈體驗，只有以新的詩歌觀念和手法來替代它，詩歌藝術才可能獲得長足發展。於是出現了波德萊爾和他的《惡之花》，那是一部奇特而有魅力的詩集，「既不包含歷史詩，也不包含傳說；絕不以一個故事爲依傍。我們在那裡看不到哲學的長篇大論。政見也絕對不在那裡出現。那裡描寫很少，而且總是有涵義的。但是那裡一切都是魅力，音樂，強力而抽象的官感……豪侈，形式和極樂。在波特萊爾的最好的詩句中，有一種靈和肉的配合，一種莊嚴，熱烈和苦味，永恒和親切的混合，一種意志和和諧的極罕有的聯結，這些都使他的詩句和浪漫派的詩句判然有別，一如使它們和巴拿斯派的詩句判然有別一樣。」〔註31〕不僅他自己的創作是詩歌史上前所未有的，而且「波特萊爾的最偉大的光榮，……是他產生了幾位偉大的詩人。魏爾蘭（Verlaine），馬拉美，韓波（Rimbaud）等，如果未在有決定性的年齡讀了《惡之花》，那麼他們也許不會有這樣的成就。在這個集子中，

〔註29〕瓦雷里：《波特萊爾的位置》，戴望舒譯，《戴望舒譯詩集》，湖南人民出版社1983年4月出版，第106～107頁。該書目錄所標的作者爲「梵樂希」，正文所標的作者爲「瓦雷里」，二者實爲一人。

〔註30〕瓦雷里：《波特萊爾的位置》，戴望舒譯，見《戴望舒譯詩集》，湖南人民出版社1983年4月出版，第108，112頁。

〔註31〕瓦雷里：《波特萊爾的位置》，戴望舒譯，見《戴望舒譯詩集》，湖南人民出版社1983年4月出版，第115～116頁。引文中的著重號係原文所有。

我們可以很容易地指出一些詩來，這些詩的形式和興感，都預示出魏爾蘭，馬拉美或韓波的某幾首詩來。」〔註32〕這裡自然還應該包括敘述者瓦雷里。不僅如此，始自波德萊爾的象徵主義還影響了西方的許多重要詩人，如龐德、艾略特、葉芝、里爾克等。他們從波德萊爾出發，根據各自的文化背景與詩歌觀念對象徵主義的某些藝術因素加以選擇、補充、發揚，形成了泱泱的現代主義詩潮。可以說，始於波德萊爾的現代主義詩歌是在反叛浪漫主義的基礎上推動了世界近代詩歌乃至現代詩歌的現代化發展。

追述現代主義詩歌的誕生過程，一是想說明，就詩歌藝術的發展看，在西方的現代人文處境之下，現代主義詩歌比浪漫主義詩歌具有更強大的生命力；二是想說明，對於一些具體的詩人來說，對現代主義詩歌的追求是他們超越浪漫主義傾向的重要手段。九葉詩派正體現了這種情形。

就其基本內涵而言，浪漫主義詩歌是與自我、青春、熱情、理想的人生要素密切相關的。基於此，一般來說，對於個人，初入人生、詩壇之時首先走上浪漫主義的道路就成為非常自然的事情；而對於一個民族，在任何新的變革之初，詩歌藝術也比較容易形成激情昂揚的浪漫主義潮流。浪漫主義主要不體現體驗和認識的深度，而體現生命的向上的激越。在對人生有了更深刻全面的認識或時代變革處於相對穩定的時候，人們往往就會從熱情走向沈穩，浪漫主義詩歌藝術也就會為現代主義或別的藝術追求所取代。在新詩誕生之初，人們為變革的欣喜所鼓動，創作了許多外向的、熱情洋溢的詩歌，甚至無暇顧及詩歌藝術本身的一些特徵，而到了 20 年代中期，以聞一多為代表的一批詩人開始走向沉思，走向更全面、深刻的人生、現實觀照，對詩歌藝術自身的建設也投入了較多的心力與智慧。走向沈穩、深刻，實際上就是在一定程度上走向成熟。

九葉詩人並不都是從一開始就傾向於現代主義的，相反，其中的不少詩人都曾經有過接近乃至崇尚浪漫主義的創作經歷。袁可嘉說：「大一那年我主要沉浸於英國十九世紀的浪漫主義詩歌。我誦讀拜倫、雪萊、濟慈、華茲華斯等人的作品，深受感染，以為天下詩歌至此為極，不必再作他想了。自己也學著寫些青春期感傷詩。」〔註33〕但在 1942 年，「我的興趣從浪漫派文學

〔註32〕瓦雷里：《波特萊爾的位置》，戴望舒譯，見《戴望舒譯詩集》，湖南人民出版社 1983 年 4 月出版，第 117～118 頁。

〔註33〕袁可嘉：《袁可嘉自傳》，《半個世紀的腳印》，人民文學出版社 1994 年 6 月出版，第 573 頁。

轉向了現代派文學。……我先後讀到卞之琳的《十年詩草》和馮至的《十四行集》，很受震動，驚喜地發現詩是可以有另外的不同的寫法的。與此同時，我讀到美國意象派詩和艾略特、葉芝、奧登等人的作品，感覺這些詩比浪漫派要深沉含蓄些，更有現代味。當時校園內正刮著一股強勁的現代風，就這樣，我的興趣逐漸轉向現代主義了。」〔註34〕唐湜也回憶說，1943 年秋天進入大學的時候，「常與同學在銀色溪流旁躺著，傾聽歐洲詩人們在明媚的湖畔歌吟，有時聽著雪萊的雲雀鳴轉、濟慈的夜鶯輕啼，有時也進入一片象徵的森林漫遊。浪漫主義的激情引起了我的狂放不羈的幻想，第二年春天開始了長詩《森林的太陽與月亮》的抒寫。報紙整版整版的刊出給了我鼓舞，第一部刊了二千行。可現在打開它與當時寫的另一些幼稚的抒情詩習作，卻不免要感到臉紅。」〔註35〕引發唐湜詩歌轉型的是卞之琳的《西窗集》、馮至、梁宗岱、戴望舒等人的譯詩和他讀到的艾略特、里爾克等人的作品。這種轉型的基本路向就是由浪漫主義轉向現代主義。唐湜後來追求現代詩的古典主義特徵或古典精神，實際上就是由外在轉向內在，由飄浮轉向凝定，他說：「真正的詩，卻應該由浮動的音樂走向凝定的建築，由光芒煥發的浪漫主義走向堅定凝重的古典主義。這是一切誠摯的詩人的道路，是 R·M·里爾克的道路，也是馮至的道路。」〔註36〕他所說的古典主義主要是指詩歌所體現的沉思與深刻的特質。這種看法與他初期對浪漫主義的迷戀判若二致。

其它一些詩人雖然沒有像袁可嘉、唐湜那樣明確地表白他們在詩藝探索上的轉向，但從他們的作品和別人的評論中，還是可以或多或少地找到這方面的一些信息。唐祈早期的詩主要是「善於描繪邊遠地區游牧人民的風習與苦難的抒情詩，具有清新、婉麗的牧歌風格。」〔註37〕牧歌風格是具有浪漫主義氣質的。杭約赫、陳敬容早期的詩也都具有浪漫主義特點。這種早年的藝術選擇是與青春、生命力、夢幻有關的，就像早年的郭沫若一樣。但當他們更多地瞭解到人生和社會生活的本質，經受了更多的人生艱難，特別是接觸到西方現代主義詩歌或受其影響的中國新詩作品之後，浪漫主義式的主

〔註34〕袁可嘉：《袁可嘉自傳》，《半個世紀的腳印》，人民文學出版社 1994 年 6 月出版，第 573～574 頁。

〔註35〕唐湜：《我的詩藝探索》，《新意度集》，北京生活·讀書·新知三聯書店 1990年 9 月出版，第 192 頁。

〔註36〕唐湜：《論意象的凝定》，《新意度集》，北京生活·讀書·新知三聯書店 1990年 9 月出版，第 15 頁。

〔註37〕袁可嘉：《九葉集·序》，江蘇人民出版社 1981 年 7 月出版。

觀、激情甚至感傷就會被沉思所取代，使他們更注重向內、向外的雙重深入。在現代人文環境中，現代主義詩歌比浪漫主義詩歌更富有表現力，因而也就更爲現代詩人所鍾情。

　　九葉詩人的藝術轉型是必然的。那麼，是不是所有詩人都完全放棄了浪漫主義的藝術因素呢？未必盡然。浪漫主義主張表現自我，張揚個性，這些特徵在九葉詩人的創作中還是可以或多或少地找到。鄭敏表達生命的壓抑與痛苦，那是因爲詩人比較看重自我與生命的昇華；陳敬容表現對新生的焦渴，包含著對現實與人生的一種夢想和期待；甚至注重自我生命解剖的穆旦，在滿含痛苦掙扎的詩篇中，也融合著對生命的期待。九葉詩人以現代主義追求替代或超越浪漫主義的藝術經歷，並不是他們沒有對現實和生命的熱情、摯愛，而主要是他們不贊同詩歌的激情外露，不贊同感傷和口號式的空洞。唐湜指出：「今天大部分詩只憑一些青春的資本，作一些浪擲才情的豪舉，生命力一衰退，就歌喉嘶啞不能成聲了。」〔註 38〕「浪漫主義者強烈地感受到夢境與它所代表的潛意識流的眞實與力量，但他們把自己的頭埋到這水流裏去，迷醉在裏面任自己的意識滅頂。」而「成熟的意象，一方面有質上的充實，質上的凝定，另一方面又必須有量上的廣闊伸展，意義的無限引申。」〔註 39〕袁可嘉也指出：「最爲我們熟知，眼前也極爲流行的一種詩的迷信是對於激情的熱衷，人民派在這方面卓有成就就很足與前一世紀的浪漫派相比；二者都深信詩是熱情的產物，有熱情即足以產生詩篇，不必問它是什麼性質的『情』，熱到什麼程度，或在什麼情況之下用什麼方法產生了並傳達了這種熱情的。」〔註 40〕他們反對詩歌對熱情的迷信的。九葉詩人對早期追求的反撥與自我超越是順應藝術潮流的，但也是需要藝術創造的自信與勇氣的，因爲他們不像波德萊爾是在超越與反叛別人，而是在反叛和超越的早年的自己，可以看出九葉詩人對藝術探索的眞誠和他們求新求變的強烈意識。

　　是不是反叛和超越了浪漫主義的詩歌追求就一定轉向現代主義呢？結論不完全是肯定的。每一個詩人的藝術選擇往往受到多種內在、外在因素的制約。在 30 年代初期，穆木天由象徵主義轉向的是中國詩歌會的通俗化、大眾

〔註 38〕 唐湜：《佩弦先生的〈新詩雜話〉》，《新意度集》，北京生活・讀書・新知三聯書店 1990 年 9 月出版，第 84 頁。
〔註 39〕 唐湜：《論意象》，《新意度集》，北京生活・讀書・新知三聯書店 1990 年 9 月出版，第 12～13 頁。
〔註 40〕 袁可嘉：《對於詩的迷信》，《文學雜誌》1947 年第 2 卷第 11 期。

化追求。在蘇聯，馬雅可夫斯基由未來主義轉向的是對政治抒情詩的探索。對於不同詩人的藝術轉型，應該就具體情形進行具體分析。在九葉詩人那裡，藝術上的轉型主要是由浪漫主義轉向了現代主義。這是他們的與眾不同處。

　　為了說明九葉詩派以現代主義超越浪漫主義所具有的藝術上的進步性，我們想比較袁可嘉的兩首詩。袁可嘉公開發表的第二首詩是《我歌唱，在黎明金色的邊緣上》，詩人歌唱抗戰，熱情橫溢，情緒外露，與當時的主流詩歌沒有多大的區別，他寫道：「我們——新中國的輕騎兵／沉重地馱載著世紀的災難／曾久久抑鬱在黴爛的歎息裏／在慘白的默默裏／罪惡的黑手，驕縱地／為我們增訂了一頁頁痛楚的記憶／多少年，我們急躁地等待第一聲出擊。／／終於有一天／（那在歷史上嵌穩了不朽的日子）／一支復仇的火令閃過北國七月的藍空／我們狂笑中噙著眼淚／向風暴，催動我們驍勇的桃花騎。／／從此，我們奔馳於飛沙走石的塞外草原／用亮光閃閃的刀尖挑碎法西斯的膿疱／我們以血花與火花的交響／彈出江南鬥士粗豪的詩情／我們騰越於懸崖深谷，出沒於沼澤蘆葦／向夜的神秘噴發千萬星星／我們在臺兒莊、崑崙關、長沙郊外，鄂西前線……／揮舞著古銅色的臂膀／雄辯地說明人性的尊嚴與美麗。／／……」這首詩具有典型的浪漫主義的想像，只是在形象化方面顯現出與當時流行的公式化、概念化詩歌的一些差異。詩人所表達的主要是外傾的激情，一種線性的情感，詩中之「力」主要不是源自生命的深處，而是源自激情的衝動，具有較強的鼓動性，卻缺乏內在的深蘊。這首詩寫於 1941 年秋天左右。在收入袁可嘉詩歌作品最全的詩文集《半個世紀的腳印》中，距這首詩最近的是寫於 1946 年的《沉鐘》：「讓我沉默於時空，／如古寺鏽綠的洪鐘，／負馱三千載沉重，／聽窗外風雨匆匆；／／把波瀾擲給大海，／把無垠還諸蒼穹，／我是沉默的洪鐘，／沉默如藍色凝凍；／／生命脫蒂於苦痛，／苦痛任死寂煎烘，／我是鏽綠的洪鐘，／收容八方的野風！」這首詩與前一首相比，可以說有天淵之別。從情緒上看，《洪鐘》不是線性的，詩人將「三千載」的時間凝縮於一點，詩的分量由此而生，表達了更多的內在沉思，即對生命之苦的理解。詩人追求的是獨立、深沉的生命品格。這首詩同樣與中國現實有內在關係，他創作這首詩的時候，全民抗戰已經結束，而中國大地並不平靜，詩人由此而苦惱而渴求，追尋著生命最本真的存在。由於詩人表現的是內心的思索，現實的表面現象不再構成詩篇的面孔，而是它的本質引發了詩人的生

命之思。在傳達方式上，這首詩以意象的凝定代替了形象的浮動，每一個意象都有其豐富的詩美內涵，「洪鐘」與「沉默」的對應體現了詩人對歷史與現實的態度，對「生命」與「苦痛」的思考包含著深邃的哲理，「收容八方的野風」展示了詩人登高臨遠的生命氣魄，透射出強大的生命之力。再加上詩人對詩的外在音樂性的重視，詩篇顯得節奏有致，旋律和諧。這首詩利用了現實、象徵和詩人創造機智的融合，又不偏於其中某一方面，具有較為明顯的現代主義特徵。從這種簡單的比較中可以說，由於汲取了現代主義詩歌的某些觀念與技法，袁可嘉的詩歌寫作已經開始由線性走向圓熟、由淺表走向深入、由外傾走向了含蓄。相對於當時的主流詩歌而言，這種探索確實促進了新詩藝術的更新與進步。

綜合而言，九葉詩人對西方現代主義的藝術借鑒不但使一些詩人超越了早期的浪漫主義與當時詩壇上普遍流行的詩歌觀念，而且為他們進行新的詩藝探索奠定了基礎。這種轉型使他們深化了詩的內涵，將個人的生命體驗與現實的最本質的因素融合起來，形成了有向度而又不單一的思想流程；在詩的傳達上，也由外在走向內在，由直接說出感情的名字轉向了借用多種手段建構詩的本體特徵，使詩歌本身而不是外在因素成為詩美的本質之所在。當然，在向現代主義詩歌借鑒的過程中，不同詩人所接受的對象和程度各有不同，這又形成了九葉詩派內部的多元風采。對這些特點，我們只有進行更為具體的分析，才能有更深入的瞭解與理解。

第三節　九葉詩派的毀滅與復活話語

「九葉詩人多毀滅與復活的話語。」〔註41〕這個結論是有道理的。九葉詩人的作品中交織著生與死、愛與恨、樂與苦等生命要素的糾結。這種向度與九葉詩派追求現代詩歌的「綜合」特性有關，而它的來源主要是西方的現代主義詩歌，是九葉詩派在思想、文化乃至哲學等層面上向現代主義詩歌的借鑒。

西方現代主義詩歌主要起於懷疑、否定、反叛精神，就本質來看，這是一種創新、超越精神，任何藝術上的創造往往都誕生於懷疑和超越。袁可嘉認為西方現代主義的「共同傾向是對資本主義文明的懷疑和否定，對內心世

〔註41〕游友基：《九葉詩派研究》，福建教育出版社 1997 年 8 月出版，第 233 頁。

界的無意識領域的開拓。」〔註42〕因而與以前的作家相比，現代主義作家在觀照社會與現實方面採取了不同的態度與角度：「十八、十九世紀的作家一般是從社會人的角度去揭露批判某個具體社會的具體現象，如專制政體、官僚統治、道德腐敗等等，目標比較明確具體；而現代派則是從個人的角度，與社會游離的角度去作籠統的攻擊，因此現代派的反社會傾向往往帶有個人的、抽象的、無目的的、全面的特徵。」〔註43〕這些特點使現代主義文學在處理人與社會、人與人、人與自然、人與自我的關係上體現出尖銳的矛盾與畸形脫節。在人與社會的關係上，現代主義作家站在個人主義立場上全面反社會，對社會存在進行攻擊；在人與人的關係上，他們展示的是極端冷漠、相互阻隔的圖景；在人與自然（大自然、本性、物質世界）的關係上，現代主義同樣持全面否定態度；在人與自我的關係上，由於受到現代心理學的影響，現代主義作家對自我的穩定性、可靠性和意義產生了嚴重懷疑，表現的主要是人的意識的複雜變化。〔註44〕

懷疑、否定精神構成了現代主義詩歌的主要思想流向，作品中往往彌漫著濃厚的悲觀絕望情緒和虛無主義思想。波德萊爾在《惡之花》或《巴黎的憂鬱》的《跋詩》〔註45〕中表達了他的寫作願望與心態：「心裏滿懷喜悅，我攀登到山上，／這裡可以覽眺都市的宏偉，／醫院、妓院、煉獄、地獄和勞改場，／／一切極惡全像花兒一樣盛開。／你知道，撒旦，我的痛苦的主保，／我來並非爲了流無益的眼淚；／／而是像老色鬼，戀戀不忘舊交，／我要陶醉於這個巨大的娼妓，／她的地獄魔力使我永不衰老。／／不管你還躺在早晨的衾被裏，／昏昏、沉沉、傷風，或者昂首闊步／在用黃金鑲邊的黃昏帷幕裏，／／我喜歡你，哦，污濁的都市！娼婦，／強盜，你們是那樣經常地提供／世俗的庸人所不知的歡愉。」他所採納的題材與表現的態度與以前的詩歌有所不同，這種觀念不斷在現代主義詩歌的發展中得到強化、拓展。艾略特的《荒原》可以說是西方現代主義詩歌史上的里程碑式的作品，他在開篇就

〔註42〕袁可嘉：《略論西方現代派文學》，《半個世紀的腳印》，人民文學出版社1994年6月出版，第202頁。

〔註43〕袁可嘉：《略論西方現代派文學》，《半個世紀的腳印》，人民文學出版社1994年6月出版，第205頁。

〔註44〕參見袁可嘉：《略論西方現代派文學》，《半個世紀的腳印》，人民文學出版社1994年6月出版。

〔註45〕詩見錢春綺譯：《惡之花巴黎的憂鬱》，人民文學出版社1991年4月出版，第506～507頁。據其注釋稱，此詩究竟爲哪一部詩集之「跋詩」，目前尚未確定。

寫道：「四月是最殘忍的月份，哺育著／丁香，在死去的土地裏，混合著／記憶和欲望，撥動著／沉悶的根芽，在一陣陣春雨裏。／冬天使我們暖和，遮蓋著／大地在健忘的雪裏，餵養著／一個小小的生命，在乾枯的球莖裏。」（裘小龍譯）這是與常識感受完全相反的體驗，「四月」的「殘忍」、「春雨裏」的「沉悶的根芽」、「冬天」的「暖和」等等都體現出詩人對既有文化和現存世界的懷疑、否定與反叛。在整首詩中，詩人以典故、別人的詩行等等建構了一個完整的世界，這個世界是荒蕪的、沒有生命力的，因而它受到了好評也受到了攻擊，「1922 年，他發表了《荒原》（The Waste Land），這首詩被『泰吾士報文學增刊』稱作是『缺乏風格也缺乏技巧』的拙劣模仿，另外 F・L・盧卡斯說它是又一次『墮落』的表現，『那種墮落似乎永遠地以迷惑力和排斥力的混合體纏著艾略特先生』；李維斯博士則宣稱，艾略特給英國詩歌開闢了一個新方向。」〔註46〕暫且不對這首詩進行整體評價，但就其思想傾向而言，誠如趙毅衡所說：「《荒原》的主題是絕望而不是希望。……《荒原》把第一次世界大戰後西方知識界彌漫著的失望情緒，把現代資本主義文明的精神貧瘠狀態集中地深刻地表現了出來。《荒原》構成了一代人思想苦悶的投影，成了一次大戰衝擊波之下資本主義精神危機達到頂點的寫照。」〔註 47〕這是艾略特的獨特與深刻之處。他的另外一些作品如《空心人》也表現著同樣的對希望的虛幻之感：「我們是空心人／我們是填塞起來的人／靠在一起／腦袋瓜裝一包草。哎！……這是死去的土地／這些仙人掌的土地／在這裡豎立著／石頭雕像，在漸漸暗淡的／星光之下，它們接受／死人手臂的哀求。」這種絕望的哀歎，不同於自我的張揚或浪漫的幻想，而是對當時現實和人們思想、精神的深沉寫照。

其它一些現代主義詩人也同樣表達了對現實、生命的強烈懷疑。走出理想主義與唯美主義的葉芝渴望《駛向拜占廷》，那是因為他對自己所面對的一切都極為厭倦：「消毀掉我的心，它執迷於六欲七情，／捆綁在垂死的動物身上而不知／它自己的本性；請求你把我收進／那永恒不朽的手工藝精品。」（袁可嘉譯）他的《塔樓》是整個現代文明的象徵，而在這「塔樓」之內、四周之上，詩人感到的是：「四面八方都有愛人的老色鬼，／從深思熟慮的心中倒

〔註46〕阿歷克・威斯特：《T・S・艾略特對詩和批評的濫用》，其翔譯，《外國詩》第1 輯，外國文學出版社 1983 年 9 月出版，第 298 頁。

〔註47〕趙毅衡：《〈荒原〉解》，《外國詩》第 1 輯，外國文學出版社 1983 年 9 月出版，第 360～361 頁。

出來／你在墳墓中的全部發現，／因爲你肯定已計量過每一個／對別個生命迷宮的投入，／它們不可預知，不可見，／爲一個溫柔的目光，／一個撫摸或歎息所迷惑。」（袁可嘉譯）這些都體現出詩人對現實與生命的懷疑。里爾克較少正面解剖他所面對的世界，卻從自我沉思中表達著自己的生命與現實之思。他的《豹——巴黎植物園》可以說是具有強大內在生命力而又爲外在環境所困的詩人以及他的同類人的象徵，「它的目光盡看著過眼的鐵欄，／是如此疲倦，什麼都過而不留。／在它眼中，好像有成千的鐵欄，／在千條鐵欄之後不存在宇宙。」（錢春綺譯）這種孤獨迷茫之中包含著詩人對自我生存環境的詩意評判。在後來的一些詩中，里爾克像一個哲人，在深切地領悟了現實與生命的本質之後，向人們訴說著對生命最深處的感受，「只有誰在陰影內／也曾奏起琴聲，／他才能以感應／傳送無窮的讚美。／／只有誰曾伴著死者／嘗過他們的罌粟，／那最微妙的音素／他再也不會失落。」（《奧爾弗斯》，馮至譯）這是徹悟之後的昇華，是現代主義詩歌的另一種境界，體現出現代主義詩歌發展的新向度與獨特成就。

我們承認，西方現代主義詩歌包含著濃厚的頹廢思想與神秘意識。同時，現代主義詩歌大多爲知識分子所鍾情，所表達的主要是現代知識分子的思想、精神狀態。但它之所以能夠成爲西方現代詩歌的潮頭，是有其深刻的藝術、思想、文化和社會根源的。僅從思想、文化這一層面看，現代主義詩歌所張揚的懷疑、否定精神揭示了現代西方人的精神狀態的部分眞實，主要的就是現代人被工業文明所異化而帶來的危機意識。信仰危機、精神空虛是西方現代社會的客觀存在，詩人沒有文飾、美化它們，有時候還或多或少地誇大了它們，這裡面包含著詩人對生命和藝術的眞誠。另一方面，現代主義詩歌拓展了詩歌觀照世界的角度和方式，主要從現實與生命的負面入手，以挑剔、批判的眼光打量世界，這種方式增加了現代主義詩歌的沉重、迷茫的色彩，也更全面、更深入地表現了現實與生命的眞實。

在中國新詩史上，現代主義作爲詩歌發展的一個支流，其命運有似「華蓋」，受到的攻擊總是多於讚美。在 30、40 年代詩壇上，由於戰爭環境的特殊性以及戰爭所激發起來的強烈的使命意識，中國新詩的主流是現實主義。但現實主義詩歌並未全面地揭示出中國社會與中國人思想的本質，不少作品只是浮在現實的表象上，分行地闡釋著觀念、政策，詩人的主體意識與創造性都受到一定程度的扼制。在這種狀態下，一批瞭解西方現代主義詩歌的青

年詩人，自覺地從西方現代主義詩歌那裡吸收營養，這其中自然也包括它在思想文化上的某些成果，甚至是懷疑、否定精神。這種吸收所產生的首要效應就是他們對詩歌與現實的關係的看法與當時流行的觀念存在很大差異。在40年代，袁可嘉就認為文學的「最高的三個品質」是「無事不包（廣泛性）、無處不合（普遍性）和無時不在（永恆性）」，文學所關注的是廣泛的普遍的現實，並非像「人民的文學」那樣堅持「人民本位或階級本位」，「工具本位或宣傳本位」〔註48〕。在80年代初重新談到九葉詩派時，他更進一步把這種觀念明晰化：「他們認為詩是現實生活的反映；但這個現實生活既包括政治和社會生活中的重大題材，也包括生活在具體現實中人們的思想感情的大小波瀾，範圍是極為廣闊的，內容是極為豐富的；詩人不能滿足於表面現象的描繪，而更要寫出時代的精神和本質來，同時又要力求個人情感和人民情感的溝通。」〔註49〕這種廣闊、豐富的現實包括外在的與內在的現實，個人的與社會的現實，物質的與精神的現實等不同側面，其中也包括詩人所稱頌的因素和批判、否定的因素，特別是在後一方面，九葉詩人向西方現代主義詩歌的懷疑、否定精神是有所借鑒的。

其一，九葉詩人在藝術探索中常常對常識性觀念進行再評價。

這裡所說的常識性觀念主要是指那些已經被人們所普遍認定和接受的觀念、思想等等，也就是某些傳統觀念。這種再評價必然形成思想觀念上與現存的或流行的某些思想觀念的對立、衝突。比如，在人們心目中，愛情永遠是一種美好的情感，它給人撫慰，給人溫馨，然而，九葉詩人中有不少詩人卻揭示了對於愛情的另一種感慨：隔膜、孤獨乃至虛假。穆旦的《詩八首》是其中的代表：「你底眼睛看見一場火災，／你看不見我，雖然我為你點燃，／唉，那燒著的不過是那成熟的年代，／你底，我底。我們相隔如重山！／／從這自然底蛻變裏，／我卻愛了一個暫時的你。／即使我哭泣，變灰，變灰又新生，／姑娘，那只是上帝玩弄他自己。」「相隔如重山」、「暫時的你」與那種歌唱愛情的忠貞、視愛情為永恆的觀念相去甚遠，然而詩人表達了對愛情另一些狀態的認識和體驗，一是在愛情之中也要堅持「自己」，不能為愛情而扭曲靈魂；二是愛情的主旨在於心靈乃至整個生命的溝通、交融。詩人揭

〔註48〕 袁可嘉：《「人的文學」與「人民的文學」》，天津《大公報‧星期文藝》1947年7月6日。

〔註49〕 袁可嘉：《〈九葉集〉序》，江蘇人民出版社1981年7月出版。

示的是深層的、表象之下的體驗，自然與浮在表面的普遍的觀念和感受形成反差。他寫道：「靜靜地，我們擁抱在／用言語所能照明的世界裏，／而那未形成的黑暗是可怕的，／那可能的和不可能的使我們沉迷。／／那窒息著我們的／是甜蜜的未生即死的言語，／它的幽靈籠罩，是我們游離，／遊進混亂的愛底自由和美麗。」在詩人看來，有一種「愛情」是表面的，它只存在於「言語所能照明的世界裏」，而甜蜜的言語並不能代表人性的本質，往往「未生即死」，它最終使情人「游離」，因爲言語未照到的世界是一片「黑暗」，那「黑暗」是可怕的，但它恰好是建構眞正的愛情所應該明瞭的內涵。《詩八首》是穆旦的代表作，既表達了詩人對愛情的現狀與本質的重新思考，也體現了他對生命的獨特體驗。鄭敏在表達自己的寂寞時，也以對愛情的思考來暗示：「世界上有哪一個夢／是有人伴著我們做的呢？／我們同爬上帶雪的高山，／我們同行在緩緩的河上，／但是誰能把別人，／他的朋友，甚至愛人，／那用誓約和他鎖在一起的人／裝在他的身軀裏，／伴著他同／聽那生命吩咐給他一人的話，／看那生命顯示給他一人的顏容，／感覺他的心所感覺的／恐怖、痛苦、憧憬和快樂呢？」（《寂寞》）在鄭敏的心目中，人與人之間是無法眞正溝通的，包括愛人之間，因而生命的本性就是孤獨，眞正的愛情只能是「一個不能參與的夢」。杜運燮有三首同題詩《不是愛情》，與穆旦、鄭敏的詩有所不同，它們抒寫的是詩人在現實處境中不能實現只能想像的愛情，其側重點在於揭示現實。第三首是與愛情相關的。「我懊悔我曾經懊悔／我浪費太多的熱情／做你『愛』的試驗」。這是詩的第一行，在詩中多次重複，是全詩的主旋律。這行詩至少有兩種讀法，第一種讀法「我懊悔，我曾經懊悔」強調「曾經」懊悔過，第二種讀法可以理解爲對「曾經懊悔」的「懊悔」，也就是說不應該懊悔。不過，就全詩的格調來看，前者更符合詩人的本意。詩人抒寫了對虛假愛情的體驗，也可以引申開去，看成是詩人與他所忠誠的世界之間的某種不協調關係。

　　九葉詩人對常識性觀念的再審視當然不僅是在對愛情的體驗上，而是涉及到文化、思想、生命本質等多個層面，其基本特徵是對以前的某些看法、行爲提出懷疑，再對它們進行獨特的詩意解剖。這種解剖包含著批判與重建，其結果勢必帶來程度不同的迷茫、困惑，與普通大眾的感受形成一定反差，特別是對「死亡」主題的多方面關注、對生與死、愛與恨、苦與樂等矛盾的揭示，在體現了詩人渴望生命完美和自我實現的同時，增加了生命與自我的

沉重之感。這是與中國傳統詩歌主要從正面表現詩人的性靈與理想的詩美向度有很大差異的。九葉詩派的這種反思與批判無疑受到了西方現代主義詩歌的浸潤，賦予了中國新詩以新的深度與廣度，也是一種新的藝術挑戰。如何把這種挑戰轉化為新詩發展的藝術「能」是九葉詩人和整個中國新詩所面對的嚴峻課題。

其二，對現實與生命的全方位揭示。

這裡並沒有如下的潛臺詞：九葉詩派之外的詩人沒有揭示現實與生命。我們強調的是「全方位」。全方位揭示現實，就必然包括中國現實和中國人生命狀態的各個方面。世界上的任何存在都是由矛盾構成的，特別是在現代生存環境之下，事物之間的矛盾、衝突顯得越來越深刻、明顯。如果意識不到這些矛盾的存在，不在詩歌中揭示與評判這些矛盾、衝突，那麼，我們要麼就只能在外加的思想與觀念中生存，放棄個人所應該具有的理性精神，要麼就只能茫然而無目標地生存，失去生命的創造意義。這兩種取向都不是現代人最有價值的選擇。九葉詩人敢於直面和揭示現實和生命中存在的與人的理想相衝突的種種矛盾。他們的揭示有時候會讓生存其中的人們覺得痛苦，因為生存的矛盾在他們的詩歌中顯得非常嚴峻而許多人在現實中卻不自知。這就使九葉詩派的許多作品體現出一種湧自內心的沉重。

九葉詩派對於現實與生命的揭示往往超越常人的心理感知可能，也就是說，他們往往從常人不太留心的角度觀照世界，體現出與當時主流詩歌的很大不同。從更深層面看，他們的詩歌觀念和表現手段與中國當時的文化積澱、人文心態不是在同一向度上相互促進的，而是在相異甚至相逆的碰撞中各自展開。30、40 年代的主流詩歌主要從時代發展的趨向和大眾渴望的角度正面表現歷史的規律，而九葉詩派則主要從挖掘阻滯生命發展的因素中體現自己的創造。對現實的批判是九葉詩派觀照世界的最重要角度之一，較之於主流詩歌，他們的作品主要不體現為與人們的渴望相一致的心理順勢，而體現為對現實和生命發展的對立因素的揭示。這並不說明他們否定現實與生命發展的可能性。對現實與生命中的負面因素的批判和常常使用的反諷等手段都暗示著他們的心理渴求，只是他們一般不正面表現這種渴求，而是將它隱含在對負面因素的解剖中。他們的詩不是鼓動的詩、引導的詩，而是讓人沉思、警醒的詩。

與主流思潮的規律性相異，「荒誕性」成為九葉詩派作品的一大特色。唐

祈的《最末的時辰》是一個比較典型的例子：「天亮：少女在公園裏割斷自己
　/蔚藍色的脈搏。　/街道上的窗緊閉，　/城市人的眼圈陷落下去；　/白日紛
亂，空曠的　/市郊，更寂寞。……一切名字的槍，向自己的兄弟瞄準。」這
就是戰爭下的都市，就是戰爭下無望的人們的艱難。「蔚藍色」是希望的象徵，
而花季的少女卻割斷生命的脈搏，表現出人們深深的絕望。陳敬容的《邏輯
病者的春天》，僅從題目上就可以預知詩人所表現的思考是不符合外在邏輯
的，「溫暖的春天的晨朝，　/陽光裏有轟炸機盤旋。」「可憐，可憐，最可憐
的是希望　/有時就渴死在絕望裏。」「欺騙和謊話本是一家，　/春天呵，我們
知道你有　/夠多的短暫的花！　/追悼會，淒涼的喇叭在吹，　/我們活著的，
卻沒有工夫　/一徑流眼淚。」詩人通過種種場景與感受的交叉抒寫，揭示了
現代都市的混亂與人們的迷茫、失落的精神處境。杭約赫的《復活的土地》
顯然是受到了艾略特的《荒原》的影響，看似雜亂無章，卻展示了現代的「荒
原」圖景：「我們到街上去，　/我們游泳在天堂的銀河裏。　/呵你聽，這是天
堂的樂音，這是　/音樂嗎？使我們的耳膜膨脹的，　/使我們的呼吸壓縮的，
——這些　/擁擠得不留一絲空隙的人潮的　/澎湃，馬達——那瘧疾症患者的
震顫……，　/喇叭和尖利的銅笛的和鳴……　/停住！黑色的警備車，白色的
　/救護車，紅色的消防車——接踵地　/從你剛止住腳步如冒號的邊上擦過　/
劃過，飛過，咆哮著　/狂暴得使每一粒灰砂都戰慄的　/怪聲……這不是音樂
　/（也許這正是音樂），音樂卻充塞在我們所有的空間裏，開足　/馬力，以最
強音來充塞　/誘惑或者掠奪。我們是　/螞蟻，也是魚，我們是浴在　/音樂的
回流裏的魚。」這只是詩人所描述的多個場景中的一個，勾畫了上海這個大
都市的嘈雜無序和上海各階層人的虛偽與庸俗。詩人通過對種種現象的集中
與提升，揭示了上海的「荒原」景象、「荒淫的海」的形象。在這一取向上，
袁可嘉的《南京》、《上海》等詩對現代人的荒誕的抒寫也是頗有特色的，只
是較之於杭約赫的《復活的土地》顯得相對輕和一些。按照中國傳統的詩歌
觀念，這種主要揭示現實和生命的負面因素、具有荒誕性的詩歌是可以稱爲
「亡國之音」的。公劉在肯定杭約赫在 1948 年創作的《最後的演出》的同時，
指出：「令人遺憾的是，就在這同一年裏，作者忽然逸出常軌，在這個顯然不
適當的時辰做起不適當的藝術試驗來。思想朦朧了，語言曖昧了，形象也支
離破碎了，我主要是說的那首寫上海的長詩《復活的大地》〔註 50〕——它基

〔註 50〕原文如此。應該是《復活的土地》。

本上是一次失敗的嘗試。」〔註51〕不過，隨著現代文明和現代人的思想、文化觀念的不斷發展，人們已經拒絕了從單一的角度去理解現實與生命，也就拒絕了從單一的角度去理解多元的詩歌。現代詩不只是具有浪漫的情懷，而且常常具有深入內裏的向度。九葉詩人揭示現實與生命的角度與方式的合理性主要在於：其一，他們所揭示的的確是現實和生命的存在，並非無中生有；其二，包括九葉詩人在內的人們在內心都懷有美好的渴望，但這種渴望不是浮在表面的，不是通過浪漫的抒情就可以實現的，而是要深入現實與生命的內裏，揭示其存在的合理性和實現的阻力與可能性，否則，人們對美好現實與完美生命的渴望就是虛浮的，無望的。這也許可以看作是一種適合現代人的精神、思想發展的憂患教化方式吧。

在九葉詩派中，還有一些詩人不太關注外在世界，而是在自我反思、省察之中表達自己對現實與生命的思考，穆旦、鄭敏、辛笛等詩人主要屬於這種情形。穆旦詩歌中對自我所體現出的那種血淋淋的解剖、對虛偽人性的透視可以說是深入骨髓的，「我們做什麼？我們做什麼？ ／生命永遠誘惑著我們 ／在苦難裏，渴尋安樂的陷阱 ／唉，為了它只一次，不再來臨： ／／也是立意的復仇，終於合法地 ／自己的安樂踐踏在別人心上 ／的蔑視，欺凌，和敵意裏， ／雖然陷下，彼此的損傷。」「這是死。歷史的矛盾壓著我們， ／平衡，毒戕我們每一個衝動。 ／那些盲目的會發泄他們所想的， ／而智慧使我們懦弱無能。 ／／我們做什麼？我們做什麼？ ／啊，誰該負責這樣的罪行： ／一個平凡的人，裏面蘊藏著 ／無數的暗殺，無數的誕生。」（《控訴》）一連串的追問，一層層的剝離，讓許多深埋的真實顯形，讓人性的殘忍、虛偽在詩人的筆下曝光。這是非常深刻的揭示，其中包含著詩人對現存思想、文化、觀念的批判和反思，「智慧使我們懦弱無能」，簡直讓人震驚。鄭敏最長於在矛盾解剖中表達她的生命之思，她的解剖有很多是從哲學層面展開的，詩中的每一個形象都可以看成是生命的象徵，這就使她的詩體現出關於現實與生命的多種樣相，既有完美的「舞者」，堅強的「盲者」，也有天真的「孩童」。鄭敏詩歌中的生命探索源於這樣一種體驗：「一步，一步，生命，做了些 ／什麼工作？不就是 ／這樣，一滴，一滴將苦痛 ／的汁液攪入快樂裏 ／那最初還是完

〔註51〕公劉：《〈九葉集〉的啟示》，原載《花溪》1984年第6～8期，此處引自王聖思編選的《「九葉詩人」評論資料選》，華東師範大學出版社1996年10月出版，第125頁。

整無知的嗎？」(《Fantasia》)所以她的詩歌總也擺脫不了矛盾與衝突的糾纏，而這種糾纏又由於詩人的深入解剖而凝定爲一幅幅沉思的圖景。辛笛的詩講究表達上的精緻，格局一般較小，常常於點滴之思中爆發出清晰可辨的思想紋路。他寫自己的內心苦楚：「我知水性而不善遊／勉力自持／只作成人生圓圈裏的一點，　／可還捉不住那時遠時近／崇高的中心」(《識字以來》)，這種自省意識與穆旦有點相近，只是層面與程度有所不同。而他的《夏日小詩》、《寂寞所自來》等詩則是揭示現實的，「在南方的海港風裏／我聞見了起膩的肥皂沫味／有一些市儈在那裡漂亮地洗髮／呵，真想當鼓來敲白淨的大肚皮／就著臍眼開花，點起三夜不熄的油脂燈／也算是我們謙卑地作了『七七』的血荷祭」(《夏日小詩》)，「如今你落難的地方卻是垃圾的五色海／觸目驚心的只有城市的腐臭和死亡／數落著黑暗的時光在走向黎明／宇宙是龐大的灰色象／你站不開就看不清摸不完全／呼喊落在虛空的沙漠裏／你像是打了自己一記空拳」(《寂寞所自來》)。這一切都是真誠的詩人所無法迴避的現實，生命的困頓、苦悶、迷茫等等都由此而生。

　　如果把九葉詩人對現實的解剖納爲一個整體，就會發現，他們作品中的「世界」不是一個單色調的、而是一個多彩的複雜世界。那便是現代世界和現代人生。正是複雜與矛盾使我們看到了更深刻更全面的真實。無論是對常識觀念的再審視，還是對現實世界的全方位揭示，九葉詩人的作品都體現出了明顯的懷疑乃至否定精神，至少是對其中的某些部分或要素的懷疑或否定。那便是我們所說的毀滅話語。在九葉詩派的作品中，毀滅話語是十分重要的藝術構成要素，既是他們與當時主流詩壇的不同之處，也是他們的詩深入現實本質的標誌，還是他們在藝術上向西方現代主義詩歌有所借鑒的體現。在動蕩不安、戰爭憑仍的現代中國，在正義與非正義、崇高與庸俗相抗爭的中國，如果新詩中沒有這種毀滅話語的出現，那就只能說明新詩未能全面揭示中國現實和人們心態的真實。其實，在九葉詩派以前的新詩中，已經有不少詩人涉及了這一領域，李金髮是其中之一，聞一多的《死水》更可以看成是範本，九葉詩派則在新的歷史和現實語境下對此進行了深化與豐富。

　　在很長一段時間裏，人們以單一的政治、學術觀念爲指針，對西方現代主義詩歌指斥較多，特別是對它的頹廢絕望情緒一概否定，顯得比較武斷而缺乏具體的、科學的分析。這不利於我們瞭解世界詩歌發展、推動中外詩歌藝術交流。袁可嘉在回憶自己的一段學術經歷時就說過：「由於在文化文學領

域展開『反資批修』的需要，我在 1960～1964 年間撰寫了幾篇批判英美現代派的文章……這些文字是在『革命大批判』的旗號下寫的，有批判得正確的部分（例如對他們政治傾向和意識形態的批判），但也有不少過『左』的東西，主要是政治上上綱過高，混淆了學術與政治的界限，缺乏對作家和作品的具體分析和區別對待；盲目地全面否定他們反映現實的一面和藝術成就。」〔註52〕這其實是他的自我反思。西方現代主義詩歌的出現主要是由於對現代工業文明所造成的人的異化和信仰失落的不滿乃至厭棄，而詩人的內心深處潛生著對完美現實與人生的渴求，只是由於他們實在找不到生命的目標而沉迷其中，才使他們的懷疑、否定與反抗往往無果而止。不過，並不是所有的現代主義詩人都是如此，有不少人實際上在試圖尋找一個方向，艾略特最終找到的是宗教，里爾克、奧登等詩人在後來也與他殊途同歸。相比而言，里爾克最終到達的境界可謂最高，他的不少作品本身是超越了毀滅話語的，是穿透了現實的複雜和對現實的懷疑、否定之後的精神昇華，是沉默之後的生命頓悟，看似明朗的詩篇之中其實隱含著深厚的哲學。在中國現代詩人中，只有馮至臨近他的境界。在九葉詩人中，受里爾克影響最明顯的是鄭敏，她領悟了里爾克的思辨與哲理，在詩歌手法上卻沒有達到里爾克和馮至那般純熟，甚至有些詩篇還給人一種身不由己、捉襟見肘的感覺，有一種散文化傾向。

　　這裡想要說明的是，在思想文化的發展上，如果只知道懷疑、否定而不圖建設，或者說如果不尋求懷疑、否定之後的新生，那麼現實、生命乃至詩歌藝術本身都可能是沒有前途的。九葉詩人崇尚毀滅，其實是要尋求新生。這正是他們在接受西方現代主義詩歌影響中所體現出來的創造。九葉詩派十分強調詩的思想性，不過不是對現成的或外加的觀念的闡釋，而是出自創造者的生命體驗，是調和現實、生命的矛盾的巨大內在力量。袁可嘉借用戲劇主義批評理論說：「詩即是不同張力得到和諧後所最終呈現的模式，那麼消溶眾多矛盾的統一性便顯得分外重要，沒有它，詩篇便會陷入無政府的混亂狀態。」〔註53〕這是就詩歌文本結構而言的，但可以引申開去，詩歌在思想內涵方面也應該追求一種統一性或稱平衡性。如果只有毀滅話語，詩歌必然陷

〔註52〕袁可嘉：《袁可嘉自傳》，《半個世紀的腳印》，人民文學出版社 1994 年 6 月出版，第 578 頁。

〔註53〕袁可嘉：《談戲劇主義》，天津《大公報‧星期文藝》1948 年 6 月 8 日。

如沉悶、絕望之境。毀滅話語只有與新生話語相融合，詩歌才可能表現出複雜現實中的人的思想狀況及其可能走向，也才能全面、深入地揭示現實和生命的眞實本質。

九葉詩人的毀滅話語之間隨時流淌著新生話語，即那些體現現實與生命流向和詩人的渴望的情緒、情感。穆旦有《控訴》，更有《讚美》，歌唱著「我要以帶血的手和你們一一擁抱。／因爲一個民族已經起來。」他還有那「最會說出自由與歡欣」的《旗》：「四方的風暴，由你最先感覺，／是大家的方向，因你而勝利固定，／我們愛慕你，如今屬於人民。」鄭敏關注著寂寞、死與苦，而在這種種體驗之中，詩人所悟出的是更高的「生」，因爲她感覺到「在看得見的現在裏包含著／每一個看不見的過去。／從所有的『過去』裏才／蛻化出最高的超越。」（《讀 Selige Sehnsucht 後》）「生」便是對寂寞、死與苦的超越與昇華，因此她在寂寞的「無邊裏」，看見「生命原來是一條滾滾的河流」（《寂寞》），看見殘酷的戰爭背後隱藏著人性的共同本質，「自己的，和敵人的身體，／比鄰地臥在地上，／看他們搭著手臂，壓著／肩膀，是何等的無知親愛」（《戰爭的希望》），所以戰爭中包含著希望；她看見「死」裏生長著「生」：「在長長的行列裏／『生』和『死』是不能分割／每一個，回顧到後者的艱難，／把自己的肢體散開，／鋪成一座引渡的橋梁，／每一個爲了帶給後來者一些光芒，／讓自己的眼睛永遠閉上。」而「死」所包含的意蘊「已深深溶入生者的血液，／被載向人類期望的那一天。」（《時代與死》）鄭敏的生命哲學是《生的美：痛苦，鬥爭，忍受》：「只有當痛苦深深浸透了身體／靈魂才能燃燒，吐出光和力。」這可以看成是詩人對只有毀滅才有新生、有了毀滅也必有新生的哲理的詩美闡釋。爲此，詩人在揭示中國的苦難的同時，更讚美中國的新生：「但是，你不會沉滅，你的人民第一次／助你突破古老的軀殼，第二次助你把自／衛的手臂舉起，第三次，現在，他們向／你呼喚，噢中國！覺醒！」（《噢，中國》）杜運燮的《滇緬公路》已經奠定了他的詩歌基調。杭約赫的《復活的土地》最終看到了「土地」的「復活」，它雖然受到了艾略特的《荒原》等詩的影響，但在藝術取向上並不完全同於艾略特。唐祈的《時間與旗》則在時間的流程中展示出了眾生的方向。陳敬容的詩充滿「新鮮的焦渴」，體現出男性的急促節奏與適度的英雄主義氣概。辛笛的《手掌》是生命力的象徵。唐湜的詩則表現了世界更替的必然，《騷動的城》唱出的是「最嘹亮的歌，一片希望」，而悼念朱自清的《手》同樣值得關

注：「星光沉落，渡河的 ╱堅定的姿於一閃間 ╱凝結，親切的光耀 ╱在海上升起，朝霞暈開 ╱如金色的蓮花，思想的 ╱手在不經心間伸入混沌 ╱╱因為人們已經醒來 ╱因為人們已經起來……」九葉詩人的新生話語與毀滅話語相對應，同樣生發出多個側面、層面的詩美效果，既有生命的再生，也有現實的再生、民族的再生。袁可嘉說：「從作品的思想傾向看，他們則注重抒寫四十年代人民的苦難、鬥爭及渴望光明的心情。」〔註 54〕這一概括既肯定了九葉詩人的毀滅話語（如對「人民的苦難」的揭示），也肯定了他們的新生話語（如對於「鬥爭及渴望」的揭示）。毀滅意識和生發自毀滅意識的新生意識以及二者的融合是九葉詩派的作品在思想文化方面所體現出來的共同特色。

　　九葉詩人主張向西方現代主義詩歌學習，但他們反對西化。在思想觀念和認識世界的切入方式方面，他們將西方現代主義的某些共同因素，比如懷疑、否定精神，借用來打量中國歷史、現實和人的生命狀態，豐富了新詩的藝術構成。他們詩中的毀滅話語是中國式的，他們詩中的非宗教化的新生話語是西方現代主義詩歌所少見的，這便體現出九葉詩人在借鑒西方現代主義詩歌時的藝術創造。相比於中國傳統詩歌和當時的主流詩歌而言，九葉詩派的藝術探索確實是具有先鋒性、超前性的，也正是這種先鋒性、超前性所包含的創造精神，使他們在新詩藝術的進步方面向前邁進了一大步。九葉詩人的作品是考察 40 年代知識分子文化心態與人文精神的不可或缺的材料，也是全面瞭解、理解中國新詩的重要側面。

第四節　九葉詩派在詩藝探索中的戲劇化追求

　　戲劇化追求是現代主義詩歌的重要取向。戲劇化源於西方，特別是西方的戲劇理論。如同抒情詩是中國文學的正體一樣，自亞里士多德時代開始，戲劇就成為西方文學的皇冠。戲劇理論長期以來是西方文學理論的核心，對其它門類的文學理論包括現代主義詩歌觀念和理論產生了重要影響。戲劇的重要特點之一是通過人物語言、行動構成戲劇衝突並通過劇情的發展逐步解決這種衝突。戲劇衝突的營構及其解決是戲劇文學和戲劇藝術的生命之所在。在各種文體之間互相借鑒與交融的過程中，戲劇及其理論為現代詩歌所提供的啟示之一便是詩歌的戲劇化追求。

〔註54〕袁可嘉：《〈九葉集〉序》，江蘇人民出版社 1981 年 7 月出版。

　　現代詩歌戲劇化的核心內涵是對形成衝突和解決衝突的過程的看重。一般說來，浪漫主義詩歌和現實主義詩歌都主要是關注情感的結果，亦即情感自身，不太注重這種情感的生成過程，按照袁可嘉的說法，這種結果大致有兩類，即表達意志的與表現激情的。詩歌表達這兩種情感，本來無可厚非，然而，「這兩類詩的通病——或者說，它們多數失敗的原因——不在出發的起點，因為起點並無弊病，也不在終點，因為詩篇在最終總給我們極確定明白的印象，夠強烈而有時不免太清楚，而在把意志或情感化作詩的經驗的過程。而詩唯一的致命的重要處正在過程！一個把材料化為成品的過程；對於別的事物，開始與結束也許就足以代表一切，在詩裏它們的比重卻輕微得可以撇開不計。」〔註55〕這個過程既是詩歌經驗的形成過程，也是詩歌作品的生成過程，亦即戲劇化的過程。

　　由於對廣泛現實的打量，詩歌戲劇化的基本內涵就是在詩歌的展開過程中揭示衝突和調和衝突，使詩成為和諧的有機整體。這就必然在思想內涵上形成兩種觀念的衝突與調和，比如毀滅話語與新生話語；而在傳達手段上則體現為客觀化追求。作為以形式為基礎的文學樣式，對於詩歌而言，戲劇手法是詩歌戲劇化更為重要的構成因素。

　　在西方現代主義詩歌中，戲劇化手法可謂比比皆是。象徵主義對象徵的重視就是其中一例。葉芝的「面具理論」更是詩歌戲劇化的獨特表現，提倡讓詩人隱藏起來，而以幾個不同的客體在詩中直接說話。這些客體都是詩人人格的體現，至少是部分的體現，它們的不同話語與矛盾正是詩人的個性和他所體驗到的衝突的展示。在詩中，詩人隱退了，詩本身卻獲得了更深刻的真實。葉芝有一首《面具》：

　　　「卸下那面具，它金光閃閃，
　　　一雙眼睛碧藍。」
　　　「哦不，親愛的，你可太大膽，
　　　想探明心兒是聰慧、狂野
　　　而又不冷淡。」
　　　「我不過是把能探的探看：
　　　是愛還是騙。」

─────────────

〔註55〕袁可嘉：《新詩戲劇化》，《詩創造》第 12 輯（1948 年 6 月）。

「是面具而非它所藏，
叫你費腦筋去猜，
還使你心兒激蕩。」
「就怕你是我敵人，
我必須查明。」
「哦不，親愛的，讓它去吧，
沒啥關係，只要你我倆
有愛火燒身。」

（袁可嘉譯）

面具手法的效果之一就是用客觀化手段表達詩人的體驗和思考，「叫你費腦筋去猜，還使你心兒激蕩。」葉芝的詩中有不少從第三者的角度抒寫詩人感受的作品，而這些第三者有時候與葉芝本人迥異——有乞丐、小丑、姑娘、老人，甚至擬人化的玩偶等等。不過，這些第三者不完全是葉芝所觀察的對象，而彷彿是詩人的第二自我、第三自我乃至「準自我」。詩人進入到這些對象的本質之中，也成了乞丐、小偷、粗漢，他們的所說所作與所思正是詩人處於那些人的地位時會說會作會想的。詩人彷彿戴上了面具而進入了角色。當然，詩中也有詩人的聲音，這種聲音與面具的聲音形成複調，全面揭示內心的矛盾性與豐富性，使作品超越單聲部而成為多聲部。與此同時，葉芝還把這些面具人物放置於充滿戲劇性的場景之中———一場爭吵或是約會；而在這樣的處境之中，每個人物都可能是詩人的一部分自我，這就使詩具有了生動的深刻性，表達了全方位的自我。詩歌是離不開自我抒情的，但抒情不應該是單線的，生命更是在矛盾中充滿了張力。因而，經過「面具」處理之後，詩人的抒情與那些彷彿是在一旁客觀、冷靜地觀察的部分，在詩中達到了主客觀的平衡，達到了一種新的強度。葉芝的詩歌追求是對象徵主義詩歌觀念的發展，他詩中的「面具」都可以看成是象徵，因而他常常被認為是後期象徵主義詩歌的代表性詩人之一。〔註56〕

　　意象派詩人特別強調意象營構。龐德說：「一個意象是在瞬間呈現出的一個理性和感性的復合體」〔註57〕，是與主體生命直接對應的詩歌要素，

〔註56〕 本段文字的部分內容參考了裘小龍的《從浪漫主義到現代主義的葉芝》一文，
　　　　見《現代主義的繆斯》，上海文藝出版社 1989 年 6 月出版，第 107～110 頁。
〔註57〕 （英國）埃茲拉·龐德：《回顧》，鄭敏譯，見（英國）戴維·洛奇編《二十
　　　　世紀文學評論》中文版上冊，上海譯文出版社 1987 年 2 月出版，第 108 頁。

它本身就是主體的替代物，所以龐德又強調詩中「不要用多餘的字句和不能說明任何東西的形容詞」，否則就會「使意象索然無味」，而之所以會有人這樣作，「是因爲作者沒有意識到自然的事物總是適當的象徵。」〔註58〕他很看重「自然的事物」的象徵性，不僅可以避免詩歌的抽象空洞，而且可以使詩歌體現出客觀性。意象主義的三大原則之一是：「對於所寫之『物』，不論是主觀的或客觀的，要用直接處理的方法。」〔註59〕「直接處理」的不是情感，而是作爲意象的「物」。他們對於詩歌的客觀性特徵的重視由此可見一斑。這與袁可嘉所說的「盡量避免直截了當的正面陳述而以相當的外界事物寄託作者的意志與情感」〔註60〕是一回事，足見意象派詩歌觀念對九葉詩派的藝術追求的影響。唐湜對詩歌意象進行過更爲直接的論述，他在《論意象》和《論意象的凝定》等文中把意象的作用與詩歌本體幾乎是等同起來看待的。龐德的《地鐵站上》是意象派詩歌的代表：「這些面龐從人群中湧現／濕漉漉的黑樹干上花瓣朵朵。」鄭敏對它進行過如下解讀：「當詩人走出地鐵站時，忽然看見一些美麗的面孔。人群是黑壓壓的，這些美麗的面孔顯得格外光亮。這時這位喜歡東方詩書的詩人龐德忽然想起一支爲雨淋濕的黑色桃樹枝幹，上面鮮豔的花瓣朵朵。……繁忙的大都市中對於自然美的突然而短暫的體會是這首詩所要表達的中心感情。」〔註61〕這裡的「面龐」與「花瓣」不是「人面桃花相映紅」的比喻，「人群」、「潮濕」、「黑樹幹」等與「花瓣」形成對應，「花瓣」便成了全詩的靈肉，體現著詩人的心理與情感向度。不過，在詩中，這一切都是隱含的，詩人並沒有直接將它訴說出來。

意象派理論直接影響了艾略特的詩觀，他強調詩歌的「非個人化」：「詩人把此刻的他自己不斷地交給某件更有價值的東西。一個藝術家的進步意味著他繼續不斷的自我犧牲，繼續不斷的個性消滅。」「詩歌不是感情的放縱，而是感情的脫離；詩歌不是個性的表現，而是個性的脫離。當然，只有具有

〔註58〕（英國）埃茲拉·龐德：《回顧》，鄭敏譯，見（英國）戴維·洛奇編《二十世紀文學評論》中文版上冊，上海譯文出版社1987年2月出版，第109頁。
〔註59〕（英國）埃茲拉·龐德：《回顧》，鄭敏譯，見（英國）戴維·洛奇編《二十世紀文學評論》中文版上冊，上海譯文出版社1987年2月出版，第107頁。
〔註60〕袁可嘉：《新詩戲劇化》，《詩創造》第12輯（1948年6月）。
〔註61〕鄭敏：《意象派詩的創新、局限及對現代派詩的影響》，《英美詩歌戲劇研究》，北京師範大學出版社1982年11月出版，第5～6頁。

個性和感情的人們才懂得想要脫離這些東西是什麼意思。」〔註62〕這中間自然包含艾略特在詩歌觀念上的創造性，也有一些值得商榷的地方，但他對詩歌表現的客觀性的肯定卻是與意象派相一致的。

　　詩歌的戲劇化當然還有其它一些情形，此處不再贅述，因為九葉詩派在建構新詩的戲劇化特徵時並不是將某種現成的、具體的觀念或手段搬用過來，而是將多種手法相融合，體現出新的創造。新詩戲劇化的核心是對詩歌表現的間接性的看重，同時還「必須融和思想的成分，從事物的深處，本質中轉化自己的經驗。」〔註63〕如果詩人對現實和生命的認識只浮在表面，新詩戲劇化的目標是無法實現的。並且，在不同詩人那裡，詩歌戲劇化的向度也不完全一樣，「比較內向的作者，努力探索自己的內心，而把思想感覺的波動借對於客觀事物的精神認識而得到表現。」比較外向的詩人「是通過心理的瞭解把詩作的對象搬上紙面，利用詩人的機智，聰明及運用文字的特殊才能把他們寫得栩栩如生，而詩人對處理對象的同情、厭惡、仇恨、諷刺都只從語氣及比喻得著部分表現，而從不坦然裸露。」還有一種情形就是寫作劇詩。〔註64〕具體地說，詩歌戲劇化往往包含兩個層面，一是相互對立的藝術因素（包括情感、思想語詞等）在詩歌中的有效組合；二是以客觀對象代替與之相近、相似的思想情感。在具體的詩歌文本中，這兩個方面都主要體現在詩歌的文體結構上。

　　袁可嘉在《新詩現代化的再分析》中具體談到了現代詩的四種間接化手段，比較全面地概括了西方現代主義詩歌和九葉詩派在詩歌戲劇化探索中的特點。我們也試圖從這幾方面出發，分析九葉詩派在新詩現代化方面的成就。

　　其一，「以與思想感覺相當的具體事物來代替貌似坦白而實圖掩飾的直接說明。」〔註65〕這是與對意象的重視相關的。詩歌不是要說明什麼、解釋什麼，而是要表達、暗示什麼，因此，詩人往往要將表達、暗示的因素投射到具體物象之中，由「具體事物」來體現。這是現代詩歌創造詩美、節制情感泛濫的最普遍方式之一。這裡所說的「具體事物」不是事物的表象，而是能

〔註62〕艾略特：《傳統與個人才能》，《艾略特文學論文集》，李賦寧譯，百花洲文藝出版社，1994年9月，第5、11頁。
〔註63〕袁可嘉：《新詩戲劇化》，《詩創造》第12輯（1948年6月）。
〔註64〕袁可嘉：《新詩戲劇化》，《詩創造》第12輯（1948年6月）。
〔註65〕袁可嘉：《新詩現代化的再分析——技術諸平面的透視》，天津《大公報·星期文藝》1947年5月18日。

代表事物本質的要素，只有事物的本質才能與詩人所要揭示的內在體驗形成對應。辛笛的《風景》中有這樣的詩句：「列車軋在中國的肋骨上／一節接著一節社會問題」，「列車」、「肋骨」和與此對應的「社會問題」的獨特作用，把詩人的內在感受包含進去，詩人沒有直接控訴，卻將控訴隱含其中。感情具象化了，也深刻化了，詩篇因此而內涵廣泛。陳敬容的《冬日黃昏橋上》：「橋下是污黑的河水／橋兩頭是櫛比的房屋／橋上是人／摩肩接踵的人／和車輛、喇叭與鈴聲／冬日黃昏的天空暗沉沉／將落的太陽／只增加入夜的寒冷／人們多麼疲倦而焦急／低著頭或是揚著臉／生命的琴鍵上／正奏著一片風雨之聲」，詩人勾畫了橋上的種種情形，凌亂而嘈雜，一是營造詩的抒情氣氛，二是將詩人聽到的「風雨之聲」隱含在種種事物及聲音的交織之中，這二者不是相互疏離而是相互聯繫的，這種聯繫蘊涵著濃濃的詩意。在鄭敏的詩中，《金黃的稻束》、《樹》等作品是以整體形象來傳達詩人的體驗的，而在有些詩中，她的人生與藝術機智也因為對象的選擇而顯露出來，《村落的早春》有這樣的詩行：「貧窮在他們的後面／化成樹叢裏的惡犬」，「現在女人在洗衣裳，孩子游戲，／犬在跑，輕煙跳上天空，／更象解凍的河流的是那久久閉鎖的歡欣，／開始緩緩地流了，當他們看見／樹梢上，每一個夜晚添多幾面／綠色的希望的旗幟。」詩人將農民的苦難和希望對象化，客觀化，又與「早春」的時間概念融合在一起，可謂血肉相連，詩篇也因此而具有了曲折性與間接性的特色。穆旦與杜運燮詩歌中的形象選擇更是別具匠心，袁可嘉在《新詩現代化》和《新詩現代化的再分析》兩文中對此做了詳細分析。袁可嘉的詩不多，但他的詩歌所採用的客觀化手段卻很有特色。《歲暮》全詩如下：

> 庭院中禿枝點黑於暮鴉，
> 　　（一點黑，一分重量）
> 禿枝顫顫垂下：
> 牆裏外遍地枯葉逐風沙，
> 　　（掠過去，沙沙作響）
> 掛不住，又落下：
> 暮靄裏盞盞燈火喚歸家，
> 　　（山外青山海外海）
> 鳥有巢，人有家；
> 多少張臉龐貼窗問路人：

（車破嶺呢船破水？）

等遠客？等雪花？

在詩中，詩人是隱藏的。詩題為《歲暮》，詩中卻沒有對「歲」的抒寫，不過，按照中國人的習俗，歲暮是歸家團聚的時間，由此便可以找到一些情感演化的線索。前一節是近景，「禿枝」、「暮鴉」、「枯葉」、「風沙」所暗示的是蕭瑟的境況與孤獨的心境；後一節的呼喚與追問，暗示詩人找不到答案的內心苦楚，「遠客」是希望，「雪花」是無望。詩的調子是低沉的，但這種低沉不是詩人直接傾訴出來的，而是以物象暗示出來的，其中包含著沉思，低沉而不感傷。

以物象代替相關的「思想感覺」在詩中出現，可以避免詩的感傷，可以節制情感、觀念的直接解說，因而也能避免詩的直白、枯澀。外在物象因為詩人的藝術創造而將自身所具有的本質內涵延伸開去，實際上也就將詩人的內在體驗延伸開去了。

其二，詩的間接性「存在於意象比喻的特殊的構造法則：玄學、象徵及現代人在十分厭惡浪漫派意象比喻的空洞含糊之餘，認為只有發現表面極不相關而實質有類似的事物的意象或比喻才能準確地，忠實地，且有效地表現自己。」〔註66〕這是一種超越傳統與現存觀念的手法，它的採用可以帶來詩的新鮮，使詩的含蓄蘊藉的詩美特徵得到強化。但這種方式也存在很大危險，一方面，如果詩人只注重事物的表面而忽略實質上的類似，就可能形成詩篇的凌亂無序，那便不再是藝術的創造而是藝術的破壞了；另一方面，「表面極不相關」可能成為某種藉口，使詩的藝術創造成為故弄玄虛的人、玩詩者「口齒不清」的託詞。這種手法所營構的意象、比喻具有不可復述、重複性，因為它們的內涵不是先定的「能指」，而是詩人所賦予它們的「所指」，如果它們不存在於詩歌的獨特結構之中，其「所指」特性就可能消失。

九葉詩人中，在意象、比喻的營構方面，杜運燮的詩是很有特色的。他的詩深受奧登等詩人的影響，特別是他對日常口語的提煉、昇華和反諷手法的運用，在現代詩人中是少有人比的。袁可嘉的詩在這方面也體現出創造個性。在《穿空呀穿空！》中，詩人寫道：「該是北去的夜火車／蟒蛇般翻過嶺來爬過河，／載一列失眠，虛幻，鬼火」，接著，詩人的視點突然轉換：「穿

〔註66〕 袁可嘉：《新詩現代化的再分析——技術諸平面的透視》，天津《大公報・星期文藝》1947 年 5 月 18 日。

山甲迂迴於迂迴，　／原只是從泥灰穿到磚灰，　／人跡到處未必是路，　／怕只是一串高坡拾低坡。」詩人想表達的是人生的艱難，借用的是火車夜行的事件，又聯繫到「穿山甲」，突兀而新奇，但這些物象之間並不是沒有內在關聯的。《多夜》把「謠言」比喻成「鄉下大姑娘」，暗示其大搖大擺的特性；把張望的人比喻成「三層樓上的玻璃窗」，暗示人們的麻木、沮喪。在《進城》中，詩人寫道：「走進城就進了沙漠，　／空虛比喧嘩更響；　／每一聲叫賣後有窟窿飛落，　／熙熙攘攘真擠得荒涼，」他還把無線電裏的「歌聲」比作「大出喪」。在《上海》，詩人寫道：「陳列窗的數字如一串錯亂的神經」，「迎面是打字小姐紅色的呵欠」。這些都是矛盾修飾法，表現詩人的沉思與諷刺，而這些意象或比喻的內涵不完全是它們的詞典意義，只有在詩歌的特殊結構中、在詩人的特殊心態下，才具有獨特的詩學意義，而在詩的整體氛圍之外，它們將失去新鮮的價值，因此，它們能夠較爲獨特地揭示現代人的複雜心境與現代詩人的藝術創造。

　　在九葉詩人的作品中，矛盾修飾法是很普遍的情形。這種手法在具體運用中是豐富多彩的，既有內涵上的矛盾，也有形態上的矛盾（如大小等），還有嚴肅與詼諧的矛盾等等。矛盾修飾法易於深入事物的內部，揭示事物的本質，也易於在表面上沒有關聯的事物之間找到實質上的關聯。在鄭敏的詩中，愛與恨、苦與樂、生與死的衝突隨處可見，「從每一次以痛苦和眼淚換得的解決　／裏，人們找到自我意識的一絲覺醒」，「早年的熱望在冗長的等待裏　／滋長出懷疑的苔蘚」（《生命》），「人們都在痛苦裏哀訴　／唯有你在痛苦裏生長　／從一切的衝突矛盾中從不忘　／將充滿希望的主題燦爛導出」（《獻給悲多芬》），「每一個冷漠的拒絕　／更攪動大海的血液」，「只有當痛苦深深浸透了身體　／靈魂才能燃燒，吐出光和力」（《生的美：痛苦，鬥爭，忍受》），「從那口口的苦汁裏　／尋得一個平衡的世界。」（《詩人的奉獻》）「貧窮在他們的後面　／化成樹叢裏的惡犬」（《村落的早春》），「生命在這裡是一首唱畢的歌曲　／凝成了松柏的蒼綠，墓的寧靜　／它不是窮竭，卻用『死』做身體　／指示給你生命的完整的旨意」（《墓園》），等等。這些都是生命真實的象徵和本質的揭示。如果說鄭敏詩歌的客觀化、間接性主要來自內在感受的外化，那麼，杜運燮的詩則是在對對象矛盾狀態的解剖之中獲得了對生命的認識：「仍然踏著草鞋，走向優勢的武器，　／像走進城市，在後山打狼般打游擊。」（《草鞋兵》）這是典型的場景對比；「捉迷藏要用槍聲代替笑聲　／結束，神經系就變成雷管」

（《狙擊兵》），這是莊諧對應；「你們的笑聲裏，／顫抖著恐懼；／油膩的笑紋裏，／深刻著憂慮；／硬撐的驕傲裏，／匍匐著卑屈；／不滿足的滿足裏，／正進行著悲劇。」（《游擊隊歌》）這是現象與本質的對應；「異邦的士兵枯葉一般／被橋攔擋住在橋的一邊，／念李白的詩句，咀嚼著／『低頭思故鄉』，『思故鄉』，／彷彿故鄉是一顆橡皮糖；」（《月》）這也是嚴肅與詼諧的對比；其它如「佔有，實在失落。」（《第一次飛》）「這就選擇了寂寞，熱鬧的寂寞；」（《贈友》）「熱鬧的悲劇，又一次萬千／善良的心靈整體被撕裂。」（《悼死難的「人質」》）等等，都是利用奇特的比喻或對比手段將對象的本質揭示出來。

在其它詩人中，穆旦善於從詩篇的整體建構中展示矛盾、衝突及其解決；辛笛則把矛盾盡力消解，或者說把矛盾作爲詩篇的背景，裸露在詩中的往往就是詩人的自我追求；陳敬容的詩中有較多理想光輝，充滿濃鬱的「焦渴」；唐祈善於揭示對象的實質並表達自己的態度；唐湜則長於在象徵之中營造抒情的氛圍。每位詩人各具特點，但在追求比喻的新穎，建構詩的矛盾處境方面，他們又有共同取向。新鮮比喻往往是那些沒有外在聯繫而有內在暗示的比喻，也就是人們常說的暗喻或隱喻。它們有時也扮演著象徵、意象的角色，其主要魅力在於將潛意識流明朗化，我們只要體悟到其中的內在關係，就會感受到新奇獨特的詩美。矛盾修飾法實際上是將現代生命的存在方式轉化爲現代詩歌的藝術方式，因爲生命本身是充滿矛盾的，生命之力也來源於矛盾的統一。

詩人通過矛盾手段揭示對象、生命的深層狀態，正反兩個方面都會顯示出各自的特性來，形成詩歌強烈的諷喻或反諷效果。反諷與我們常說的諷刺並不完全相同。諷刺往往比較尖刻、直接，而反諷則是通過一定的手法讓眞假、愛恨、善惡、美醜、生死等特性慢慢顯露出來，顯得溫和一些。但如果深入到對象內部和深處，反諷的藝術效果就會十分強烈，詩人的評判與態度雖然不像在諷刺之中那麼明顯，卻也深蘊其間，給人以沉思和回味。矛盾手法的最主要功效恐怕是形成現代詩的內在張力。注重張力是現代主義詩歌的重要美學特徵，所謂張力，「一般而論，是指相互對抗的力量之間的吸引力；在文學批評中，是把一首詩或一部小說中互不相干的成分統一起來，從而賦予其內在生命力的一種對立性質。由此我們可以指出一部特定作品的主題與形式之間存在的『張力』。」〔註67〕現代詩的張力是內涵與外延的融合。張力

〔註67〕（美國）威爾弗蕾德・L・古爾靈等：《文學批評方法手冊》，姚錦清等譯，春風文藝出版社 1988 年 10 月出版，第 456 頁。

越大，詩的藝術水準往往也就越高。張力本身是詩歌戲劇化理論的構成要素，既包含詩歌在思想內涵方面的衝突與合力，也包含詩歌技法中詩行、語詞之間的衝突與合力。不過，就詩歌文本而言，詩歌的張力以後者爲最常見。矛盾手法在詩歌張力的形成中具有舉足輕重的作用。

換句話說，意象與比喻的獨特營構和矛盾手法的廣泛應用可以增加詩歌表現世界的廣度與深度。現代詩的豐富性便由此而生。新鮮的意象、比喻不是以文字的字面意義引導讀者的思考和理解，而是以詩人的生命乃至潛意識對這些語詞的重新命名來表達詩人對生命的獨特發現，這與我們常說的詩歌的陌生化效果非常近似。而矛盾手法則是揭開事物的表象而進入其內部，探尋生命的本質，暗示出直接敘說或平鋪直敘所難以表達的深層內涵。

在這一意義上，現代詩對於張力的追求與中國傳統詩學所強調的含蓄蘊藉具有一致性，只是二者的實現途徑有所不同。傳統詩學看重詩的境界，也就是詩篇在情感與表達上所體現出來的整一性、和諧性，而現代主義詩歌則主張在衝突中求和諧，在矛盾中求統一，衝突與矛盾揭示得越尖銳越深刻，詩歌的張力也就越大，其藝術水準也就越高。因此，現代主義詩歌在總體上說是反傳統的，這無疑有其合理性，傳統只有在不斷超越的過程中才能不斷獲得新生。但如果這種超越脫離了傳統文化積澱下的人們當下的文化心理與審美需求，比如對新奇意象、比喻的使用完全使當下的人們找不到它們之間的內在聯繫，就會使詩歌體現出人們常說的歐化傾向，爲現代詩的發展設下障礙。

其三，新詩戲劇化還包括對詩篇結構的重視。詩篇結構是詩歌的重要構成，一般而言，傳統詩歌（包括遵循傳統詩學原則而創作的新詩）要麼遵循生活邏輯，解釋某些現象；要麼遵循情緒情感邏輯，表達某種感情或觀念。這樣構成的詩篇比較單純，情緒情感的發展也以線性方式爲主，常常首尾連貫或照應。在社會生活比較單一或人們的情感在取向上比較清晰的情況下，這種結構有其合理性和獨特的詩學意義。現代社會日趨複雜，詩人的思想、觀念也是複雜而多樣的，要表達這樣的思想與現實，詩歌的結構也自然會變得越來越複雜化，在生活邏輯、情緒情感邏輯之外，詩篇的結構往往還要由想像邏輯來決定。想像邏輯的主要特點是視點的不斷跳躍，超越線性化或平面化而趨向於立體化，能夠「集結表面不同而實際可能產生合力作用的種種

經驗，使詩篇意義擴大，加深，增重。」〔註68〕甚至一些瑣碎的細節也可以進入詩中，因爲它們對於詩篇的整體而言是構成要素，可以產生聯想作用，形成詩歌的暗示效果。

鄭敏把這種超越了單一結構的詩歌結構稱爲「詩的高層建築」或「高層結構」、「多層結構」。她說：「高層結構使得詩能夠在現實的一層之上還有象徵的一層，這樣就在葡萄酒中摻入了天露，使詩能夠既有豐富的現實，而又不囿於現實的硬性輪廓，使讀者能在接觸豐富的現實的同時還聽到天外的歌聲，歷史長河裏過去、未來的波濤聲。這象徵的一層像舞臺上變幻的燈光，用它的顏色渲染了現實，給現實以更多的涵意，使一間簡陋的小屋，幾張普通的桌椅也會突然獲得異彩。詩不但可以有一層天，還可以有幾層天。」〔註69〕在詩的多層結構或稱高層結構的建構中，不同詩人會對現實採取不同態度，有些人認定的現實是完整和諧的現實，而有些人認定的現實則可能是破碎的、片段的或者是分裂的，因而也就可能產生不同的象徵意蘊。許多西方現代主義詩人所關注的主要是現代文明的陰影，他們心目中的現實主要是後者。在象徵層面上，不同詩人所選擇的呈示方式也有所不同，有時是明確地顯現在詩篇之中，體現詩人明確的情感、人生取向；有時是暗含在詩中，需要讀者從詩人的暗示之中去揣摩。艾略特的《荒原》所揭示的現實是複雜而破碎的，其象徵意味也是隱晦的，整個詩篇顯得晦澀而難以理解。杜運燮就曾說過：「艾略特的名作，我當然認眞誦讀，雖不免有很多詩行讀不太懂，但他開風氣之先的一些技巧，使剛剛舉步寫詩的我開了眼界，留下很深印象。不過，因他所表現的消極情緒，即一代人的困惑，西方知識分子的懷疑和幻滅感，與我當時的思想感情不合拍，我不太喜歡。」〔註70〕奧登的詩也有此特點，但他很少用典，又在語言的使用上體現出獨特的機智，詩篇的象徵意蘊顯得較爲明朗一些。里爾克的不少作品則是將破碎、分裂的現實復合爲一個新的整體，讓詩的象徵意蘊隱含其間，有時甚至明確地透露出來，體現出一種哲學家的氣度。

九葉詩人在詩篇結構的營建上向西方現代主義詩歌有較多借鑒，這是他

〔註68〕 袁可嘉：《新詩現代化的再分析——技術諸平面的透視》，天津《大公報・星期文藝》1947 年 5 月 18 日。

〔註69〕 鄭敏：《詩的高層建築》，《詩探索》1982 年第 3 期（總第 8 期）。

〔註70〕 杜運燮：《在外國詩影響下學寫詩》，《世界文學》雙月刊 1989 年第 6 期。

們的作品不同於浪漫主義詩歌或單純的現實主義詩歌的重要標誌。當然，誠如西方現代主義詩歌在詩篇結構上呈現多樣性特徵一樣，九葉詩人對它的借鑒也是各具特色的。

有的是從自我解剖、自我反思的層面展開詩篇。穆旦是其中的代表，比如他的《苦悶的象徵》：「我們信仰背面的力量，　/只看前面的他走向瘋狂：　/初次的愛情人們已經笑過去，　/再一次追求，只有是物質的無望，//那自覺幸運的，他們逃向海外，　/為了可免去困難的課程；　/誠實的學生，教師未曾獎賜，　/他們的消息也不再聽聞，//常懷恐懼的，恐懼已經不在，　/因為人生是這麼短暫；　/結婚和離婚，同樣的好玩，　/有的為了刺激，有的為了遺忘，　/毀滅的女神，你腳下的死亡　/已越來越在我們的心裏滋長，　/枯乾的是信念，有的因而成形，　/有的則在不斷的懷疑裏喪生。」詩人在這裡所寫的是破碎的生命和現實，但詩篇的展開並沒有按照生活邏輯或敘述邏輯，而是跳躍的，從「信仰」到「無望」、「逃離」，從感歎生命短暫到愛情遊戲，最後到死亡的滋長、「懷疑裏喪生」，都是詩人的內在體驗所引發的想像邏輯。但詩篇的內在線索是明確可感的，就是在現實混亂、精神空虛的狀態下由生到死的過程和其間的種種情形。詩人並沒有明確表達詩的旨趣，但從這種展開方式和詩人的毀滅話語中，可以體會到他所抒寫的是精神的苦悶與生命的迷茫，具有強烈的批判意味。

杜運燮的《老人》有一種內在的心理邏輯力量。人老了，必然要面對死亡，「老人」與「死」同行。而「死」是人們所害怕的，所以人們也就不喜歡正在面對「死」的「老人」。然而「老人」與「死」並不熟悉，他「也在怕他，避他」，所以「老人」就只能面對「孤獨」。而「死」喜歡「老人」被人們拋棄，為的是盡快地佔有他。這是「老人」的處境。但事實是，「老人」知道「我將要喜愛他　/過於喜愛你們！　/因為他才是最長久的朋友。」人最終都會死，這是規律。然而，「老人」感慨的是：「現在我要被厭惡，　/孤獨地，不安地，行走，　/就因為我認識了應交的朋友。」語言並不複雜晦澀，但詩人揭示了現實的某種荒誕情形，通過對「老人」、「死」和「你們」的各自心理的解剖，體現出人與人之間的隔膜、冷漠，具有強烈的內在邏輯力量。這裡的形象都具有象徵性，因而詩篇也就具有了超越具象存在的廣延性。

九葉詩人的作品幾乎都具有雙層的包含，即毀滅話語和新生話語，因此在他們的主要詩篇中，如袁可嘉的《進城》、《上海》、《南京》、唐湜的《騷動

的城》、《背劍者》、《手》、唐祈的《女犯監獄》、《最末的時辰》、《霧》、《時間與旗》、鄭敏的《寂寞》、《村落的早春》、《荷花》、《人力車夫》、杭約赫的《最後的演出》、《或燒的城》、《復活的土地》、杜運燮的《追物價的人》、《山》、《蕾》、《月》、陳敬容的《黃昏，我在你的邊上》、《邏輯病者的春天》、辛笛的《手掌》、《夏日小詩》、《寂寞所自來》、《風景》等等，幾乎都是在表達現實的破碎、荒誕或在暗示這種狀態的基礎上，展開詩篇營構，從中表達具有較爲明確的詩美向度的高層象徵意味，或隱含了這種意味。這就使九葉詩派的作品在詩篇的結構上形成了與艾略特、里爾克、奧登等西方現代主義詩人的作品有關聯而又有所不同的特色，他們既保持了詩的高層結構的基本特徵，又在一定程度上克服了西方現代主義詩歌的頹廢精神。

現代主義詩歌的高層結構並不都是以非理性爲前提、指向的。鄭敏認爲，「高層與底層間的聯繫要有客觀的必然性。兩者之間的聯繫又必須是有機的。否則讀者無法從底層進到高層，詩的社會意義就受到影響。」西方現代主義詩歌由於受弗洛伊德學說的影響，一些詩人注重挖掘自己的下意識、似夢的混沌世界以至不可自拔，他們作品的高層部分就爲個人的幻覺所佔領，失去了與底層的邏輯的、理性的聯繫，讀者很難引起共鳴。同時，中國人與西方人由於缺乏共同的文化生活，中國人有時候很難理解西方的現代作品。[註71] 可以認爲，一個民族、時代的詩歌總是與該民族、時代的文化、心理、現實等因素聯繫在一起的，新詩在向外國現代主義詩歌借鑒的時候，也必須把這些因素考慮在內，否則，新詩的借鑒不但無助於中國現代詩歌的進步，而且可能阻礙新詩的發展。

新詩戲劇化是一個很複雜的問題，九葉詩人在這方面的探索取得了可觀的成就。當然，詩歌戲劇化的內涵也許不止上面談到的幾個方面，但這幾個方面是主要的，它們形成了現代新詩與傳統詩歌在內涵和形態上的巨大差異，又並不是對於傳統詩學和詩歌的完全否定，因而對實現了對新詩的現代化進程的有益推動。

第五節　九葉詩派對經驗、知性的推崇

詩歌歷來是中國文學的正體，而抒情詩又是其主體。抒情是詩的本性，

〔註71〕參見鄭敏：《詩的高層建築》，《詩探索》1982 年第 3 期（總第 8 期）。

有時甚至被認爲是詩的唯一屬性。新詩的開拓者之一郭沫若認爲「詩的本質
專在抒情」,「抒情的文字,便不采詩形,也不失其詩。」〔註 72〕爲了抒情的
自由,郭沫若還輕視詩的形式,「我也是最厭惡形式的人,素來也不十分講究
他。我所著的一些東西,只不過盡我一時的衝動,隨便地亂跳亂舞的罷了。」
「形式方面我主張絕端的自由。」〔註 73〕在他看來,詩歌只要有飽滿的情緒、
情感,也便有了一切,別的藝術要素都可以不予考慮。

詩是抒情藝術這一命題當然具有合理性,但詩是否就只是抒情的藝術,
或者說詩只要有情感就足夠了呢?隨著藝術的發展,人們對這一問題開始給
予更多的關注和思考。提出這一問題的前提是,情緒或情感往往是詩人在特
定的時間、地點或心態下的內心感受,在特定的時空中,那種情緒或情感是
眞實、眞誠的,但它不一定具有永恒性、眞理性,也就是說在歷史長河或生
命的整體發展中,它不一定具有眞理性。極端的例子可以舉出中國當代詩歌
發展的某些時段,比如 1958 年前後的「頌歌」,如果就寫作時的心態來看,
詩人當時的熱情不可謂不眞實,都是他們發自內心的歌吟,但如果從歷史和
藝術發展的軌跡來考察,那些「頌歌」有相當一部分是虛假的,是違背歷史
和藝術規律的。當時的詩人主要是在外在觀念的引導之下歌唱,並沒有全面、
深入地考察歷史與生命的整體。這樣就形成了中國當代詩歌很長時間內的悲
劇:詩人眞誠地抒寫了大量虛假的詩歌。這個極端的例子的啓示是,對於詩,
僅有情緒或情感是不夠的,詩必須考慮情緒或情感的質地,必須對此時此地
此種心態之外的更廣泛的經驗進行選擇與評定。

西方現代主義詩歌在總體上是反理性的,「他們拋棄了『純客觀』的舊觀
念,強調主體對客體的影響;他們否定了理性主宰一切的想法,重視非理性因
素的作用。反映在現代派文學中,作家們採用多視角的敘述法,用想像邏輯代
替形式邏輯,突出作家的主體觀照。在感覺方式上,現代派不再那麼注重正常
合理的感受,而強調官感知覺因素、印象和頓悟;不再講究表層描繪,而努力
開拓深潛玄妙的感覺;不再專注明朗直接的感受,而側重細膩隱約的感觸。」
〔註 74〕反理性或非理性傾向在西方現代詩中大量出現是有其廣泛的哲學基礎

〔註 72〕 郭沫若:《三葉集・致宗白華》,《郭沫若全集》文學編第十五卷,人民文學出
版社 1990 年 7 月出版,第 47 頁。
〔註 73〕 郭沫若:《三葉集・致宗白華》,《郭沫若全集》文學編第十五卷,第 46 頁。
〔註 74〕 袁可嘉:《西方現代主義文學的成就、局限和問題》,《半個世紀的腳印》,人
民文學出版社 1994 年 6 月出版,第 263 頁。

的，從柏拉圖的理念說、康德的先驗論、叔本華與尼采的意志哲學、弗洛伊德的精神分析學說、榮格的集體無意識理論、克羅齊的直覺主義思想到柏格森的生命哲學、薩特為代表的存在主義學說等等古今相通的哲學思想，都在不同程度上被現代主義詩人所接受。這些哲學思想所帶給現代主義文學的是兩種不同的藝術效應，「一方面，它們突破了長期以來西方理性主義思潮的局限，指出了本能、欲望、直覺、想像等非理性因素的重要性，有利於揭示人類內在的心理機制；現代派文學也由此對人性作了更豐富和深刻的描繪，並促進了藝術方法的多樣化。另一方面，有些現代派作家把非理性因素看成是主導的、起決定作用的東西，進而排斥理性，造成另一種人性分裂，從而縮小了文學正確反映人類精神世界的可能性，既違反了人的心理真實，又背離了藝術規律。」〔註75〕因此，在總結現代主義文學的成就與局限的時候，就不得不面對如何利用「非理性」使之為文學現代化服務這一問題。袁可嘉對此的概括是：「成功的現代派作家是理性主義地對待非理性的表現的，……反理性表現只有在符合心理真實和藝術規律的情況下才有實效。」〔註76〕一方面承認非理性在現代藝術發展中的重要作用，另一方面又認為非理性必須受到理性的控制才具有藝術價值。這是具有辯證邏輯的，是對立中的統一。

由於與西方哲學、文化思想的殊異，中國文化、文學歷來比較淡漠理性，幾乎沒有經歷過理性主義與非理性主義的大起大落的相互交換的發展過程，而直覺、感悟在中國傳統詩歌與詩學中卻佔有十分重要的地位。在五四新文化運動中，由於與西方哲學、文化的廣泛交流，中國文化、文學中的理性精神、人的自覺意識開始漸漸生長，並出現於早期的新詩之中。朱自清在總結初期新詩的發展時說：「『說理』是這時期詩的一大特色。照周啓明氏看法，這是古典主義的影響，卻太晶瑩透澈了，缺少一種餘香與回味。」詩中的說理是理性精神的一種表現，表明詩人們開始有分辨地打量一切。20 年代的小詩「一半也是銜接著那以詩說理的風氣。」到聞一多的《死水》，詩歌的理性精神有了更進一步的發展，「《死水》轉為幽玄，更為嚴謹；他作詩有點像李賀的雕鏤而出，是靠理智的控制比情感的驅遣多些。」〔註77〕理性、理智也

〔註75〕 袁可嘉：《西方現代主義文學的成就、局限和問題》，《半個世紀的腳印》，人民文學出版社 1994 年 6 月出版，第 275 頁。
〔註76〕 袁可嘉：《西方現代主義文學的成就、局限和問題》，《半個世紀的腳印》，人民文學出版社 1994 年 6 月出版，第 275～276 頁。
〔註77〕 朱自清：《中國新文學大系·詩集·導言》，上海良友圖書公司 1935 年出版。

許在一定程度上淡化了中國詩歌的幽微、玄妙特色，但也強化了詩對生命的更全面、深刻的認知。毫無疑問，在西方哲學、文化和現代主義詩歌觀念影響下引發的理性精神對中國新詩的發展產生了重要的推動作用。然而，在後來的一些時段裏，由於外在生存環境的變遷，特別是因為鬥爭的需要而強調詩歌的旗幟作用，早期新詩中所孕育的理性精神並沒有得到充分發展，而是異變為另一種非理性，即對某些外在觀念的理性宣傳，注重詩的工具作用，這就使新詩在觀念、手法等方面失去了更廣泛的藝術參照，導致新詩的發展在某些方面走上了狹路。

　　成功的西方現代主義詩人並不否定非理性的作用，但他們強調用理性來控制與指導非理性作用的發揮，使非理性體現出更切合生命本質的特點。在詩歌寫作中，他們強調以經驗代替情感。這裡所謂的經驗即是在全面打量生命、歷史與現實的基礎上確定人的種種非理性因素的生命價值與藝術價值。艾略特對歷史與現實的全方位抒寫就是要確定個人體驗的真實性與合理性；葉芝特別強調民族傳統的特殊導向作用；里爾克則在長期沉默的基礎上獲得了對歷史、現實、生命的認知，他的沉默過程實際上可以看成是用歷史理性來對他所觀察、感受到的現實進行藝術評定的過程。這些詩人所面對的都是現代西方的精神「荒原」，但他們卻從中挖掘著生命的本質與流向，這種尋求並不是在詩歌中為現實的艱難與迷茫安裝一條光明的尾巴，而是來自理性的辨析與經驗的綜合。奧登曾歌唱葉芝：「瘋了的愛爾蘭傷害你，使你寫出詩」，破碎的現實與苦悶的精神引發了詩人的歌唱，但他的歌聲並非只沉迷於破碎與「荒原」：「用詩耕耘／把詛咒變成葡萄園，／在一陣痛苦的狂喜中／歌唱人類的種種失敗；」這是葉芝詩歌的一個層面。同時，「在心的一片荒野裏／讓特效的泉水噴射，／在他歲月的監獄中／教自由的人讚頌。」（奧登：《懷念葉芝》，裘小龍譯）這是另一種境界，是在「荒原」之上對新生的期待。一般詩人對現實和人生的把捉也許會主要停留在第一個層面上，而葉芝則從歷史、他人和自己的人生中獲得了理性，這種理性在詩人對生命的觀照中產生了強烈的導向作用。

　　葉芝說：「詩人在自己那由生命的悲劇素材寫成的最傑出的作品中總要寫個人生活。寫悔恨，失戀，或純粹的孤獨，無論他的生活是什麼模樣。他絕不會直截了當地與人交談，就像在餐桌上與某人談話那樣，這裡總有變換莫測的場面。……詩人即使似乎以近似自身的面目出現，……他絕不是那種坐

下來用早餐的一堆偶然而又鬆散的物體。他如同一種思想一樣獲得了新生，成了某種預期的完美之物。」〔註78〕這段話包括了幾層的意思，「變幻莫測的場面」是詩人表現的對象，亦即複雜的現實與生命存在；但在詩中，詩人不是「偶然而鬆散的物體」，他不是把一切都寫進詩中，而是要有所選擇，要表達一定的目的。這正是非理性地打量與理性的控制之間的矛盾統一。因此詩人又說：「我在受到啓示的時刻，既頭腦清醒又昏昏欲睡，在情感自我放縱時又有著自制力。」〔註79〕這就是理性的制約與導向作用。

在詩與情感的問題上，現代主義詩人有他們獨特的看法。他們強調經驗。艾略特說：「詩歌既不是感情，又不是回憶，更不是平靜，除非把平靜的含義加以曲解。詩歌是一種集中，是這種集中所產生的新東西。詩歌把一大群經驗集中起來，而這些經驗在注重實際和積極的人看來，一點也算不上是什麼經驗。……在詩歌寫作中，有許多東西必須是有意識的和深思熟慮的。……詩歌不是感情的放縱，而是感情的脫離；詩歌不是個性的表現，而是個性的脫離。」〔註80〕艾略特的非個人化理論強調詩歌不是個人情感的表現，而是普遍的生命經驗的昇華，並不是說詩歌就不應該具有藝術上的個性。里爾克也說：「人應該等待又集中著一切生活裏的甜蜜與光耀，如果可能，一段長長的生活，這樣，也許在最後會寫出十行好詩來。詩並非如人們所想的只是感情而已，它是經驗。」〔註81〕在這些優秀的現代主義詩人看來，詩就是經驗的集中與綜合。多種體驗、多側面的體驗、歷時與共時的體驗等等交織於詩中，才能真正地體現現實與生命的實質。這些體驗的綜合實際上就是他們所強調的經驗，是一種具有理性特徵的生命覺悟。

毫無疑問，九葉詩派借鑒了西方現代主義詩人關於詩是經驗的觀念，這也與九葉詩人反對當時中國詩壇上普遍流行的感傷傾向有直接關係。強調現

〔註78〕威廉・巴特勒・葉芝：《創作的原則與態度》，顧明棟節譯自《葉芝全集・序言》，見胡經之、張首映主編《西方二十世紀文論選》下冊，中國社會科學出版社1989年6月出版，第108頁。

〔註79〕威廉・巴特勒・葉芝：《創作的原則與態度》，顧明棟節譯自《葉芝全集・序言》，見胡經之、張首映主編《西方二十世紀文論選》下冊，中國社會科學出版社1989年6月出版，第112頁。

〔註80〕艾略特：《傳統與個人才能》，《艾略特文學論文集》，李賦寧譯，百花洲文藝出版社，1994年9月，第10～11頁。

〔註81〕轉引自唐湜：《論意象》，《新意度集》，北京生活・讀書・新知三聯書店1990年9月出版，第11頁。

代詩的「綜合」特性是九葉詩派的基本詩學主張，而詩歌經驗正是生發於綜合──綜合的現實與綜合的手法。為此，他們在堅持詩的抒情本位的同時，引進了知性（智性）的理念。知性屬於理性的範疇，是創作者的一種自我控制，是在廣泛、深入地打量現實與人生的基礎上的本質昇華。立足於這種觀念的詩一般不會流於感傷、浮淺，能夠較好地體現出現實與生命的本眞意義。九葉詩人「注重知性與感性的結合，官能感覺與抽象玄思交融以及主客觀的統一。」〔註82〕這與馮至所概括的里爾克的經驗觀極為相似：「一般人認為，詩需要的是情感，但是里爾克說，情感是我們早已有了的，我們需要的是經驗：這樣的經驗，像是佛家弟子，化身萬物，嘗遍眾生的苦惱一般。」〔註83〕簡言之，詩是對各種感受的藝術總結與提升。在九葉詩派那裡，感性與知性的融合實際上包含了兩個方面，一是詩人必須去感受，以自我之心去打量豐富複雜的現實和人生，從中獲得對於生命的思考；二是要在自我的感受中融合更多更深的思想，這種思想中即有經驗的成分，來自歷史、他人和詩人長時間的積累。更簡單地說，所謂感性與知性的融合就是詩人此時此地的獨特感受與他的理智、理性精神的交合。

體現在具體的創作中，感性與知性的結合即是杜運燮所說的「把具體形象與抽象概念及一時感悟結合起來的寫法。」〔註84〕它使詩歌「有更深的思辯性，更多的哲理性」〔註85〕。在九葉詩人的作品中，感情、形象及抽象概念隨處可見。感情體現詩人在此時此地此種心態下與世界的直接交流，形象的大量使用體現詩歌的具象化、客觀化方向，而抽象概念則展示詩歌對感情的提升，由此強化詩歌的包容性、輻散性，增加詩歌內在的厚度與深度。在不同詩人的作品裏，這些因素所佔的比例和具體的組合方式各不相同，但在藝術取向上基本是一致的。

在九葉詩人的具體寫作中，感性與知性的融合至少有三種情形值得重視。

其一是由具象生發抽象。詩人在具體形象之中傳達自己的感受，而又不拘泥於這種感受，他們往往將這種感受與詩人的某種認識結合起來，使感受

〔註82〕辛笛、王聖思：《關於新詩的發展、詩的回歸及其它》，《詩探索》1996年第2輯。
〔註83〕馮至：《里爾克──為10週年祭日而作》，《馮至學術論著自選集》，北京師範學院出版社1992年6月出版，第484頁。
〔註84〕杜運燮：《在外國詩影響下學習寫詩》，《世界文學》雙月刊1989年第6期。
〔註85〕杜運燮：《我和英國詩》，《外國文學》1987年第5期。

昇華爲具有普遍性的知性認識。鄭敏的《金黃的稻束》先寫秋天的田野給詩人的感受：「金黃的稻束站在／割過的秋天的田裏，／我想起無數個疲倦的母親，／黃昏路上我看見那皺了的美麗的臉，……」由「稻束」想到「母親的臉」，巧妙地將「收穫」與「奉獻」的辯證關係暗示在詩中。但詩人沒有僅僅停留於此，而是使自己的感受在更開闊的層面獲得昇華：「而你們，站在那兒，／將成爲人類的一個思想。」這「思想」究竟是什麼，詩人沒有明確交代，但它來自詩人在前面的抒寫，可以意識到它的基本內涵就是：「收穫」必須「奉獻」。這首詩由近及遠，由具象到抽象，既依託形象又超越形象，具有獨特的藝術魅力。杜運燮的《落葉》抒寫一年四季「落葉」的命運交錯，但詩人由此而生發的卻不止於對「落葉」的簡單打量，而是對於生命及其價值的思考，「好像一個嚴肅的藝術家，總是勤勞地，耐心地，／揮動充滿激情的手，又揮動有責任感的手，／寫了又撕掉丟掉，撕了丟掉又寫，又寫，／沒有創造出最滿意的完美作品，絕不甘休。」「落葉」在具有其自身特徵的同時也是詩人心目中具有創造精神的人，詩人最終所要表達的也是自己所認定的人生追求：不斷創造，不斷奮進。

　　由具象生發抽象，並不是一種模式化手段，不是在一段抒情之後栽上某種與之相關的思想或觀念的尾巴。詩人所要提升的思想、觀念事實上已經融合在形象（意象）的營構之中，他們往往只是通過對隱含其中的思想、觀念進行一些理性的整理，使之更強旺有力。因此，詩中的具象抒情與理念昇華之間並沒有界河，沒有本質上的差異，而是血肉相連、合爲一體的。如果沒有具象的展開，詩的理念就缺乏生長的根基；同樣，如果沒有理性的昇華，形象（意象）的營構也就會缺少包容性。具有抽象特徵的理性昇華往往使詩在整體上更具有經驗性特徵，從而實現對單純的情感的超越。在表達具有抽象性特徵的理念的時候，詩人往往也不直接說出這種理念的名字，由此而保持了詩的內向性、含蓄性特徵。陳敬容《力的前奏》前三節寫「歌者」、「舞者」、「天空」在爆發某種變革之前所體現出來的不同徵兆，這是三個互不關聯的情景。但詩的最後一節卻將他（它）們共同的內蘊綜合起來：「全人類的熱情匯合交融／在痛苦的掙扎裏守候／一個共同的黎明」。這是由特殊到一般的昇華，這「一般」之中包含著詩人的理念，而這種理念是由具象的方式表達出來的，並不使人覺得唐突，彷彿是詩人情感的自然推進與發展。

其二是具象與抽象的交織，或者可以直接稱爲感性與知性的融合。「爲抽象概念、哲學思維找到血肉之軀，將感情與理性有機地綜合起來，是二十世紀英美現代派詩人和理論家龐德和艾略特都十分強調的一個詩的美學的革新運動。……我們可以說意象是呼吸著的思想，思想著的身體。」〔註86〕在九葉詩人的作品中，幾乎沒有一首純粹的哲理詩，他們不直接抒寫外在的哲理。但在他們的詩中，又幾乎沒有一首不具有哲理性。九葉詩人的哲理是在與表現對象的本質的交織中體現出來的，或者說，他們的不少詩篇本身就有一種內在的邏輯線索，與具象抒寫合爲一體，使哲理淡化了自身的抽象性、外在性，又使意象或形象超越了自身而擁有了更廣泛的包含。辛笛的《風景》：「列車軋在中國的肋骨上 ／一節接著一節社會問題 ／比鄰而居的是茅屋和田野間的墳 ／生活距離終點這樣近」，「列車」與「社會問題」、「墳」與「終點」是具象與抽象的交織，對應的二者在內涵上恰好有一致之處，詩人由此而把個人的觀察與思考巧妙地合而爲一。杜運燮的《山》所寫的的確是「山」，然而，這「山」的形象包容著詩人的生命思考，「他嚮往的是高遠變化萬千的天空，／有無盡光熱的太陽，博學含蓄的月亮，／笑眼的星群，生命力最豐富的風，／戴雪帽享受寂靜冬日的安詳。」這是典型的「山」，更是詩人心目中的「山」，是詩人對完美人生的渴求；「他永遠寂寞」也是詩人歌唱的境界，那是因爲「山」的寂寞來源於與世俗的不容。這是包括當時的詩人在內的一批知識分子的內心獨白，但詩人沒有直寫，而是用了第三人稱手法，折射出現代詩的間接性與客觀性追求。

在唐湜看來，「意象不能是一種表象的堆砌或模糊的聯想媒介，它從潛意識的深淵裏躍起時是一種本能與生命衝擊力的表現，而它卻又是化裝了的被壓抑著的經驗，匯合了更多的人性力量，以更大的現實姿態出現的可能性，……但它依然必須經過詩人自覺的照耀。」〔註87〕雖然他把意象看得有些神秘，但有一點是可以接受的，意象與詩人的內在生命力有關，並且它必須接受詩人的「自覺的照耀」。也就是說，意象之中包含著詩人的意識與經驗，這種意識與經驗就是我們所說的詩篇表達的「哲理」。因此，在優秀的詩人那

〔註86〕鄭敏：《詩的魅力的來源》，《英美詩歌戲劇研究》，北京師範大學出版社1982年11月出版，第88頁。

〔註87〕唐湜：《論意象》，《新意度集》，北京生活·讀書·新知三聯書店1990年9月出版，第10～11頁。

裡，意象、形象與經驗的融合不是外加的理念，意象、形象本身就是理念的化身。這一特點在穆旦的詩中體現得十分突出。他的《控訴》、《讚美》、《詩八首》、《春》、《旗》等詩篇都把個人理念融合在形象中，與其說是潛意識的浮現，還不如說是詩人意識的另一種形態。「呵，光，影，聲，色，都已經赤裸，／痛苦著，等待伸入新的組合。」（《春》）這不是春天的景象，卻是詩人的一種生命意識，是「死」與「生」的辯證法。具象的形態與抽象的觀念都由此具有了新的詩學意味，前者給後者以形態，後者給前者以內涵。

由於具象與抽象的血肉交織，九葉詩人一般不直抒胸臆，而是間接地表達自己的感受，因此他們的詩一般沒有空洞的高吼，沒有低迷的感傷，苦與樂、愛與恨、生與死都那麼實實在在地凝合於詩中，理想與願望也深潛在詩人的沉思裏。沉思是九葉詩人作品的總體特色之一，只是每位詩人所選擇的表達角度與表達的內涵並不完全一樣。

其三是注重詩的思辨色彩。思辨是理性精神的一種體現，即對任何思想、存在都試圖尋找其根源與流向。但現代詩中的思辨不是概念的演繹與推論，不是僅僅依靠形式邏輯或生活邏輯來達到表現的目的。詩人在揭示內心世界或生命本質的時候往往是由點及面、由表及裏，或在事物、思想的展開過程中去把握內在的潛流。他們詩中的思辨色彩也就常常得力於想像邏輯的廣泛運用。想像邏輯並非沒有規則，只是它不是外在規則，而是內在情感、思想的演變規則，具有強烈的主觀色彩。如果沒有一定的規則，想像邏輯就只能導致詩的凌亂無序，把現代詩推向虛無之境。

九葉詩人作品中的思辨色彩與他們對詩的戲劇化追求相一致，概括起來就是：詩的思想表達與結構營建都有一個延展的過程，體現出詩人的創造與智慧。鄭敏的《時代與死》的結尾是：「倘若恨正是為了愛，／侮辱是光榮的原因，／『死』也就是最高潮的『生』，／它美麗燦爛如一朵／突放的奇花，縱使片刻間／就凋落了，但已留下／生命的胚芽。」可以把它看成是詩人的一種結論，它的獲得不是推論的結果，而是詩人對「生」與「死」的思考和對現實的打量的結果。如果沒有死者「帶給後者以一些光芒」、「化成黑夜裏的一道流光」、「深深溶入生者的血液」的發現，這一結論就會顯得唐突而蒼白。辛笛的《寂寞所自來》表現的是「寂寞」的來源，其中包含著詩人體驗的演進過程；而《回答》更具有內在邏輯性，「你叫我不要叫」，但詩人的表態是：「我有一分氣力總還要嚷要思想／向每一個天真的人說狐狸說豺狼」，

因為「我對祖國對人類的熱情」還沒有絕滅。這種不露聲色的內在邏輯帶來的是詩的內在的真實與強烈的藝術震撼力，讓人不得不隨詩人思緒的展開而思想。

有時候，詩的思辨性是由先提問再作答或以舉例的方式展示出來的。鄭敏的《寂寞》中就多處用到此種方式：「世界上有哪一個夢／是有人伴著我們做的呢？」這是一個帶有肯定性的發問。接下來，詩人以人與人甚至與自己的愛人之間的隔膜來做答，抒寫了對於生命的寂寞體驗。在《樹》中：「我從來沒有聽見聲音，／像我聽見樹的聲音，／當它悲傷，當它憂鬱，／當它鼓舞，當它多情／時的一切聲音。／即使在黑暗的冬夜裏，／你走過它，也應該像／走過一個失去民族自由的人民，／你聽見那封鎖在血裏的聲音嗎？」她先寫「樹」的聲音給她的震動，這聲音隱含在樹的「悲傷」、「憂鬱」、「鼓舞」、「多情」等情態之中，接著運用類比，以一個反問句的追問，把這種聲音與「封鎖在血裏的聲音」對應。這裡不但有內在邏輯力量，而且將隱含的存在明朗化，把詩歌由表現個人感受提高到關注人類命運的開闊境界。

九葉詩人作品的思辨色彩有很多類型，有的是正面延展或提升，像鄭敏的《樹》那樣；有的是以情緒的轉折來體現的，像辛笛的《手掌》、唐湜的《騷動的城》、陳敬容的《從灰中望出去》、《黃昏，我在你的邊上》、杜運燮的《霧》等；還有的是在正反對比、解剖中實現的，比如陳敬容的《邏輯病者的春天》：「流得太快的水／像不在流，／轉得太快的輪子／像不在轉，／笑得太厲害的臉孔／就像在哭，／太強烈的光耀眼，／讓你在黑暗中一樣／看不見。／／完整等於缺陷，／飽和等於空虛，／最大等於最小，／零等於無限。」這並不是荒唐的推論，而是物極必反的規律，也是詩人的獨特感悟，可謂無理而妙，為詩人接下來的抒寫奠定了基礎。這些情緒抒寫的不同方式使九葉詩派的作品不僅具有可以尋思的內在邏輯，找到詩人情感、思想發展的來源與過程，也使詩篇具有了強大的內在張力，使情感、思想與具體形象緊緊相擁，不分彼此。在具體詩篇中，感性與知性不是以相互游離的面目出現的。

在詩體建構上，九葉詩人同樣注重詩篇整體結構的生成過程，這當然與詩人所要表達的思想密切相關。杜運燮的《馬來亞》、《恒河》、《黑色的新加坡河》、陳敬容的《邏輯病者的春天》、唐祈的《時間與旗》、杭約赫的《復活的土地》等詩可以說都在一定程度上受到了艾略特的《荒原》的影響，它們的展開基本上都是依賴於現實與理想的演變過程，但與《荒原》不同的是，

這些作品所體現出來的理想與變革意識更爲直接一些。這種不同有多種原因，一是東方文化和詩人的處境與西方現代主義詩人的處境並不完全一樣；二是詩人在詩篇的展開過程中有一個思辨的、邏輯的演進過程，這是一個內在的思想發展過程──九葉詩人不但像許多西方現代主義詩人那樣抒寫存在的狀態，而且還探尋某種狀態的演化情形，這種探尋過程正是詩人理念的形成過程。陳敬容的《邏輯病者的春天》首先抒寫了物極必反的規律，接著解剖了現實的荒誕情形，由此暗示這種荒誕實際上就是一種被極端化了的存在狀態，它的變革是必然的。「永遠有話要說，有事要做，／每一個終結後面又一個開始；／一旦你如果忽然停住，／不管願不願，那就是死。」這個結論強勁有力，由於有其內在的邏輯淵源，一點也不顯得唐突。唐祈的《時間與旗》具有同樣的結構特徵，詩人以時間爲線索，多側面地揭示了歷史與現實（尤其是現實）的混亂與荒誕，但詩人從時間的流程中發現：「看哪，戰爭的風：／暴風的過程日漸短促可驚，／它吹醒了嚴冬伸手的樹，衝突在泥土裏的／種籽，無數暴風中的人民／覺醒的霎那就要投向戰爭。」而「鬥爭將改變一切意義，／未來發展於這個巨大的過程裏，殘酷的／卻又是仁慈的時間，完成於一面／人民底旗──」，詩人於凌亂無序的現實中發現了「一致的方向」。可以看出，詩篇的展開與詩人思想的演進過程相一致，而這種思想不是對流行或既定觀念的闡釋，而是從對歷史與現實的考察之中生發出來的，這就使詩篇具有了內在的邏輯力量和思想的震動力。這是九葉詩人不同於其它一些現實主義詩人的地方，他們把觀念、思想與形象融合，形成內在的演進軌跡，使詩的思想和詩的結構都得到了盡可能的完善。

簡而言之，所謂感性與知性的融合，就是把詩篇所關注的現實、詩歌形象的象徵性和詩人的人生智慧、藝術機智交合爲一體，在詩人的感受中融進經驗，即詩人的歷史理性（從歷史中獲得的人生認識）、他人的經驗（主要是成功者所給予的人生經驗，九葉詩人注重對成功者尤其是成功的藝術家的人生與思想的打量）以及詩人個人的人生經驗等等。這種綜合經驗具有更多的生命眞理性，使詩人能夠在廣泛的人生思考中比較準確地確立自己的生命理想，而這種理想又具有廣延性，使他們的詩歌具有了豐富的思想含量與啓悟作用。由於詩中的經驗不是直接訴說出來的，而是滲入了詩人的感受、體驗之中，甚至展示了經驗生成的複雜過程，這就必然形成現代詩在一定程度上的朦朧與晦澀。當然，有些作品，比如穆旦的詩，在表

達詩人的生命體驗時似乎顯得較爲明朗，這不是對經驗的淡化，相反，是詩人歷地獄而達天堂的境界，其背後的生成過程是相當複雜的。因此，就詩歌所表現的思想深度和獨特性看，這種詩歌絕不是很輕鬆就可以解讀的。對詩歌經驗的來源和對經驗的重視啓悟我們，優秀的詩人不僅僅是徒有熱情的詩人，而應該是具有深刻思想的人，而這種思想的形成和表達都與詩人的人生體驗、知識結構等因素有著密切關係。從這一層面上說，提倡詩人的學者化是有道理的。

第六節　九葉詩人的語言策略及時空意識

在很多時候，人們在談論或研究詩歌時總是喜歡將其分成形式與內容兩種構成要素來打量，這主要是一種外在行爲，不過也可以讓我們去理解一些相關的詩學問題。就拿形式與內容的關係來說，內容固然是重要的，但與敘事性文體相比，詩的內容主要不是敘述、故事，而是情感、體驗或經驗——它們都是「抽象」的，不具備復述、轉述的特徵，其存在完全依靠詩的形式。所以袁可嘉說：「抽出來的命題只是從詩中抽出來的命題，而不是正確的詩的意義，更不是詩本身。」〔註88〕在各種文學樣式中，詩是以形式爲基礎的，離開形式，詩便不成其爲詩。語言媒介是詩歌的形式構成中最基本、最重要的要素。

因此，詩歌的藝術變革往往是從語言開始的，惠特曼的自由詩如此，中國新詩的誕生也是如此。現代新詩以現代漢語代替文言，不僅打破了詩歌的僵化模式，也爲詩歌切近現代人的情感方式、思維方式、生命狀態提供了可能。西方現代主義詩歌的產生同樣體現在語言方式的變革上，「文字上脫離對純文字美的追求，更多地吸收城市日常生活的口語，避免直接寫抽象思維。」〔註89〕這可以說是現代主義詩歌的共同追求。這種情形的出現除了詩歌藝術的特性之外，還因爲「一個時代的語感是那個時代的感情代表。當作爲一個時代的感情符號的語言被用來表達另一個新時代的感情時，往往顯得不稱職，這時這些語言就成了陳詞濫調。不管它在過去的時代被認爲多麽美，多

〔註88〕袁可嘉：《詩與意義》，《文學雜誌》1947 年第 2 卷第 6 期。

〔註89〕鄭敏：《探索與尋找——十九世紀末到二十世紀初英美詩歌的一些變化》，《英美詩歌戲劇研究》，北京師範大學出版社 1982 年 11 月出版，第 105 頁。

麼有力，它也因爲不能在新時代稱職而必須被改造。」〔註90〕最簡單的例子是，中國古代的單音詞不能完全代替現代漢語的雙音詞、多音詞，現代漢語的雙音詞、多音詞也不能完全壓縮、轉化爲與古代漢語相近的單音詞。「社會主義」、「無產階級」、「計算機」等是現代日常生活中常見的詞語，如果表現現代人的生存處境，可能會在詩中採用，但它們是無論如何也無法用單音詞來代替的。詩歌語言總是隨著時代的發展而不斷變化的。沒有語言的變革，就沒有詩歌藝術的進步。

西方現代主義詩人在語言的變革方面表現出了相當的創造性，其目標之一就是要以日常口語爲基礎建構現代詩歌語言。葉芝說：「……我卻竭力使詩歌的語言與激情洋溢的、正常的語言相一致。我想用我們自言自語時使用的那種語言來寫作，正如我對待我們的生活或任何生活中的事件那樣，因爲在這樣的生活中，我們可以暫時看到自己。」〔註91〕在他看來，日常語言可以顯現出生活中的自己，與現代生活的實況非常接近。在這方面，奧登似乎強調得更多。奧登認爲詩人與公眾有一種奇特的關係，因爲詩人所採用的媒介——語言，「是作家所隸屬的語言集團的公共財產。」這種特點要求詩人必須遵循一些共同的語言規則，甚至要遵守每一個詞語的意義，「不管一首詩有多麼隱秘，他所用的每一個詞都有意義，在詞典裏都能查到，這一事實便足以證明別人的存在。……一個純屬個人的文字世界是不可能存在的。」他在談到英語詩歌在語言上的特點時說：「操英語的民族一向認爲詩的言語與日常說話的言語之間的距離應該盡量小些。每當英國詩人覺得詩的言語與日常言語的距離太大，他們就會發起一場語言風格的革命，使兩者再次接近。」〔註92〕奧登關於調節詩歌語言與日常語言之間的關係的論述，可以從艾略特到奧登本人在創作中的語言變化中找到佐證。艾略特強調語言的複雜特性，「我們的文化體系包含極大的多樣性和複

〔註90〕鄭敏：《探索與尋找——十九世紀末到二十世紀初英美詩歌的一些變化》，《英美詩歌戲劇研究》，北京師範大學出版社 1982 年 11 月出版，第 94～95 頁。

〔註91〕威廉‧巴特勒‧葉芝：《創作的原則與態度》，顧明棟節譯自《葉芝全集‧序言》，見胡經之、張首映主編：《西方二十世紀文論選》下冊，中國社會科學出版社 1989 年 6 月出版，第 109～110 頁。

〔註92〕上引奧登的話均出自其《論寫作》一文，李文俊譯，見英國戴維‧洛奇編：《二十世紀文學評論》中文版下冊，上海譯文出版社 1993 年 5 月出版，第 439、451、453 頁。

雜性，這種多樣性和複雜性在詩人精細的情感上起了作用，必然產生多樣的和複雜的結果。詩人必須變得愈來愈無所不包，愈來愈隱諱，愈來愈間接，以便迫使語言就範，必要時甚至打亂語言的正常秩序來表達意義。」〔註93〕詩歌語言的複雜化，就是要求詩歌語言與日常語言保持較大的距離。而奧登等人則努力開展著試圖縮小這種距離的「革命」。這兩種不同的語言取向使他們的作品在接受者那裡產生了不同的反應。杜運燮在談到早期接受的西方現代主義詩歌的影響時就說過：「在西方現代派詩人中，奧登及其詩友的詩大半還比較好懂，比起艾略特、龐德等，他們就更容易接近和借鑒。艾略特的《荒原》等名篇名氣雖更大，也有很高藝術性，但總的來說，因其思想感情與當時的我距離較遠，我雖然也讀，也琢磨，但一直不大喜歡，不像奧登早期的詩，到現在還是愛讀的。」〔註94〕對日常口語的運用可以在一定程度上克服詩的晦澀，特別是對於本民族之外的讀者來說，更易於理解和接受。杜運燮回憶說：「我和學寫詩的多數西南聯大同學一樣，並不想模仿那些現代派名家的晦澀難懂，更不願在思想感情上盲目模仿他們，而是盡可能做到為我所用，盡可能寫得易懂些。」由此，他對里爾克的《豹》用「日常口語，現代人的感受」寫出具象又真實的情感也頗感興趣〔註95〕。可以說，大多數中國詩人對詩歌語言的晦澀是持否定態度的，雖然他們在某些觀念上接受了西方現代主義詩歌的影響。

　　日常口語入詩是有其因由的。按照現代西方語言哲學理論，語言是人的存在方式。不同時代的不同語言體現出人們不同的思維方式、情感方式和生存狀態，詩歌要表現當下的人生及其本質，自然就應該採用當下的人們所使用的語言作為其媒介的基礎。在五四新文化運動中，人們提倡白話文學就源於此。錢玄同在談到用白話做韻文的合理性時就指出過兩個基本理由：「（1）用今語達今人的情感，最為自然，不比那用古語的，無論做得怎樣好，終不免有雕琢硬砌的毛病。（2）為除舊布新計，非把舊文學的腔套全數刪除不可。」〔註96〕在新詩的發展中，有不少詩人提倡過口語入詩、

〔註93〕艾略特：《玄學派詩人》，《艾略特文學論文集》，李賦寧譯，百花洲文藝出版社，1994 年 9 月，第 24～25 頁。

〔註94〕杜運燮：《我和英國詩》，《外國文學》1987 年第 5 期。

〔註95〕杜運燮：《在外國詩影響下學習寫詩》，《世界文學》雙月刊 1989 年第 6 期。

〔註96〕錢玄同：《〈嘗試集〉序》，《新青年》第 4 卷第 2 號（1918 年 2 月）。

日常語言入詩的觀點，特別是在強調詩歌大眾化的時候，人們對民間語言更是倍加關注。艾青也提倡過詩的散文美，當然並不是要求把詩歌寫成散文，而是強調詩的口語美〔註97〕。

那麼，大眾化論者所說的日常口語和九葉詩人在西方現代主義詩歌影響下所追求的對日常話語的採用是不是同一回事呢？答案當然是否定的。我們至少可以指出兩個方面的原因：其一，語言畢竟是表達意義的，大眾化論者所說的民間語言所表達的情感主要是大眾的情感，或者是試圖讓大眾都能夠接受的情感，在他們那裡，主體價值的發揮往往在很大程度上要受到外界即大眾需要的制約。九葉詩人所強調的情感、經驗主要是通過主體心靈的穿透而形成的體驗，他們採用口語入詩是爲了更好地接近現代人的生存狀態，而不只是爲了表達某些缺乏個性只有共性的思想。其二，大眾化論者比較注重日常語言的表層意義，即所謂的詞典意義，注重語言與意義之間的明確的直接對應，而九葉詩人特別注重對日常口語的選擇加工，強調詩人的智慧與創造性的發揮，他們作品中的日常口語與大眾化論者所強調的日常口語只有表象的相似而有本質的區別。換句話說，九葉詩人所採用的日常口語具有超越表層的深層內涵，他們採用日常口語入詩，並不就表明他們的詩好讀易懂，有時候恰好顯得十分難懂。奧登說：「即使在最最『散文化』的語言裏，在報導與技術性文章中，也總有一種個人的成分，因爲語言畢竟是個人的創造物。……純粹的詩的語言是學不到手的，純粹的散文語言則是不值得學習的。」〔註98〕即使來源於日常口語，詩歌語言也是不可複製的，因爲它包含著與眾不同的個人因素和創造性。

在九葉詩人那裡，將日常口語提煉、加工爲詩歌語言的主要手段，是通過語言建構獨特的心理時空，使日常語言演化爲具有主觀性、創造性的語言。

人們往往將藝術時空分爲物理時空和心理時空兩類。前者是現實時空，遵循自然、社會發展的一般規則；後者是主觀時空，隨創造者的思想、感情的脈動而發展、變化。現代主義詩歌更強調後者。鄭敏說：「後期意象派和現

〔註97〕參見艾青：《詩的散文美》。他在爲 1980 年版的《詩論》所寫的《前言》中專門就這篇文章說過一段話：「強調『散文美』，就是爲了把詩從矯揉造作、華而不實的風氣中擺脫出來，主張以現代的日常所用的鮮活的口語，表達自己所生活的時代——賦予詩以新的生機。」

〔註98〕奧登：《論寫作》，李文俊譯，見英國戴維・洛奇編《二十世紀文學評論》中文版下冊，上海譯文出版社 1993 年 5 月出版，第 452 頁。

代派的詩往往不受傳統的時空觀念的約束，這是因為他們接受了柏格森對於時間空間的特殊理解。在他們看來，時間空間是一種障礙，但當詩人形成某一個意象時，詩人就突然從這種時空的障礙中解放出來。」〔註 99〕以艾略特的《荒原》為例，大而言之，它在整體上並非對現實的描述，眾多典故所構成的是一個主觀的世界；小而言之，在一些具體的細節上，詩人所建構的也主要是心理時空。在開篇第一節，詩人就寫道：「四月是最殘忍的月份」，這是一種主觀的時間概念。「冬天使我們暖和」也是如此。當這種心理時空表現於語言的時候，詩歌語言就變成了具有主觀性、創造性的語言，即使是採自日常口語，也與其本來的形態和特性「面目全非」了。

九葉詩人在藝術探索中非常看重現代詩歌的暗示性、間接性、客觀性。與此相應，他們在語言、結構的營構上所採用主要是跳躍、省略、心理分析等手法。這些都是與詩歌心理時空的建構密切相關的。

跳躍源自情緒的非（形式）邏輯發展。詩人主要遵循心理邏輯或想像邏輯，使情緒、體驗輻散到種種令人意想不到的物象之上，形成沒有外在規律可尋的躍動，這就使採自日常口語的詩歌語言與日常口語大相異趣。穆旦的《小鎮一日》的一節：「在荒山裏有一條公路，／公路揚起身，看見宇宙，／像忽然感到了無限的蒼老；／在谷外的小平原上，有樹，／有樹蔭下的茶攤，／在茶攤旁聚集的小孩，／這裡它歇下來了，在長長的／絕望的歎息以後，／重又著綠，舒緩，生長。」語言很淺白，沒有枯澀的語詞，詩人藉此勾畫了進入小鎮時的情景。然而這不是普通的敘述，而是詩人對現實的某種理解，其情緒是一貫的，語言是跳躍的。「荒山」、「公路」、「宇宙」、「小平原」、「樹」、「茶攤」、「小孩」等形象看來毫無關係，實際上卻包含著詩人的智慧設計，用它們的演化來表現一個場景，體現詩人的主觀體驗，既含蓄，又可以避免拖沓的描述。在詩中，「公路」是具有生命的，它「揚起身」，「像忽然感到了無限的蒼老」，但隨著它的延展，在有「小孩」的地方又獲得了新的生命，彷彿在沙漠中饑渴、絕望的旅人突然看到綠洲。這是詩人對生命的評價與期待。陳敬容的《黃昏，我在你的邊上》在語言上也體現出明顯的跳躍性特徵。詩人「在窗子邊上」，但她的情緒卻輻散得很開闊，詩的語言也隨著詩人情緒的躍動而跳躍。在「街上」，詩人感受「流浪人」的心態，並從這種心態出發講

〔註99〕　鄭敏：《探索與尋找──十九世紀末到二十世紀初英美詩歌的一些變化》，《英美詩歌戲劇研究》，北京師範大學出版社 1982 年 11 月出版，第 13 頁。

起了「故事」，想起了「祖父的白鬍鬚」、「母親的繡花裙子」、故鄉的「街巷」、「犬吠聲中」的「月亮」、甚至「北國的風雪」、「塞上的冰霜」，接著又回到現實和自我，把「我」比作「小黑點」，把「山川」比作「積木玩具」，把「人」比作「皮球上的螞蟻」，再後來又感受到「淒傷和恐懼」、「樹葉」所飄落的「寒冷」，最後悟出了內心的渴望。可以說，詩人所選擇的語言都出自日常口語，對它們進行重新組織並不是對日常口語的歪曲或故弄玄虛，而是一種藝術上的創造與昇華。表面看來，詩人的想像是沒有邏輯的、凌亂的，但從深層看，詩人是在追憶自己的心路歷程，對自我進行再認識，並從中尋找前行的路向。這條內在的情緒線索使詩篇的語詞跳躍而不凌亂，在遵循日常口語基本特徵（如樸實、淺顯）的基礎上對它進行了藝術加工，一種有詩人主觀情緒投入的具有創造性的加工，其創造性主要體現在詩歌語言的包容量大大超出了日常口語本身。

　　省略也是詩的一種表達策略。簡而言之，省略，就是在表達中人為地將情緒發展的某些過程切斷，形成詩的獨特的暗示效果。就其本質而言，詩歌主要不是情緒「流」，而是情緒「點」；詩歌語言不是平鋪直敘的語言，而是跳躍的語言。具體到詩歌語言的創造上，省略常常表現為兩種情形，一是省略表現對象之間的聯絡關係，使之成為非客觀的詩意存在，比如下之琳的《距離的組織》，詩人描述一幅場景，但由於把場景中各片斷之間的聯繫省略了，客觀場景就發生了變異，成為詩人心中的、主觀的存在。客觀對象之間的現實聯繫或稱為邏輯聯繫被切斷以後，各要素之間並不是不再存在聯繫，而是形成了新的聯繫方式，這些新的方式主要源自詩人的創造，比它們之間的邏輯聯繫具有更多的可能，因而也就使表現對象更顯豐富。《距離的組織》的每一個片斷都是非常明朗的，其語言也與日常口語很接近，但當它們組合為一個整體的時候，卻變得撲朔迷離，猶如浮出海面的一個個小島，看似相距咫尺，人們卻要費盡周折才可能一個個遊遍，並瞭解它們存在於海水之下的關係。另一種省略是略去詩人情感、體驗生成的某些中間環節，既給人一種突兀之感，又耐人尋味。辛笛的《風景》有這樣四行：「列車軋在中國的肋骨上／一節接著一節社會問題／比鄰而居的是茅屋和田野間的墳／生活距離終點這樣近」。由第一行到第二行，由第三行到第四行的發展顯得非常突然，但只要採用類似聯想的方式來理解，就可以發現，詩人使用了省略策略。「列車」是寫實，「中國的肋骨」則是由聯想而從鐵軌中引發的內在體驗，詩人把列車

在鐵路上的奔馳與當時的中國現實相聯繫，把抽象的「社會問題」具象化，使詩的境界突然變得開闊起來；「茅屋」象徵「（貧窮的）生活」，「墳」象徵「死亡」（「終點」），二者「比鄰而居」本來是沒有什麼內在聯繫的，但因為有了「一節接著一節的社會問題」，它們便具有了獨特的意蘊，體現了詩人對當時人們的生存狀態的感受：「生活」著的人都面臨著「死亡」（「終點」）的威脅。在詩中，詩人省略了內心感受的形成過程，從而使作品顯得含蓄而具有韻味。鄭敏《池塘》中的「池塘」實際上是詩人心目中的現實，而詩人卻把它當成了真正的「池塘」來寫，這裡便出現了有趣的感性悖論。如果說「池塘」是社會的象徵，但又出現了「女孩子蹲在杵石上要想／洗去舊衣上的污垢」的抒寫；如果說是現實中的「池塘」，卻又有「有理想的人們在會議的桌上／要洗盡人性裏的污垢」情景。上述兩種假設都是對的，但都是不准確、不全面的，我們只能說，詩人在這裡省略了對「池塘」的明確界定，它其實同時包含著這兩種甚至更多的可能。這是一種藝術策略，它可以讓表現對象具有更豐富的可能，由單純的意義表達上升到象徵表達，兼有多種內在包含。

在具體的作品中，語言的跳躍與省略有時是很難區分的。跳躍可以源於省略，而省略也可以帶來語言的跳躍。它們的基本特徵和功用都是將描述凝化為「歌唱」，將客觀演變為主觀，以「點」的設置代替「面」的鋪張，從而將詩人的情緒、體驗隱含於客觀物象之中，或使詩人的情緒、體驗體現為非形式邏輯的發展。這是現代主義詩歌獲得強大的內在張力的重要手段。

在九葉詩人中，杜運燮與袁可嘉的有些作品在日常口語的應用方面體現了與眾不同的特色。這些特色與詩人對當時西方現代主義詩歌特別是剛剛流行的詩歌的偏愛有關，具體的說，就是大量借鑒了艾略特、里爾克等人的詩歌觀念與技巧，在認同奧登等詩人的左翼思想的基礎上也接受了他們在語言創造上的追求。袁可嘉在談論新詩現代化和評價杜運燮詩歌的時候多次談到了他們所受到的這種影響。杜運燮更有十分明確的表態：

> 奧登的詩當時對我具有幾方面的吸引力。第一，有如他表白過的，他要寫同時代人的獨特歷史經驗，亦即在新的歷史條件下寫新的現實和新的感受，同時因思想受過歐洲左傾思想的影響，其作品具有較強的時代感，也就是現在有人說的「當代性」。這正適合我當時寫作借鑒的需要。第二，是現代主義的表現技巧，也可以說是一種新古典主義和現代主義的結合。他對現代社會眾生相觀察力敏

> 銳，視野廣闊，綜合概括力很強，文字明快凝煉，警句頻出，筆端
> 還常露機智與冷諷，現代生活化的飛動形象，出人意表的新鮮感，
> 使我心折。第三，他的諷刺詩辛辣而含蓄，常寓嚴肅與輕鬆，具有
> 高層次的幽默感，又有令人痛快的對現實（包括國際的）的針砭，
> 我愛讀也使我動心寫起諷刺詩。〔註100〕

杜運燮接近奧登，首先是因爲情感上的相通，而後才接受了奧登在語言技法方面的追求。奧登在現代詩歌語言建構方面的主要貢獻就是追求口語化，用口語對對象進行心理解析，既與現實生活狀態接近，又與現代主義詩歌所追求的間接性、客觀性相一致，是對既有的現代主義詩歌藝術的一種推動。奧登曾在 30 年代後期到過中國並寫下了不少作品，其中有一首《「他用命在遠離文化中心的場所」》：

> 他用命在遠離文化中心的場所：
>
> 爲他的將軍和他的蝨子拋棄，
>
> 他給撩上了一條被，闔上了眼皮，
>
> 從此消失了。他不再被人提說，
>
> 儘管這一場戰爭編成了書卷：
>
> 他沒有從頭腦丟失了緊要的知識；
>
> 他開的玩笑是陳舊的；他沉悶，像戰時；
>
> 他的名字跟他的面貌都永遠消散。
>
> 他不知也不曾自選「善」，卻教了大家，
>
> 給我們增加了意義如一個逗點：
>
> 他變泥在中國，爲了叫我們的女娃
>
> 好熱愛大地而不再委諸狗群，
>
> 無端受盡了凌辱；爲了叫有山，
>
> 有水，有房子地方也可以有人。

（卞之琳譯）〔註101〕

爲了更好地瞭解詩人在作品中對其母語中的日常口語的重視，有必要將該詩的原文引錄於此：

〔註100〕杜運燮：《在外國詩影響下學寫詩》，《世界文學》1989 年第 6 期。

〔註101〕見卞之琳編譯：《英國詩選》，商務印書館 1996 年 5 月出版。

「Far from the heart of culture he was used」

（In Time of War 18）

Far from the heart of culture he was used

Abandoned by his general and his lice,

Under a padded quilt he closed his eyes

And vanished. He will not be introduced

When the campaign is tidied into books;

No vital knowledge perished in his skull;

His jokes were stale; like wartime, he was dull;

His name is lost for ever like his looks.

He neither knew nor chose the Good, but taught us,

And added meaning like a comma, when

He turned to dust in China that our daughters

Be fit to love the earth, and not again

Disgraced before the dogs; that, where are waters,

Mountains and houses, may be also men.

詩人所表現的主題非常嚴肅，但他採用的語言是極其口語化的。除了一些名詞之外，英文原詩中的「消散」、「善」等分別採用的是英語中最常用的「lost」、「good」來表達，便是明顯例證。然而，詩篇的語言又是陌生的，為了表達詩人的主體認識，詩篇對「他」（任何一個死於戰爭的士兵）的「死」進行了多層面的心理分析，由此引申到「死」的價值和意義，這是與日常口語的直接性不同的，體現了由「點」及「面」、由「外」及「內」的戲劇化演進。

　　杜運燮的詩在這方面所受到的影響非常明顯。他首先接受了 30、40 年代奧登的思想，因為那種思想與當時的中國現實特別是知識分子的心理感受很合拍，並在此基礎上接受了他的詩歌的話語方式。這種方式在當時的中國詩壇上是非常新奇的，明朗而富有深意，既切近了大眾化的要求，又在格調上與大眾化的語言方式完全不同，在詩的客觀性和內在張力方面形成了自己的特色。《月》是一首詠物詩，表達外出征戰的軍人在他鄉對故鄉的思念，但詩人卻將這種主觀感受客觀化，不說「我」在思念，而說「月」「利用種種時間與風景／激起情感的普遍泛濫」。詩人還把現實中的一些常見物象引入詩中，將嚴肅主題與戲謔語言組合在一起，形成了意想不到的語言張力：「異邦的兵

士枯葉一般／被橋欄擋住在橋的一邊，／念李白的詩句，咀嚼著／『低頭思故鄉』,『思故鄉』，／彷彿故鄉是一顆橡皮糖；」〔註102〕李白的詩和對故鄉的思念都是嚴肅的話題，可詩人卻將它們與「橡皮糖」並列，顯得有點不相稱。但只要我們把握了它們之間的內在聯繫，就可以發現，詩人是有意採用這種方式來表達他對詩歌語言創造的獨特理解。一方面，「橡皮糖」是日常生活中很容易見到的東西，體現出詩人對故鄉的思念無時不在；另一方面，思念故鄉的滋味與「橡皮糖」的耐嚼具有相似的特徵。詩人的藝術智慧由此而體現出來，正如奧登用「逗點」來表現死亡士兵的價值一樣——在文章的寫作中，逗點的作用很小，卻不可或缺。

　　杜運燮和袁可嘉等詩人提煉口語入詩的另一種主要方式就是在對對象進行心理分析的過程中創造詩歌語言，特別突出對象所隱含的矛盾與衝突，使日常口語在詩中包含與其本意相異、相反的意味，形成反諷效果，比較突出的如杜運燮的《追物價的人》、《善訴苦者》、袁可嘉的《冬夜》、《進城》、《上海》、《南京》等。《追物價的人》在新詩史上頗有特色也頗有影響，一是具有現實針對性，二是追求語言的口語化和反諷效果。但它又不同於一般諷刺詩。詩人在遵循諷刺詩的基本特點的同時，對對象進行了深度解剖。詩人將飛漲的「物價」擬人化，稱之為「抗戰的紅人」，而「追物價的人」因為「物價」而存在。在這種語境中，「追物價的人」的心理變化就可以揭示那個時代的某些實質。詩中使用了許多在當時流行的語言，比如「抗戰是偉大的時代，不能落伍」,「為了抗戰，我們都應該不落伍」等等，但這些話語出自「追物價的人」，是在追物價上「不能落伍」，由此將「抗戰是偉大的時代」演化為追物價是「偉大」的這樣一種荒誕結論，從而揭示了那些借抗戰之名而謀一己之利的情形，形成了強烈的諷刺效果。詩人並沒有直接表達自己對「追物價的人」的主觀評價，而是對其荒誕的心理進行了精彩的藝術揭示，按照袁可嘉的理解，至少包含四個方面：「一則是決不能落後於偉大時代的『英雄』心理；二則是怕物價和人們嘲笑的恐懼心理；三則是感到自己追不上，還不行的自卑心理；四則是看見人家在飛，自己也必須趕上的逞強心理。這種種心理相互作用，導致了一個荒誕結論：必須拼命追上物價，即使丟掉一切，甚

〔註102〕袁可嘉在《新詩現代化的再分析》一文中引用此詩和收入《西南聯大現代詩鈔》時，此節的第一行都是「異邦的兵士枯葉一般」，而在收入詩文集《海城路上的求索》時，詩人將「兵士」改成了「旅客」。考慮到詩人創作此詩時的身份，此處從前者。

至生命，也在所不惜。」〔註103〕這種荒誕心理的邏輯起點是把物價的飛漲看成是抗戰的「偉大」之所在。這樣一來，日常口語在詩中就具有了新的形態與內涵。袁可嘉的《上海》、《南京》等詩不是利用對象自身的矛盾衝突來揭示現實的實質，而是用場景勾劃來體現現實的荒誕。《上海》是一首十四行詩：「一場絕望的戰爭扯響了電話鈴，　/陳列窗的數字像一串錯亂的神經，　/散步地面的是饑謹群眾空的眼睛。」以跳躍的手法寫出了當時上海物價飛漲、飢饉遍地的情狀；與此相對應的是，有些人「日子可過得輕盈，　/從辦公室到酒吧間鋪一條單軌線，　/人們花十小時賺錢，花十小時荒淫。」這種「輕盈」暗示的是人們精神、思想的空虛；「紳士」與「打字小姐」的細節則揭示了人們無所事事，靠看報來消磨時光，而報紙上盡是「南京的謊言」。這與波德萊爾筆下的巴黎、艾略特筆下的「荒原」幾乎是同等性質的。日常口語因為詩人獨特的詩意發現而具有了表現性和諷刺意味，成為現代詩重要的藝術要素。

九葉詩人對日常口語的重視還包括對新語詞的採納。除了袁可嘉、杜運燮等人的作品之外，這一特點在杭約赫的《復活的土地》、唐祈的《時間與旗》、陳敬容的《邏輯病者的春天》等詩中也體現得也十分明顯。這些作品在主題上都與現代都市的混亂、無序有關，詩人在詩中採用了許多流行於當下都市中的語言和其它獨特現象，在對都市的混亂、無序狀態的揭示中尋找其內在的根源及其演變軌跡。這一特點與艾略特的《荒原》有著密切的承續關係。

總之，九葉詩派的作品在時空觀念和話語方式上都接受了西方現代主義詩歌的直接影響，他們特別注重採集現代的、當下流行的語言和語彙，以便更好的表達現代人的生存狀態與生命思考。他們還注重詩歌的心理時空的建構，以揭示現代人生命狀態的複雜構成。對於中國詩歌，這些都屬於藝術上的創新，是過去的詩歌所無法代替的。那麼，是不是採用了現代的、流行的語彙，建構了獨特的心理時空，詩歌藝術就一定能夠獲得進步呢？或者說，九葉詩派在借鑒西方現代主義詩歌藝術經驗的時候是否就是完美無缺的呢？答案並不是完全肯定的。比如，採用日常口語入詩，並不是說詩歌就更容易理解、更容易被人接受，甚至連杜運燮的詩有時候也顯得比較晦澀難解。現

〔註103〕袁可嘉：《西方現代派詩與九葉詩人》，《半個世紀的腳印》，人民文學出版社1994年6月出版，第317頁。

代主義詩人採納口語入詩，不同於詩歌的大眾化追求，詩人不是要將自己的思想感情明朗化，而是要揭示它們的複雜。

對於晦澀，不同的人也許有不同的理解。艾青認爲：「晦澀是由於感覺的半睡眠狀態產生的；晦澀常常因爲對事物的觀察的忸怩與退縮的緣故而產生。」〔註104〕他雖然肯定詩的含蓄，但對詩的晦澀是持反對態度的。許多現代主義詩人則有與此幾乎相反的看法。袁可嘉認爲「晦澀是現代西方詩核心性質之一，……大家的看法可以大不相同，最公平的說法是不把晦澀作爲批評詩篇的標準，它不足以成爲好詩的標記，也不是予詩惡評的根據。」如果說這種看法並沒有眞正涉及晦澀本身的話，那麼，下面這段話則是在爲晦澀叫好了：「晦澀常常來自詩人想像的本質，屬於結構的意義多於表現的方法，是內在的而非外鑠的。……詩想像必然多少帶點晦澀似是無可否認的。」〔註105〕在他們看來，晦澀是現代詩的基本特性之一，因爲它來源於詩的想像，人們不應該對它加以指責。

在傳統詩歌理論中，詩歌的含蓄蘊藉受到了很高的重視。就其本質來說，晦澀並不同於詩歌的含蓄蘊藉。詩歌的晦澀雖然與詩歌的想像有關，但它最終還是體現在詩歌的語言形態上。九葉詩派深受西方現代主義詩歌的影響，對新詩藝術的進步產生了推動，但我們也不能忽略它可能帶來的負面作用。

情感方式的西化是九葉詩人作品乃至整個中國現代主義詩歌的共同特點之一。西方現代主義詩歌在張揚個性、推崇自我方面具有特色，但如果詩歌寫作都以自我的存在爲參照，忽略自我之外的世界，就勢必導致詩人與整個現代生存環境的疏離，導致詩歌經驗可信度的降低，從而降低詩歌在文化建設上的作用。我們在20世紀的後期承認穆旦在詩歌創作上取得了很高成就，但在40年代，他的詩所體現的情感方式是與當時中國的社會、文化語境不完全協調的，產生的影響也並不很大。面對詩歌評價中出現的這種時空錯位的情形，我們必須隨時思考這樣一個問題：詩歌是爲當下時代的讀者而寫還是爲不知何時的未來所寫？

語言方式的西化也是九葉詩人作品和中國現代主義詩歌的特點之一。西方現代主義詩歌是以西方語言寫作的，它遵循了西方語言的某些特徵。而中

〔註104〕艾青：《詩論・美學》，《詩論》，人民文學出版社1980年8月出版，第178頁。

〔註105〕袁可嘉：《新詩戲劇化》，《詩創造》第12期（1948年6月）。

國詩人在借鑒的時候，就很可能將西方語言的某些特點同時拿來，因爲那種語言方式最適宜表達那種感情和體驗。比如，西方語言，特別是其中的英語，常常採用倒裝句，或者羅列許多定語、補足語等等，句式一般較長，這在漢語中是不常見的。如果不注意這些特點在漢語中的轉化，中國讀者就難以接受，形成讀者與詩篇的隔膜。漢語詩的詩行一般較短，而西方詩歌則大量出現跨行乃至跨節的情況，九葉詩派的一些詩人，比如鄭敏，有時採用長詩句，隨意地跨行跨節，結果破壞了詩行的完美和詩篇的整體結構，也缺乏必要的旋律感。這是不足取的。

　　由獨特的情感方式和語言方式所決定，西方現代主義詩歌十分注重情緒與語言的跳躍、暗示、省略，這有助於強化詩的內在張力，有其獨特的詩學價值。但由於受現代西方心理學的影響，有些暗示、跳躍、省略缺乏內在的必然聯繫，玄學因素和個人因素太重，這是與東方詩歌、文化所不同的。這種方法如果使用失當，同樣會帶來詩的晦澀，難以發揮其獨特的審美效用。

　　因此，在肯定九葉詩派在借鑒西方現代主義詩歌藝術、推動新詩藝術進步方面所取得的成就的同時，我們也必須注意到它所存在的不足，特別是一定程度上的歐化傾向。九葉詩人作品中出現的歐化傾向也許並非出自本意，因爲早在九葉詩派形成期間，袁可嘉就曾經說過：「我所說的新詩『現代化』並不與新詩『西洋化』同義：新詩一開始就接受西洋詩的影響，使它現代化的要求更與我們研習現代西洋詩及現代西洋文學批評有密切關係，我們卻絕無理由把『現代化』與『西洋化』混而爲一。」〔註106〕這種表態無疑是正確的，符合詩歌發展的基本規則。然而，願望並不等於事實，九葉詩人的作品中的確存在歐化情形。唐湜在談到鄭敏的詩歌時就曾經指出：「這僅僅是過於絢爛、過於成熟的歐洲人思想的移植，一種偶然的奇蹟，一顆奇異的種子，卻不是這時代的歷史的聲音。」〔註107〕數十年後，袁可嘉在談到九葉詩派的創作時，也承認這種傾向的存在：「在語言句法方面，他們有不同程度的歐化傾向。」〔註108〕這些評價都是有道理的。

〔註106〕袁可嘉：《新詩戲劇化》，《詩創造》第 12 期（1948 年 6 月）。
〔註107〕唐湜：《鄭敏靜夜裏的祈禱》，《新意度集》，北京生活・讀書・新知三聯書店
　　　　1990 年 9 月出版，第 156 頁。
〔註108〕袁可嘉：《九葉集・序》，江蘇人民出版社 1981 年 7 月出版。

　　在九葉詩人的作品中，詩藝上較爲純熟的作品都是在思想和藝術方面融合得比較好的。他們中的一些人既熟悉中國詩歌傳統和當下的社會文化狀態，又熟悉西方現代主義詩歌藝術，比如辛笛、唐祈、陳敬容等；即使是對傳統持反叛態度的詩人，如果對傳統和現狀比較瞭解，也可以做到有的放矢，比如穆旦。穆旦在《玫瑰之歌》中寫道：「我長大在古詩詞的山水裏，我們的太陽也是太古老了，／沒有氣流的激變，沒有山海的倒轉，人在單調疲倦中死去。」這是詩人對中國傳統文化的看法，也是他對中國詩歌的看法，所以他要反叛這樣一種傳統，開拓詩歌藝術乃至整個人生的新境界。他的詩的確與中國傳統詩甚至其它的現代新詩都迥然不同，然而，我們可以設想，如果詩人沒有「長大在古詩詞的山水裏」，對中國詩歌傳統缺乏瞭解與理解，他的藝術反叛和藝術創造將不會有現在的成就。謝冕肯定穆旦反叛傳統的堅決，但他也說：「無論怎麼說，穆旦和李白縱有千年之隔，但作爲中國詩人的藝術思維方式卻表現出驚人的承繼性。」穆旦是在「來自傳統」的基礎上「果決地站在傳統的對面」的〔註109〕。

〔註109〕謝冕：《一顆星亮在天邊——紀念穆旦》，見杜運燮等編《豐富和豐富的痛苦——穆旦逝世 20 週年紀念文集》，北京師範大學出版社 1997 年 1 月出版，第 16～17 頁。

第八章　餘論：九葉詩人與新時期詩歌

　　九葉詩派的藝術使命並不是在 40 年代就已經完成，在那個動盪不安的時代，九葉詩人的藝術目標及其作品的藝術效應不可能全部呈示出來。在經歷了三十年的沉默之後，其中的大部分詩人才又一次找回了詩的青春與生命，而且在許多方面比 40 年代的他們更成熟，這使人想起奧登抗戰時期在中國所寫的一首關於里爾克的詩：「當我們悔不該生於此世的時分：／且記起一切似已被遺棄的孤靈。／今夜在中國讓我來追念一個人，／他已經十年的沉默，工作而等待，／直到繆佐顯出了全部的魄力，／一舉而讓什麼都有了交代。」〔註 1〕雖然九葉詩人長時間「被遺棄」，而他們正像里爾克那樣，「沉默，工作而等待」，最後在新時期給予了他們的詩藝探索一個圓滿的「交代」。我們這裡所說的「新時期」指的主要是 1977～1986 年，那正是「朦朧詩」從出現到成熟再到走向低谷的十年，也是中國當代新詩迄今為止最為輝煌的時期之一。

第一節　「生命的秋天也一樣豐盈」

　　「呵，豐饒的夏天也跟著／春天的清朗的歌閃走了，／這忽而飄來了黃葉的搖曳，／昆蟲們悲鳴合成的音樂！……／／我來到郊外，彷彿有誰呵，／給我的眸子撒上片罌粟花！／哦，哪兒的穀倉都滿滿的，／只有我心裏的穀倉卻空虛著，／該拿些什麼來充實？叫生命，／我生命的秋天也一樣豐盈！」唐湜在這首《秋賦》中表達了詩人心中的苦惱、迷茫、渴望的交織和掙扎。這首詩寫於中國當代詩歌的空白時代，體現著一代詩人的沉思與尋求。

〔註 1〕奧登：《「當所有用以報告消息的工具」》，卞之琳譯，《詩刊》1980 年第 1 期。

　　詩人的祈求最終產生了效用。在 70 年代後期，隨著思想解放運動的逐步展開，人們被長期束縛、壓抑的心靈開始復蘇，中國新詩也在這個過程中找到了藝術突破的路徑。自 70 年代末期到 80 年代前期，中國新詩主要形成了兩股發展潮流，一是「歸來者」詩，一是「朦朧詩」。

　　「歸來者」詩人以艾青為代表，他們在中國新詩的十年荒蕪之前乃至在30、40 年代就已經開始了詩創作並取得了可觀的成績，但在 1949 年以後特別是 1957 年以後的很長一段時間裏，由於政治、文化上的大一統觀念的限制，他們主動或被迫停止了歌唱，直到 70 年代後期開始，因為外在政治、文化環境的改變，不少詩人又才重操詩筆。1980 年，艾青在四川人民出版社出版了著名的詩集《歸來的歌》，人們便把以他為代表的這批詩人稱為「歸來者」。

　　九葉詩派得名於 1980 年出版的《九葉集》。九葉詩人的「歸來」幾乎是與艾青等詩人同步的，令人遺憾的是，在當時的詩歌熱潮中，人們卻很少正面關注這些詩人在新時期的創作，甚至沒有把他們列入「歸來者」詩人群中〔註2〕。在 80 年代初期，人們對九葉詩派的關注也主要是集中在他們 40 年代的創作特別是收入《九葉集》的作品。在新時期，最早從正面談到九葉詩人的是艾青，他在一篇綜論新詩發展歷史的文章中說：「日本投降後，……在上海，以《詩創造》與《中國新詩》為中心，集合了一批對人生苦於思索的詩人：王辛笛、杭約赫（曹辛之）、穆旦、杜運燮、唐祈、唐湜、袁可嘉以及女詩人陳敬容、鄭敏……他們接受了新詩的現實主義的傳統，採取歐美現代派的表現技巧，刻畫了經過戰爭大動亂的社會現象。」〔註3〕這段話幾乎出現於《九葉集》出版的同時，為人們對九葉詩派的重新關注開了個好頭。

　　九葉詩派出現在 40 年代後期，他們比較強調詩歌作為藝術的獨立品性，主要關注內在的生命體驗而不僅僅是外在現實，長於自我沉思而不是依託外在觀念的鼓動。但由於社會的動盪不安，人們更關注詩的社會價值而不是藝術特性，因而他們的創作在當時並沒有得到充分的發展，也沒有受到足夠重

〔註 2〕 80 年代初期和後來對「歸來者」詩人群的研究主要集中於那些來自 30、40年代的主流詩人及 50 年代成長起來的詩人。呂進的《新時期十年：新詩，發展與徘徊》（載《當代文壇》1986 年第 3 期）這篇總結性文章在談到「一批飽經憂患的詩人陸續歸來」時，提到的詩人除了艾青之外還有白樺、曾卓、流沙河、周良沛、林希、公劉、趙愷、牛漢、邵燕祥、綠原、孫靜軒、昌耀、梁南、胡昭等，而九葉詩人只提到了陳敬容。

〔註 3〕 艾青：《中國新詩六十年》，《文藝研究》1980 年 10 月 25 日第 5 期。

視，甚至遭到一些主流詩人的攻擊和批評。後來，由於社會環境和時代思潮的變遷，九葉詩人堅持的藝術主張失去了生長的土壤，他們被迫長期停止寫作，在新時期才重新回歸詩壇，在新的文化語境中繼續他們未曾完成的藝術探索。雖然不能把他們在新時期的寫作看成是 40 年代寫作的完全延續，但對他們在這兩個時期的寫作進行綜合考察，確實有助於理解九葉詩派創作的整體情形。在新時期，除了穆旦去世、袁可嘉主要從事外國文學研究、杭約赫（曹辛之）主要從事書籍裝幀設計與研究之外，九葉詩派的其它幾位主要詩人都重新回到詩壇，展開了他們金秋的歌喉。

由於經歷了太長時間的沉默，一旦重操詩筆，他們的筆頭不免有些生疏，歌喉不免有些僵硬（辛笛稱之為下筆如有「繩」）。辛笛在 70 年代末、80 年代初創作的作品收入了《辛笛詩稿》中的《春韭集》，總體來說顯得比較單調、空洞，這除了筆頭生疏之外，也許還有突然獲得解放的過度興奮的激情在發揮作用。魯迅就曾說過：「我以為感情正烈的時候，不宜做詩，否則鋒芒太露，能將『詩美』殺掉。」〔註 4〕鄭敏在談到自己在新時期之初的創作時也說：「1979～1983 年，我的感受強烈極了，但由於與之相適應的藝術觀還沒有形成，我那階段的詩常常受到損害，尤其由於當時整個文藝界的文藝觀也還在緩慢的蘇醒過程中，甚至還沒有達到五四以來新文學的第二高潮，四十年代的高度。這自然與長期自我封閉有關。因此我在新時期所寫的第一個集子《尋覓集》只能算是一個過渡時期的產物。它是在許多內在與外在的繩索的羈絆中問世的。」〔註 5〕但不管怎樣，從新時期開始，新詩的外在生存環境在不斷得到改善，新詩藝術對於新變的渴求和呼喚在不斷得到強化，九葉詩人的藝術追求也在這種氛圍中逐漸得到恢復、更新，使他們在新時期的詩歌寫作也取得了可觀的收穫。

與其它許多「歸來者」詩人一樣，歸來的九葉詩人有著豐富的詩歌創作經驗。在開始新的寫作之前，他們經歷了長時間的生命壓抑，也獲得了長時間的自我反思和文化、思想、藝術的積澱，因而在延續 40 年代詩歌追求的同時，對新詩藝術又有了進一步的思考，有些詩人還不斷從最新的西方詩歌觀念中獲取藝術營養。鄭敏就從 1980 年開始重新研究美國詩，由此走出了「四

〔註 4〕　魯迅：《兩地書·三二》，《魯迅全集》第 11 卷，人民文學出版社 1981 年出版，第 97 頁。

〔註 5〕　鄭敏：《悶葫蘆之旅》，《作家》1993 年第 4 期。

十年代對詩歌的看法和追求」，她發現戰後美國詩與 40 年代現代主義詩歌有很大差異，「一旦我認識到這一當代詩特點，突然在我的面前就打開了寫詩的新的境界，使我挖掘自己長期被掩埋，被束縛，隱藏在深處的創作資源。」〔註6〕這種不斷求新、不斷突破的執著使鄭敏和其它一些九葉詩人在新時期的寫作中創造出了他們詩藝探索的另一個高度，使他們的「生命的秋天也一樣豐盈」。

　　同 40 年代的詩歌寫作一樣，九葉詩人在新時期的創作也體現出豐富多彩的面貌，個人之間的藝術差異甚至比 40 年代更大。有些詩人完全傾向了現實主義或浪漫主義，如辛笛、唐湜、唐祈、陳敬容等；有些詩人繼續堅持 40 年代的詩歌追求，如杜運燮；而有些詩人則在堅持 40 年代詩歌追求的同時還向當下的現代主義、後現代主義等思潮有所借鑒，如鄭敏。這種現象一方面體現出九葉詩人在藝術上更加成熟；另一方面也說明，雖然「九葉詩派」這個名稱是在 80 年代初才出現的，但就創作情形看，作為流派的九葉詩派在當代詩歌史上已經不存在。我們之所以研討他們在新時期的詩歌創作，主要出於這樣一些原因：其一是想探討詩歌流派演變中的一些特殊因素；其二是想探討個人詩歌藝術發展中的一些制約因素；其三，九葉詩人在新時期的創作不但是 40 年代詩歌追求的延續，是新時期詩歌的重要收穫，而且對不少青年詩人的寫作產生過直接的啟發。

　　考慮到作為流派的九葉詩派在新時期已經不存在，對九葉詩人在新時期的創作，我們只想從宏觀的角度對他們的藝術共性與差異進行一些簡單的梳理。

　　其一，由於生活閱歷的不斷豐富和藝術修養的不斷提高和成熟，九葉詩人在新時期的藝術視野比早期更開闊，作品中的知性思考和理性精神得到進一步融合，而對於歷史、現實和生命的哲理性思考又使他們的詩具有了廣泛的包容性。

　　其二，中國詩歌和文化的傳統精神在九葉詩人新時期的創作中體現得更明顯，作品的中國特色比早期更突出。在早期的寫作中，由於受到西方現代主義詩歌觀念和手法的影響，九葉詩人的作品比較明顯地體現出了「歐化」傾向，特別是在西南聯大畢業的幾位詩人的作品中。在新時期，杜運燮和鄭敏的創作保持了從西方詩歌中借鑒而來的某些觀念和技法，但這些觀念和中

〔註 6〕 鄭敏：《閱葫蘆之旅》，《作家》1993 年第 4 期。

國當下的社會現實、人文心態等等都保持著密切關聯，他們借鑒的觀念和手法也主要是爲了正面推動中國新詩藝術的發展，因此「歐化」傾向得到了明顯淡化，本土性得到了加強。

其三，詩歌本體建設受到了更多的重視。在樸素的外表之中，九葉詩人新時期的詩歌語言更加純粹，「西化」傾向明顯減弱。我們所說的「純粹」主要是就詩歌語言本土化特色而言的，與人們常說的「純詩」不是一回事。他們在新時期的創作基本上都遵循了漢語自身的一些規則，不把西方語言的組合方式和結構方式毫無選擇地搬進漢語詩歌的創作之中；在注重詩歌語言的純粹性的同時，他們更加看重漢語特別是詩歌語言的音樂性，鄭敏和杜運燮比較出色。在詩體探索方面，鄭敏實驗了多種樣式，包括從中國古代詩歌中發揮而來的絕句式的短詩，她的《試驗的詩》〔註7〕等試圖將詩歌與藝術相結合，雖然不一定都是很有詩學意義的嘗試，卻體現了詩人的創造意識；唐湜則把幾乎全部心力投入到十四行詩的創作中，是新時期詩人中對這種詩體的探索最執著也是最有成就的詩人之一。

其四，有些詩人能夠跟隨藝術發展的新潮流，在藝術探索上體現了明顯的「新潮」性、先鋒性。在新時期的詩歌寫作中，九葉詩人中的部分詩人並沒有僅僅挖掘 40 年代的「老本」，而是不斷尋求新的藝術突破。鄭敏是比較突出的例子。在《尋覓集》之後，她用了較多的心力研究西方的解構主義等哲學、文藝思想並將其轉化爲觀念和方法，打量現實與生命，從而在新詩藝術探索中體現出與眾不同的特色。可以說，她對新觀念、新方法的探索不亞於那些被稱爲「先鋒詩人」、「新潮詩人」的青年詩人。

這些特點說明，九葉詩人在新時期所體現出來的藝術創造力不是減弱了而是得到了進一步的發展。中國有句古話叫：「鶯老莫學舌，人老莫學詩。」西方也有類似的說法。人們大多相信，詩人的藝術創造力與他們的年齡存在一定的對應關係。但九葉詩人在新時期的創作卻給這種說法提供了反面例證。九葉詩人不僅僅是靠天賦的才氣寫詩，而是把詩歌藝術探索與生命的發展結合起來，因而在生命發展的任何時期都有藝術創新的動力；九葉詩人不是依賴外在的觀念而寫詩，他們的藝術創造力不會因爲外在觀念的變化而削弱；九葉詩人觀照的是生命的整體，尋找的是生命的哲學，生命無時不在，

〔註 7〕載《人民文學》1996 年第 11 期。

而且還在不斷變化發展，只要有新的生命現象的出現或新的生命意義的生成，他們的詩就有賴以生存的基礎。

第二節　兩代詩人之間的觀念認同

詩是關乎人的生命、心靈的藝術，而生命與心靈的演變和發展具有漸進的特性，因此，當一種詩歌觀念或者表達方式一旦形成，就往往具有相對穩定性，甚至最終會成為新的藝術探索的阻力。在這種情況下，那些極力創新或支持創新的人們常常會遭受很多責難甚至謾罵。然而，只要他們認定了藝術創新的合理性、必要性，他們也可能成為推動一個時代藝術進步的力量，開創一個新的藝術時代。在 40 年代，九葉詩人力圖開創新詩現代化之路，就新詩藝術的發展而言，他們的選擇沒有不妥，但在主流詩歌的包圍之中，他們又不得不面對來自各方面的壓力、攻擊、謾罵。他們的幸運是得到了當時的許多作家、詩人、學者的支持，西南聯大的教師和早期支持《詩創造》的臧克家都應該在九葉詩派的形成和發展中記上重重的一筆。可以推測，如果沒有他們的支持，九葉詩人用以應付外在壓力的時間和精力要多得多，其詩藝探索也會受到更多的影響。如果那樣，也許我們今天看到的九葉詩派將是另一個樣子，甚至有沒有九葉詩派也很難說。

也許正是因為那一段不平凡的經歷，九葉詩人非常看重藝術的創新，對於那些敢於求實地創新的人們也往往從多方面給予支持和鼓勵。談到新時期詩歌，我們不應該忘記九葉詩人與年輕詩人之間因為藝術觀念相近而結下的深厚情誼。

在新時期，九葉詩派中每一位健在的詩人在「新詩潮」（朦朧詩）受到攻擊、責難的時候幾乎都是它的熱情支持者。這可能主要有兩方面的原因：

其一，新時期的「新詩潮」所包含的突破和創新意識與九葉詩人在 40 年代後期追求的新詩現代化，在本質上存在相通，兩代詩人之間由此具有了在藝術觀念上溝通的基礎。對這一點，我們將在下一節專門論述；

其二，青年詩人倡導的「新詩潮」確實包含著許多合理的藝術因素，他們的處境與九葉詩人在 40 年代後期面對的處境有相似之處，也許還有過之而無不及——九葉詩派在 40 年代後期所面對的是多種平行觀念之間的分歧，而新時期的「新詩潮」立足於縱向的突破，它產生於十多年的政治化詩歌觀念

和十年詩歌空白之後，所面對的後滯力量更加強大。在「朦朧詩」出現的當時和後來的一段時間裏，臧克家、艾青等老詩人和一批追隨主流詩歌觀念的批評家都對其提出過批評〔註8〕，甚至是「你死我活」、非此即彼的打擊。許多青年詩人在詩壇上的處境非常艱難。在那種情況下，九葉詩人出於對藝術創新的理解，在各方面對年輕的探索者給予了很大的支持。

可以舉出許多事實作爲例證。

鄭敏在談到唐祈的爲人和他在新時期的詩歌創作時，特別強調了唐祈對青年一代的關心，特別是對「朦朧詩」詩人的關心。「他（指唐祈——引者）寫詩的時候也是很痛苦的，不過他對中國新詩的那種熱情，我覺得是很少見。像北島、顧城，他都對他們盡最大的幫助。因他在西北，蘭州的大學有一個領導是他的朋友，給了他很多方便，他就舉辦了很多詩歌活動，也邀請北島、顧城、楊煉等許多人去。這些朦朧詩人在他那看到三四十年代的詩，非常驚訝地告訴他說我們一點都不知道中國新詩史還有這麼一個階段。」〔註9〕鄭敏後來以唐祈的經歷爲背景創作了組詩《詩人與死》，這除了他們之間的詩藝交往之外，也許還有對唐祈的人品的敬重。

有些青年詩人在談到自己的創作經歷時，講述了與九葉詩人的特殊關係。江蘇詩人小海多次談到陳敬容對他的生活和詩歌寫作的影響。「一直到上初中開始寫詩了，認識了一個老師——女詩人陳敬容，她介紹我讀一些書，認識一些人，通過她我認識在搞詩歌翻譯的兩個老師。」在起步的時候，陳敬容就對小海的人生和寫作產生了影響。「後來讀到九葉派詩人、就是 40 年代那批東西，覺得非常新奇，而且他們在技巧上也給我一個震動。……陳敬容晚年的詩，我接觸她時她寫的詩，我覺得也有種化開了的感覺，有很多詩在形式感上更加隨意。她有一首詩《黎明》，寫了很多外國詩人面對黎明時的感覺，如里爾克面對黎明時怎樣怎樣，雖然寫的是外國詩人面對黎明，但確實是一個中國詩人的感覺，所以說那個時候我的詩受她的影響還是比較強烈的。」他還特別談到從陳敬容的生活中體會到的人生與詩歌的品格。小海曾經猜想，「像她這樣一個詩人肯定是一個貴族，再加上一個女詩人搞外國文學

〔註8〕　在「朦朧詩」討論中，主要的反對文章有章明的《令人氣悶的朦朧》（《詩刊》1980 年第 8 期）、臧克家的《關於朦朧詩》（《河北師範學院學報》1981 年第 1 期）、程代熙的《評〈新的美學原則在崛起〉》（《詩刊》1981 年第 4 期）以及鄭伯農、柯岩等人的有關文章。

〔註9〕　見徐麗松整理：《讀鄭敏組詩〈詩人與死〉》，《詩探索》1996 年第 3 輯。

的，當時我感覺她的生活肯定是很不一樣的，生活在一個文學圈子裏，一個非常高尚的、很有文學素養的圈子。」然而，當他專程去北京拜訪陳敬容之後，才發現情況並不如此，她的住房非常簡單、生活非常辛苦，但待人卻熱情而富有愛心，「我沒有想到一個詩人是在這樣一個環境中生活，而且還堅持寫作，而且她當時一再講這正是她詩中的心境。……我真正體會到一個詩人的品味問題。她一心想在詩藝上上一個臺階，在有生之年寫出真正的她嚮往的好東西，而且事實上她也寫出了好東西，我覺得。……在我去見她的時候可能懷有某種世俗的目的，希望結交一些人，使我的作品能在他們的詩人圈子裏流通，掙得些名氣。但我見到她以後我感到一種真正的震驚、震憾。……我覺得在做一個詩人上而不僅是寫作上她給我的震動是非常大的。一個詩人在幾十年不能寫作之後重新寫作，那種巨大的熱情，對藝術的那種純正的追求，追求一種高尚的精神生活，把詩歌與生活統一在一起，平靜地面對生活中的一切。這些對我的影響非常大。雖然我不能做到，但是這種影響，可能會伴隨我一生。」〔註10〕陳敬容對小海的影響是多方面的，而對於一個詩人，心靈的震動也許比單一的藝術上的啓發更要重要。

九葉詩人在人生和藝術上的關心和引導對於青年詩人的成長自然十分重要。但上面談到的事實還較少涉及九葉詩人在詩學觀念上對更多的詩人的鼓勵和支持。其實，在「朦朧詩」這個概念還沒有出現的時候，九葉詩人就已經開始從詩學觀念的發展和詩歌藝術的創新方面關注青年詩人的藝術探索並給予了肯定。

鄭敏是最早關注新時期青年詩人創作的九葉詩人之一。《詩刊》在 1980 年第 4 期《新人新作小輯》中發表了一些青年詩人的作品，當年 6 月，鄭敏就在《詩刊》上發表文章，專門論述他們在藝術上的特色。她說：「十幾年了，新詩好像一朵缺水、缺肥，又受烈日曝曬的月季，枯萎、憔悴，看了令人心痛。詩被看成一種容器，可以隨意裝一些生硬的歌頌，虛偽的讚美，和不自然的仇恨，音調是歇斯底里的叫喊，節奏單調而沉悶，正像那些十年裏奉命召開的許多批判會上的發言。」這是當時的詩歌所面對的最近的歷史，但 1979 年以來，「過多的宿根的石竹返青了。更可喜的是，在澆水施肥，愛護幼苗的情況下出現了新品種的月季。它們花朵碩大、色澤鮮豔。」她認為，「張學夢、

〔註10〕韓東、朱文、劉利民整理的採訪記錄：《小海：滄海苑訪談》，見《中國詩歌》創刊號，雲南人民出版社 1996 年出版。

孫武軍、高伐林、顧城等的新詩」「感情強烈、意象鮮明、觀察敏銳、思想深刻」，「在他們的詩裏，人們找到閃爍的樂觀精神和堅強的信心，但他們的樂觀不是海市蜃樓的幻影，而是經過和滔天的歷史波濤搏鬥，和痛苦的壓迫搏鬥而後獲得的。」她最後說：「世界上一切舊的東西都是在一定程度上僵化的，而『新』則充滿生命。……在這些新人的新作裏僵化的痕跡像秋風掃落葉樣被清除詩的園地。這就給詩以呼吸、自由。」〔註11〕這種關注和肯定，無疑會對青年詩人的創作產生影響。在「朦朧詩」藝術觀念定型甚至成為歷史之後重新打量，這種支持也許非常平常。但在 80 年代初期，青年詩人在剛剛復蘇的文化語境中進行的藝術探索所面對的壓力是非常強大的，就在鄭敏評介青年詩人作品的同時和之後，關於「朦朧詩」的討論鬧得整個詩壇沸沸揚揚，其中當然有一些支持者，而攻擊者、反對者的聲音似乎更為強大。可以想像，鄭敏當時對青年詩人的肯定和鼓勵是需要很大的藝術勇氣和良知的，而對於青年詩人，鄭敏等人的支持和鼓勵無疑可以給他們以信心和勇氣。

在關於「朦朧詩」的討論展開之後，袁可嘉從 1980 年 9 月起赴美國講學，但他很關心國內詩壇情況，在 1980 年 12 月 30 日的一封信中，他談到了對於詩歌的「朦朧」、「晦澀」等的看法，而當時的國內詩壇正因為這些問題而展開了廣泛討論。他說，人們所主張的「詩，首先得讓人看得懂」的說法當然有其合理性，但「仔細推敲起來，就牽涉到詩人的意圖和水平，詩作的成敗得失，讀者的趣味和習慣，甚至讀得得法或不得法。就作者說，如果他要表達的思想（感情）是明朗的，那麼他應當用明朗的方法寫出明朗的詩篇來；如果他的思想（感情）本身帶有朦朧的成分，那麼就不能要求他寫出明朗的詩篇，那樣倒反證明他失敗了。實際上作者受水平的局限，往往力不從心，有時該明朗的卻也表達得並不那麼明朗，該朦朧的倒表達得過於明白。而且寫詩有各種不同的路子，從歷史上看，古典派、浪漫派、象徵派、現代派、現實主義派……都各有一套美學理論和創作方法。如不習慣於某個流派的寫法，你就會由於讀不得法而感到困惑。我看有些讀者對杜運燮的《秋》的責備，恐怕就是由於不習慣這類詩的路子，而不知道怎樣應付它。」袁可嘉提到人們對杜運燮的《秋》的責備，可以看出他是針對當時詩歌界的爭論而發表意見的，他的主張很寬容，不厚此薄彼，而是主張詩歌藝術的多元並舉，

〔註11〕 鄭敏：《「……千萬隻布穀鳥在歌唱」——讀〈新人新作小輯〉》，《詩刊》1980
　　　　年第 6 期。

讓每一種具有藝術價值的探索都具有生存的權利。他說：「目前出現的晦澀問題是否來源於學習外國現代派詩歌？可能有一些關係，但不一定是根本原因。我是主張積極介紹、評論（也包括必要的批判）外國現代詩歌（不限於現代派）的，因爲有些藝術手法可以供我們借鑒。在借鑒過程中自然免不了要出點差錯，誰能保證一學就成的？在這方面，我主張寬容一點，讓青年詩人大膽放手搞點試驗，在眞實地反映生活的大方向下弄點花樣出來，不要幾十年不變嘛！」他還談到新詩的傳統問題，針對有些人否定新詩已經有了自己的傳統或者將新詩傳統狹隘化的看法，他指出：「我在講課中認爲，新詩已經建立了一個自己的優秀傳統，它包括兩個互相補充的部分：現實主義的優秀詩歌是新詩傳統的重要部分，其它一般不稱爲現實主義（如浪漫主義、象徵主義或不宜標爲任何主義的），詩歌中的優秀作品也是新詩傳統的組成部分。過去我們習慣於把這兩部分看成對立的，在強調現實主義詩歌的同時似乎必須否定後者，稱之爲反現實主義。實際上，它們並不總是對立的，它們有互相補充的方面。」〔註12〕袁可嘉對借鑒外國詩歌藝術和對新詩傳統的分析，都是爲了說明當時新詩出現多種風格的合理性，爲詩壇的多元格局尋找證據，是對當時各種新的藝術探索給予理論上的支持。

在以青年詩人爲主的新時期詩藝探索面臨多重壓力的時候，九葉詩派的幾位主要詩人都從自己的創作實踐和理論思考上對他們給予了支持，不但爲新時期詩歌的理論建設提供了幫助，而且爲詩歌藝術探索的進一步深入提供了保障，對新時期詩歌的發展產生了不可低估的作用。

第三節　九葉派詩歌與「朦朧詩」的藝術關聯

九葉詩人之所以對青年詩人的創作給予了極大關注和支持，除了他們注重詩歌的藝術創新之外，還因爲青年詩人與九葉詩派在藝術追求上存在著密切關係。

中國當代詩歌的發展可以大致分爲幾個時段。在1949～1965年的十七年間，新詩發展雖然取得一些成績，但由於時代觀念的大一統構架的形成，新詩創作出現了相對單調的格局。以前的新詩雖然也存在主流和非主流之分，

〔註12〕 袁可嘉：《關於新詩的晦澀、新詩的傳統……──訪美書簡》，《詩刊》1981
　　　　年第3期。

但一般來說，它還是可以按照多元化的路子發展，而在「十七年」中，以政治觀念為主的詩歌觀念是當時詩論的核心，政治標準成為評價詩歌藝術成就的重要指針，這無疑為後來詩歌的更加單調提供了理論和實踐上的準備。在其後的十年間，新詩進入了前所未有的「空白期」，詩歌觀念和創作都體現出了典型的模式化傾向，而且是非藝術的模式化。在那些「詩歌」中，作為世界和藝術主體的「人」不復存在，思想和感情都出現了明顯的僵化，藝術的探索和創造遠離詩歌而去。詩歌成為遠離生命而皈依政治的一種空洞的「神話」，並且那種政治主要不是體現人的意志和思想的政治，而是缺乏民主、非人性的、每個人都必須扭曲自己去跟隨的政治，與 30、40 年代的時代政治不完全是一回事。

　　物極必反是任何事物發展的規律。新時期詩歌正是在思想解放運動的開展和自身發展無望的情況下展開了新的藝術探索，除了個別詩人在「空白」的十年中進行的「地下」探索之外，浮出水面的新時期詩歌探索主要開始於 70 年代後期，主要有兩種向度：一是以老年中年詩人為主的「歸來者」詩，主要延續了新詩的現實主義傳統，其主要特點是恢復了「說真話，抒真情」的詩歌精神；二是以青年詩人為主的藝術探索，他們比「歸來者」詩人走得更遠一些，在詩歌的本體建設特別是藝術表現方面進行了更多的嘗試。由於「十七年」和「空白」的十年的詩歌觀念和創作在大多數詩人和讀者的思想中形成了一種慣性思維模式，彷彿詩歌只能那樣寫而不應該有別的路子，或者說詩歌就只能追隨某種主流而在主流之外則不應該存在別的探索向度，所以他們對「歸來者」詩人的現實主義藝術追求給予了肯定，卻對非現實主義的或者現實主義和其它藝術追求相融合的藝術探索進行了批評甚至指責，於是就有了 70 年代末、80 年代初關於詩歌現狀與走向的大討論，即關於「朦朧詩」的大討論。人們開初並沒有為新出現的以青年詩人為代表的詩歌現象命名，而是使用了多種名稱，「一九七九年底到一九八○年上半年，『某些品種』、『難懂詩』、『晦澀詩』、『古怪詩』、『意境朦朧』、『朦朧感』、『朦朧美』、『新詩潮』等各種名目已在詩壇相繼出現。」〔註13〕從這些稱謂可以看出，當時的許多人對新的詩歌藝術探索是不理解、不支持，更不能接受的。

　　在上面提到的兩種類型的詩歌中，歸來的九葉詩人難以單純地劃歸其中之一。從年齡和創作經歷看，他們屬於「歸來者」詩人群；從藝術探索的向

〔註13〕喻大翔：《朦朧詩精選・前記》，華中師範大學出版社 1986 年 4 月出版。

度看，他們對 40 年代詩歌藝術探索的回歸和拓展又與當時的青年詩人群更接近。這種特點也許是把目光投注在某一種主要思潮的新時期詩歌界和詩論界較少提到他們的原因之一。但我們考察詩歌藝術探索的成就，主要應該立足於藝術上的進步，而不只是年齡或者創作經歷。有些人將九葉詩人中的一些詩人如杜運燮誤解為青年詩人，似乎也是從這角度出發的，甚至「朦朧詩」這一概念的出現也與九葉詩人有關，只不過他們的詩學批評存在著藝術觀念上的局限。

1980 年 8 月，就在青年詩人的藝術探索不斷受到詩歌界和詩學界關注的時候，《詩刊》發表了章明的文章《令人氣悶的「朦朧」》，對當時的詩壇現狀發表了自己的看法。文章說：「前些年，由於林彪、『四人幫』敗壞了我們的文風和詩風，許多標語口號式的、廉價大話式的『詩』充斥報刊，倒了讀者的胃口，影響了新詩的聲譽。經過撥亂反正，如今詩風大好，出現了不少感情眞摯、思想深刻、形象鮮明、語言警策的好詩，受到了廣大讀者的讚賞和歡迎。但是，也在少數作者大概是受了『矯必須過正』和某些外國詩歌的影響，有意無意地把詩寫得十分晦澀、怪僻，叫人讀了幾遍也得不到一個明確的印象，似懂非懂，關懂不懂，甚至完全不懂，百思不得一解。對於這種現象，有的同志認為若是寫文章就不應如此，寫詩則『倒還罷了』。但我覺得即使是詩，也不能『罷了』，而是可以商榷、應該討論的。所以我想在這裡說一說自己的一孔之見。為了避免『粗暴』的嫌疑，我對上述一類的詩不用別的形容詞，只用『朦朧』二字，這種詩體，也就姑且名之為『朦朧體』吧。」〔註14〕這篇文章明顯地體現出對新時期早期青年詩人在詩歌藝術上的探索的不理解和反對態度。後來，人們一般也認為，「朦朧詩」的稱謂就是從這篇文章開始的。當然，人們對「朦朧詩」的界定並不完全接受這篇文章中的說法。

章明在文章中所引用的幾首作為批評對象的詩值得注意，其中的第一首就是杜運燮發表於《詩刊》1980 年第 1 期的《秋》。文章對該詩進行了如下解讀和反問：

> 這首詩初看一兩遍是很難理解的。我擔心問題出在自己的低
> 能，於是向一位經常寫詩的同志請教，他讀了也搖頭說不懂。我們
> 兩個經過一個來小時的共同研究，這才彷彿地猜到作者的用意（而
> 且不知猜得對不對）是把文化革命的十年動亂比作「陣雨喧鬧的夏

〔註 14〕章明：《令人氣悶的「朦朧」》，《詩刊》1980 年第 8 期。

季」，而現在，一切都像秋天一樣的純淨明朗的。如果我們猜得不錯，
這首詩的立意和構思都是很好的，但是在表現手法上又何必寫得這
樣深奧難懂呢？「連鴿哨也發出成熟的音調」，開頭一句就教人捉摸
不透。初打鳴的小公雞可能發出不成熟的音調，大公雞的音調就成
熟了。可鴿哨是一種發聲的工具，它的音調很難有成熟與不成熟之
分。天空用「平易」來形容，是很希奇的。「紊亂的氣流經過發酵」，
說氣流發酵，不知道是不是用以比喻氣流膨脹，但膨脹的氣流釀出
「透明的好酒」又是什麼意思呢？「秋陽在上面掃描豐收的信息」，
信息不是一種物質實體，它能被掃描出來呀？再說，既然是用酷暑
來比喻十年動亂，那為什麼第二節又扯到春天，使讀者產生思想紊
亂呢？「經歷春天萌芽的破土，幼葉成長中的扭曲和受傷」，這樣的
句子讀來也覺得彆扭，不像是中國話，彷彿作者是先用外文寫出來，
然後再把它譯成漢語似的。〔註15〕

這段話至少有如下幾個方面值得思考：

其一，由於受到長期的「大一統」思想、封閉的藝術觀念的束縛，在新
的藝術潮流出現的時候，人們所具有的藝術觀念上的慣性和定勢還難以一下
子適應思想、藝術變革的要求，難以很快跟上新的藝術發展浪潮。

其二，「不懂」、「晦澀」等語詞主要是當時的詩歌界對詩歌存在的主要弊
端的描述，並且主要是針對青年詩人的作品的，但論者卻以杜運燮的作品為例
證，把杜運燮這位在 40 年代就開始創作並且出版過詩集的詩人當成了「青年
詩人」，使他的作品成為以青年詩人為主的「朦朧詩」的代表作。這是史實上
的錯誤，它一方面說明，由於外在環境的制約，許多人對新詩歷史缺乏全面瞭
解，他們所認識的新詩主要是主流詩歌以及 50 年代以來比較單調、空洞、充
滿頌歌意味的詩；另一方面也說明，杜運燮的詩與當時青年詩人的創作具有相
似相通的地方，或者說，「朦朧詩」所接續的傳統在很大程度上正是 40 年代及
其以前的中國新詩傳統和某些外國詩歌藝術經驗。當然，我們並不是說從 50
年代到新時期以前就完全沒有詩歌，而是由於外在的政治影響太大，詩歌觀念
比較單一、封閉，使那個階段的詩歌在總體上不是以多元為特徵的，詩歌藝術
的發展是不完善的，如果從藝術自身的角度對那個階段的詩提出一些苛刻的要
求，在整個新詩的發展歷程中，它在很多方面是可以被跨過、被忽略的。

〔註15〕章明：《令人氣悶的「朦朧」》，《詩刊》1980 年第 8 期。

　　杜運燮的《秋》是不是一首難懂的詩呢？先錄全詩如下：

連鴿哨也發出成熟的音調，
過去了，那陣雨喧囂的夏季。
不再想那嚴峻的悶熱的考驗，
危險游泳中的細節回憶。

經歷過春天萌芽的破土，
幼葉成長中的扭曲和受傷，
這些枝條在烈日下也狂熱過，
差點在雨夜中迷失方向。

現在，平易的天空沒有浮雲，
山川明淨，視野格外寬遠；
智慧、感情都成熟的季節呵，
河水也像是來自更深處的源泉。

紊亂的氣流經過發酵，
在山谷裏釀成透明的好酒；
吹來的是第幾陣秋意？醉人的香味
已把秋花秋葉深深染透。

街樹也用紅顏色暗示點什麼，
自行車的車輪閃射著朝氣；
塔弔的長臂在高空指向遠方，
秋陽在上面掃描豐收的信息。

這首詩所抒寫的主要是對生命「成熟」的感受。回憶當代思想、文化以及藝術發展的歷程，我們可以不客氣地說，在 1949 年以後的近三十年時間裏，中國人是或多或少缺乏理性精神的，盲目、狂熱成爲人們主要的文化、思想心態，也因爲如此，人們才有了「迷失方向」的體驗。當我們站在另一個時代的思想、藝術的臺階上反思那種經歷和思想，就會發現自己的幼稚，發現「成熟」對於生命發展的重要。杜運燮的《秋》正是在強烈的自我反思中體現了對「成熟」的歌唱，這裡的成熟，不只是個人的成熟，而是一個時代、一個民族的逐漸完善，是對理性精神的看重，是對新生的讚美和進一步期待。在表現上，詩人將其在 40 年代使用的藝術手法進行了發揮，使用了許多意象代

替空洞的說教，用充滿理性的思考代替了盲目的歌唱，體現出藝術上的獨立、創新意識，與以前的當代詩歌形成了巨大反差。對於當代新詩來說，它是新的，但對於杜運燮來說，卻只是對自己過去藝術探索的一定程度的回歸。

　　九葉詩人不僅以自己在新時期的詩歌藝術探索豐富了新詩藝術的經驗，爲新時期詩歌的多元發展作出了貢獻，而且，他們過去的創作也爲青年詩人的藝術探索提供了藝術上的參照。當然並不是說，當時的青年詩人都直接受到了九葉詩人和其它一些注重詩歌藝術個性的詩人的影響，因爲，在將近三十年時間裏，由於政治觀念和藝術觀念的限制，許多注重藝術性的詩由於它們的作者或它們自身的關係而被塵封起來，青年詩人不一定能夠讀到那些作品，徐志摩、戴望舒等人的作品也是在新時期開始以後才逐漸被「挖掘」出來的。這恰好證明了這樣一個眞理：詩歌藝術的發展有其自身的內在規律，人爲因素的干擾也許可以在一定時間內「左右」這種規律的引導和制約作用，卻不能改變這種規律，只要外部條件允許，這種規律就會自動發揮作用。

　　新時期的青年詩歌（亦即人們所說的「朦朧詩」）的主要特點就是不以某些外在的、流行的觀念作爲藝術探索的指針，甚至不僅僅以恢復現實主義詩歌的某些優秀傳統爲滿足，而是努力尋求詩歌藝術發展的內部規律，恢復詩歌所具有的本來特性。他們是在重新反思新詩歷史、重新打量外國詩歌藝術經驗的基礎上展開藝術探索的。

　　有幾個方面的特徵值得我們注意。

　　其一，強調詩歌藝術的獨立性。作爲一種藝術樣式，詩歌有其自身的特性和規律，它不是政治的附庸而是生命和藝術的獨特發現。「朦朧詩」的藝術探索就是由此出發的。在詩歌生成上，它堅持外在現實與主觀感悟相結合的方式；在表達方式上，它主要採用了詩歌藝術的想像邏輯，將形象與思想、感受與體驗結合起來，從而構成包容廣泛的藝術世界。對於這一點，九葉詩人早在 40 年代就進行過十分深刻的闡述。袁可嘉說：「絕對肯定詩與政治的平行密切關係，但絕對否定二者之間有任何從屬關係……如果我們根本否認詩藝的特質或不當地貶低它的作用意義，則在出發基點，作者已坦白接受擊敗自己的命運；其作品之不成爲作品既在意中，其對人生價值的推廣加深更是空中樓閣，百分之百騙人騙己的自我期許。」〔註16〕

〔註16〕袁可嘉：《新詩現代化》，1947 年 3 月 30 日天津《大公報·星期文藝》。

其二,追求人格的獨立,強調主體對於詩的重要性。舒婷的《致橡樹》被認爲是新時期青年的愛情宣言,但我們還可以從中感受出詩人對於人格獨立的渴望,「我如果愛你——／絕不像攀緣的凌霄花,／借你的高枝炫耀自己;／我如果愛你——／絕不學癡情的鳥兒,／爲綠蔭重複單調的歌曲;／也不止像泉源,／常年送來清涼的慰藉;／也不止像險峰,／增加你的高度,襯托你的威儀。」「我」必須是一個獨立的存在,「必須是你近旁的一株木棉,／做爲樹的形象和你站在一起。」對於這一點,袁可嘉也有過表述,他十分注重作爲個體的人在詩歌創作中的特殊地位和價值,他在分析了 40 年代主流文學(即「人民的文學」)和非主流文學(即「人的文學」)的特點後說:「『人的文學』的基本精神,簡略地說,包含兩個本位的認識:就文學與人生的關係或功用說,它堅持人本位或生命本位;就文學作爲一種藝術活動而與其它的活動形式對照說,它堅持文學本位或藝術本位。」〔註17〕他還強調,「在服役於人民的原則下我們必須堅持人的立場、生命的立場;在不歧視政治的作用下我們必須堅持文學的立場,藝術的立場。」〔註18〕

其三,全方位關注現實,而不只關注現實的某一個方面,也就是說,「朦朧詩」不是在某些外在觀念的制約下發展起來的,而是在尊重現實和心靈感受的基礎上生長的。當代詩歌在很長一段時間裏只關注外在現實特別是正面的現實,而對於現實的負面因素則關注較少或人爲地迴避;同時,當代詩歌在很長時間內對內在的、生命的現實關注極少,即使有所涉及,也往往是追隨大流,缺少特色與深度,甚至敷衍了事。這就必然造成詩的單調,阻礙詩歌藝術的發展。新時期詩歌特別是「朦朧詩」,開始關注現實和生命的本質,全方位揭示詩人的體驗。「朦朧詩」既有對過往歷史的反思,也有對生命苦悶的揭示和反抗,還有對於美好生命的渴望。北島的《履歷》中有這樣的詩句:「萬歲!我只他媽喊了一聲／鬍子就長出來／糾纏著,像無數個世紀／我不得不和歷史作戰／並用刀子與偶像們／結成親眷,倒不是爲了應付／那從蠅眼中分裂的世界」,舒婷的《牆》有這樣的詩行:「我首先必須反抗的是:／我對牆的妥協,／和對這個世界的不安全感。」這些體驗在當代詩歌的前三

〔註17〕 袁可嘉:《「人的文學」與「人民的文學」》,1947 年 7 月 6 日天津《大公報·星期文藝》。

〔註18〕 袁可嘉:《「人的文學」與「人民的文學」》,1947 年 7 月 6 日天津《大公報·星期文藝》。

十年中是難以見到的，因爲它們涉及到對於生命特別是生命中的困惑、反抗意識的揭示。不過，在中國新詩史上，這種傳統卻不是起於新時期，遠的不說，九葉詩人的詩歌主張和實踐就有所體現。袁可嘉說：「絕對強調人與社會、人與人、個體生命中諸種因子的相對相成，有機綜合，但絕對否定上述對稱模型中任何一種或幾種質素的獨佔獨裁，放逐全體；這種認識一方面植基於『最大量意識狀態』的心理分析，一方面亦自個人讀書作人的經驗取得支持，且特別重視正確意義下自我意識的擴大加深所必然奮力追擊的渾然一片的和諧協調。」〔註 19〕表現「最大量意識狀態」是九葉詩派對詩歌提出的基本要求，它包含對生命、現實的多方面關注。

其四，追求詩歌表達方式的多樣化，意象技巧、象徵手法甚至理性思辯都在「朦朧詩」中得到了使用。「朦朧詩」在表現方式上的嘗試是多方面的，但他們的嘗試幾乎都可以在過去的新詩中找到源頭。舒婷的《致橡樹》、《神女峰》等名篇都十分注重意象的使用，使作品具有獨特的韻味。不少詩人在作品中將普通的意象提升到象徵的層面，使作品的意象超越它們自身而具有了更豐富的詩意，從而使詩篇的包容性得到了加強。北島的《回答》是「朦朧詩」的代表作之一，其中的「卑鄙是卑鄙者的通行證，／高尚是高尚者的墓誌銘。」成爲新詩史上的佳句，其主要特點就是通過理性思辯的方式揭示了生命和現實中的某種深刻的眞實性。舒婷的《「？。！」》、《這也是一切》等詩篇同樣包含著理性因素，將詩人的人生和生命體驗綜合地、經驗地體現於詩篇之中，使詩篇具有思想的深度。推崇生命、強調綜合正是九葉詩派的藝術追求之一，他們往往將個人感受、經驗交織於詩篇中，使感性體驗知性化，使作品獲得廣度和深度。袁可嘉說：「現代詩歌是現實、象徵、玄學的新的綜合傳統。」〔註 20〕其最終目的是實現新詩的戲劇化，即促成詩歌表現上的間接性、迂迴性、暗示性。〔註 21〕

我們並不是說，九葉詩派之外的其它詩人或詩人群體就沒有體現出上面提到的那些藝術追求和特色，只是想強調和證明一個事實：從詩歌藝術發展的角度說，九葉詩派在 40 年代所提出的主張和他們所進行的藝術實驗具有較

〔註 19〕袁可嘉：《新詩現代化》，1947 年 3 月 30 日天津《大公報·星期文藝》。
〔註 20〕袁可嘉：《新詩現代化》，1947 年 3 月 30 日天津《大公報·星期文藝》。
〔註 21〕參見袁可嘉：《新詩現代化的再分析》（載 1947 年 5 月 18 日天津《大公報·星期文藝》）、《新詩戲劇化》（載 1948 年 6 月《詩創造》第 12 輯）等文章。

多的合理因素，其成就至少超過了當代詩歌的前三十年以至於 30、40 年代的某些主流詩歌，正因為如此，新時期詩歌主潮之一、代表新詩藝術創新的「朦朧詩」所接受的主要不是當代詩歌前三十年的路子而是跨過一個時代去追尋 40 年代甚至更早的詩歌藝術探索。

後　記

　　中國新詩與外國詩歌的關係非常密切。新詩的誕生和外國詩歌觀念、作品的引進有關，新詩的發展、繁榮也和外國詩歌觀念與作品有關。尤其是在中國歷史上的現代時期，中國新詩和外國詩歌的直接交流很多，不少詩人都擁有留學國外的經歷，他們第一時間將外國詩歌的藝術經驗介紹到中國，並在藝術探索中加以借鑒，推動了新詩藝術的不斷發展與進步。考察新詩發展歷史，可以說，新詩與外國詩歌交流比較密切的時候，往往也是新詩發展取得突出成就的時候；反之，當新詩拒絕外國詩歌藝術經驗的時候，新詩往往也就進入了低谷。極端一點說，新詩發展的歷史在很大程度上就是中國文化與外國文化碰撞的歷史，也就是中國文化走向現代化的歷史。

　　回顧新詩發展的歷史，新詩借鑒的方式多種多樣，有的是直接將外國詩歌觀念、手法搬用到新詩探索中，有的是結合中國文化、歷史、現實，用外國藝術的經驗來豐富、完善、提升既有的文化傳統，促成其現代化。國家、民族之間的競爭在本質上是文化的競爭。在新詩借鑒的過程中，我們必須面對以誰為本的問題。如果一味搬用西方文化和詩歌，以西方文化、詩歌代替中國文化和詩歌，中國文化必將成為西方文化的附庸，中國文化、詩歌最終將面臨自我滅亡的命運。在新詩史上，絕大多數詩人採取的方式是以我為主的「拿來」，用西方文化中的某些元素激活中國傳統文化的生命力，促進傳統文化的現代化，最終建構了既有傳統文化根基又具有現代特色的新詩文化。

　　我在大學時候讀的是外語系，對西方詩歌有所關注；讀研究生的時候，我參與了鄒絳教授主持的教育部社科基金項目「中國新詩與外國詩歌比較研究」項目的研究工作；上世紀末，我參與了呂進教授主持的國家社科基金項

目「文化轉型與中國新詩」的研究工作；進入新世紀後，我又作爲富布萊特學者到美國加州大學聖迭戈校區文學系隨葉維廉教授從事研究工作。在參與這些學術活動的過程中，我先後寫下了多篇新詩與外國詩歌的文章。2015 年6 月，我申報的「百年新詩中的國家形象建構研究」（15BZW147）獲得國家社科基金委員會辦公室批准立項。在我看來，新詩中的國家形象包括很多方面，比如地域因素、政治因素、文化因素等等，但由於文體的特殊性，其中最根本的應該是文化因素。文化因素又包括歷史傳承、精神取向、國家認同等等。這個話題正好和新詩與外國詩歌的關係具有密切聯繫。新詩在向外國詩歌借鑒的過程中，如何挖掘、發展、提升中國傳統的生命力，是建構國家形象的關鍵內容之一。應該說，在現代新詩發展歷史中，詩人們通過他們的辛勤探索，爲我們留下了豐富的藝術經驗。爲此，這本小書也就成爲這個項目的前期成果之一。

感謝李怡教授邀請我參與他主持的這個項目，命我完成這本小書。感謝我的博士生楊新友副教授利用寒假的時間幫我認眞校讀了書稿，消除了不少錯漏。感謝我的碩士生林楠、夏曉惠、黃珊協助校讀了清樣。感謝臺灣花木蘭文化出版社，在明知出版學術著作難以獲得經濟收益的情況下，還組織出版一系列學術著作，傳承中華曆史和文化，其功勞將爲歷史所銘記。

中國新詩與外國詩歌的關係非常複雜。除了象徵派較爲直接地借鑒了西方的象徵主義觀念及其手法之外，其它思潮、流派的借鑒基本上都不是來自單一的外國思潮，詩人們大多是將他們認爲具有特色又有助於新詩發展的多種觀念、多種思潮、多種方法融合在一起，並結合當時的時代語境和新詩自身的發展水平，探索屬於中國新詩的藝術道路，最終才促成了新詩發展的多元化景觀。而且，在新詩發展歷史上，借鑒外國詩歌藝術經驗的詩人並不是每個人都精通外語和外語詩歌，不少詩人是通過中文譯本借鑒別人的藝術觀念的，而翻譯水平的高低會在很大程度上影響原作的傳達，並且，他們讀到的也不一定是某個流派、思潮的全部作品或者最好的作品，這就進一步加深了詩歌借鑒的複雜性。王家新、熊輝等專家多年來致力於收集、整理和研究外國詩歌的中文譯本，並將其作爲影響源來討論新詩的借鑒問題，取得了豐碩的成果，正好從一個特殊的角度揭示了新詩與外國詩歌的微妙關係。我們在這裡以單一的思潮作爲來源探討新詩借鑒的方式和成效，只是想說明新詩與外國詩歌的關係非常密切，肯定無法全面、深入地挖掘新詩與外國詩歌的

複雜關係，再加上時間倉促和篇幅限制，加上篇幅限制，書中的很多話題都只是簡單提到，還有很多話題無法涉及，而且其中的錯漏肯定不少，希望讀到此書的專家、讀者批評指正。

蔣登科

2016 年 2 月 16 日，在重慶之北